KB140020

2

공동체

2

공동체

| 김욱진 지음

"이 저서는 2017년도 서울시립대학교 교내학술연구비에 의하여 지원되었음."

머리말

이 책은 공동체에 관한 이해를 돕고자 쓴 사회과학 서적이다.

이 책을 쓰게 된 동기는 세 가지이다. 먼저, 지난 십여 년간 나름 대로 공동체 관련 연구를 많이 해왔는데 공동체에 대하여 일목요연하게 정리해 놓은 전문 학술서가 드물다는 아쉬움이 컸다. 공동체에 관한 사회과학 문헌이 난잡하여 이해하기 어려우므로, 내가 이를 한 번 정리해 보자는 욕심에 집필을 시작한 것이다. 그런데 탈고 후 보니 나 역시 그 난잡함에 보탬을 더한 것 같다는 생각이 들어 민망함과 한숨이 앞선다. 무엇보다, 시작할 때는 거창하게 기획해 놓고선 막상 뚜껑을 열어 보니 내 생각은 거의 집어넣지 못하고 기라성 같은 학자들의 업적만 백과사전식으로 나열해 놓은 것 같아 아쉬움이 크다. 마음만 하염없이 작아진다. 그렇지만 강의와 후술을 통해 이 책의 의도와 의미를 독자에게 더 정확히 전달할 기회가 분명 있을 것이라 희망하며 퇴고를 멈춘다.

두 번째 동기는 나의 성향과 관련된다. 이 책의 저자가 하는 말로는 모순적으로 들릴 수 있겠으나, 나는 개인적으로 상당히 개인주의적이고 내향적인 성향을 지닌 사람이다. 그래서 나와 반대되는 속성의 사람들, 즉 공동체주의적 성향을 지닌 사람들의 세계에 예전부터 궁금증이 많았다. 이러한 궁금증은 대학원에서 공동체 조직과 개발을 전공하게 된 배경이 되었고, 교편을 잡은 후에도 공동체 관련 연구를 지속하게 된 계기가 되었다. 아무튼, 나는 나에게 있어 미지의 세계인 공동체 현상을 야무지게 공부해 보자는 생각을 비교적 오래 품었고, 이 책은 그 고민에 대한 여러 해답이자 결과물 중 하나이다.

마지막 동기는 실용적인 것으로, 나의 제자들에게 사회과학의 다양한 고전 및 최신 연구를 소개하고 이를 토대로 사회복지학도로서 갖추어야 할 기본적인 사회과학 소양을 쌓게끔 돕고자 하는 목적이다. 방대한 사회과학 문헌을 한꺼번에 통달할 수는 없는 노릇이므로, 공동체라는 사회 현상을 특정한 후 이를 중심으로 각종 사회과학 이론과 방법, 쟁점과 과제를 살필 기회를 주면 사회과학 전반에 대한 최소한의 이해도를 높일 수 있지 않을까 하는 기대에 이 책을 교재용으로 집필하였다.

이 책은 2017년 서울시립대학교 교내학술연구비의 지원을 받아 집필한 것이다. 그렇지만 실제 집필은 2018년 안식년 기간에 대부분 이루어졌다. 이후 다른 일로 바빠 출판을 미루다가 2020년 초 집에 머무는 시간이 길어지면서 불행 중 다행으로 탈고하였다. 책을 마무리 짓는 시점에 전 세계적으로 코로나-19 사태가 발생하였고, 이른바 언택트 문화가 급속도로 세를 불리면서 공동체를 둘러싼 환경에 큰 변화가 찾아와 당혹감을 느끼기도 하였다. 그렇지만 언택트 시대에도 콘택트를 지향하는 공동체의 필요성과 의의, 전망에 있어서만큼은 이 책이 지닌 논지의 정합성이 계속될 것이라 믿는다.

지난 십여 년간 공동체 관련 공부를 하면서 알고 있는 바를 최대한 쏟아내고자 노력하였다. 그렇지만 역량 부족으로 내용이 부실하고 오류도 많을 것이라는 두려움이 있다. 독자들의 지적과 비판으로 성장하여 다음에는 좀 더 완성도 높은 책을 쓸 수 있도록 노력하겠다는 다짐을 해본다. 더불어, 졸고를 쓰는 데 여러모로 도움을 주신 학과 교수님 여섯 분께 감사드린다. 흔쾌히 출판을 맡아 주신 한국학술정보의 채종준 대표이사님, 출간 전 과정을 책임져주신 이아연 대리님께도 감사드린다.

　　마지막으로, 이 책을 쓰는 매 순간 나의 앞에서 노래를 부르고 발을 구르며 밝은 웃음을 한 아름 안겨준 사랑하는 나의 딸 주아에게 이 책을 선물하는 바이다.

2020년 8월 3일

저자 김욱진

목차(제1권)

제II부. 공동체를 어떻게 이해할 것인가?

목차(제2권)

공동체는 실재하는가?

제III부에서는 공동체가 경험적, 규범적으로 실재하는가의 문제를 탐구한다. 이를 위하여 아래에서는 공동체와 관련한 기존 연구들을 상실론, 보존론, 이상론, 확장론 네 가지 입장으로 분류하고 각 입장의 주요 논거를 살펴본다.

제8장. 공동체 상실론과 보존론

공동체에 관한 탐구는 고전과 최신 연구를 가리지 않고 여러 학제에서 오랫동안 치열하게 수행되었다. 덕분에 공동체에 대한 우리 이해와 인식의 지평은 여느 시점보다 높아졌다. 공동체에 관한 다양한 고전과 최신 연구를 앞에서 우리는 유형론, 생태론, 체계론, 갈등론, 계획론으로 나누어 살피고, 각각의 학문적 기원과 방법론, 연구 결과 및 쟁점 등을 검토하였다.

많은 학자가 서로 다른 관점에서 서로 다른 관심사를 갖고 공동체의 면면에 관하여 독립적으로 연구를 수행해 왔다. 흥미로운 사실은, 이들 서로 다른 연구를 꿰뚫는 공통된 문제의식이 한 가지 존재한다는 점이다. 경험적으로든 아니면 규범적으로든 공동체가 과연 실재하는가 하는 의문이 이 문제의식의 요체이다.

공동체의 실재 여부와 관련하여 연구자들의 의견은 크게 네 가지로 정리된다. 첫 번째는 공동체를 잃어버린 과거로 규정하고 낭만적으로 묘사하며 향수에 젖는 입장, 두 번째는 공동체를 잃어버린 적이 없으며 설령 과거의 어느 시점에서 잃어버렸다손 치더라도 현재 그대로 복원해낼 수 있다는 입장, 세 번째는 잃어버린 적이 없고 오히려 역사적으로 단 한 번도 달성한 적이 없다고 보는 입장, 네 번째는 오늘날 공동체는 시간과 공간의 복잡한 교차 속에서 다양한 형태, 과정, 차원 속에 존재하며 형성과 재구성을 반복하기 때문에 그 실체를 뚜렷하게 파악하기 힘들다는 입장이다.

지금까지 살펴본 공동체에 관한 다섯 가지 이론적 접근은 모두 이 네 가지 관점에 비추어 재고될 수 있다. 예컨대 유형론적 접근에는 공동체를 잃어버린 과거로 보는 입장, 회복할 수 있는 대상으로 보는 입장, 역사적으로 한 번도 구현해본 적이 없다고 보는 입장, 그 실체를 정확히 파악할 수 없다고 보는 입장이 혼재해 있다. 생태론, 체계론, 갈등론, 계획론 역시 마찬가지이다.

공동체의 실재 문제를 체계적으로 정리한 인물은 네트워크 이론가 배리 웰먼이다(Wellman, 1979). 아래에서는 그의 논문을 참고하여 앞서 제시된 각 입장을 순서대로 공동체 상실론, 보존론, 이상론, 확장론이라 명명하고 각각을 좀 더 자세히 살펴보기로 한다. 이번 장에서는 먼저 공동체 상실론과 보존론부터 알아본다.

1. 지역공동체의 상실론과 보존론

공동체 상실론(community lost)은 공동체가 해체 혹은 소멸하였다는 입장을 가리킨다(ibid., p.1204). 상실론의 지지자들은 현대 사회에서 공동체를 회복하거나 재건하는 일은 불가능하다고 생각한다. 따라서 이들은 공동체를 잃어버린 과거로 규정하고 옛 공동체를 낭만적으로 회고하며 강한 향수심을 품는 특징을 나타낸다.

과거를 그리워하고 동경하는 한편 현재를 부정하고 미래를 절망한다는 측면에서 우리는 공동체 상실론자들을 디스토피아적 세계관을 가진 사람들이라고 볼 수 있다. 여기서 디스토피아란 유토피아를 한때 구현했거나 한창 구현하려고 노력하다가 체제의 결함으로 인하여 실패하고, 그 결과 개인들이 시장경제 속에서 아등바등 각자도생하거나 전체주의 국가에 의하여 일상을 통제당하며 비인간적이고 획일적인 삶을 사는 암울한 세상을 가리킨다(전혜숙, 2014). 물론 유토피아란 그 정반대 세상, 즉 무한경쟁의 시장도 아니고 전체주의적 국가도 아닌, 나와 비슷한 생각, 의식, 배경, 목적을 지닌 무리와 일상적으로 어울리며 동질적 집단을 구성하고 그러한 어울림을 통해 소속감과 정체성을 다지면서 집단적 차원에서 안정, 확실, 위안을 추구하는 공동체적 세계를 의미한다. 디스토피아와 유토피아는 정반대 개념이지만, 공통점은 이 세상에는 존재하지 않는 가공의 세계관을 그린다는 점이다.

디스토피아는 레트로피아와도 밀접한 연관성을 가진다. 사회학자 지그문트 바우만은 *Retropia*『레트로피아』에서 오늘날 많은 현대인이 현실을 부정하고 미래를 절망하는 한편, '아마도 참 좋았던 것으로 기억되는' 과거로의 회귀를 꿈꾸면서 그러한 과거가 현실에서 다시 한번 이루어지기를 소망한다고 하였다(Bauman, 2017, p.6). 바우만은 이러한 소망의 근원에는 불안정하며 불확실한 후기 근대적 조건이 놓여 있음을 지적하고, 레트로피아적 세계관은 현실에 대한 관조와 사색을 방해하고 미래에 유토피아가 찾아올 것이라는 믿음, 나아가 그러한 믿음에 근거하여 삶에 의미를 부여하고 행복을 확신하는 습관을 저해함은 물론 — 가져본 적이 없는 — 옛것을 박탈당했다는 근거 없는 분노를 유발한다는 측면에서 치명적이라고 경고하였다(ibid., p.9, p.69, p.93).

공동체 상실론은 무엇이 상실되었다고 보느냐에 따라 두 개의 하위 입장으로 나뉜다. 하나는 지역공동체가 상실되었다는 입장, 다른 하나는 심리적 공동체가 상실되었다는 입장이다.

지역공동체의 상실을 주장하는 이들은 공동체를 구성하는 세 개의 경험적 요소 중 하나이자 가장 중요한 지리적 영역성, 즉 장소성이 과학기술의 발달, 분업화, 전문화, 자본주의적 도시화, 세계화, 개인주의화, 탈물질주의 등 다양한 근대적 및 후기 근대적 조건으로 말미암아 이전만큼 사람들에게 큰 영향력을 미치지 못하게 되었다는 사실에 초점을 맞춘다(Foley, 1952). 이들은 인접한 장소를 매개로 사람들이 어울리면서 정체성을 찾거나 소속감을 느끼는 횟수가 크게 줄었고, 지역사회 내 공동의 유대와 사회적 상호작용의 강도나 빈도가 현저히 감소하였다는 변화된 현실에 우려를 표명한다.

일부 학자들은 지역공동체가 약화하였다고 해서 그것이 곧 공동체의 해체와 소멸을 자동적으로 의미하지는 않는다고 말한다(Hunter, 1975, p.549). 이렇게 말하는 학자들은 가속화된 전 지구화와 탈영토화의 조류 속에서 지역공동체가 예전보다 많이 약화한 것은 사실이지만, 그 와중에 다양한 형태의 새로운 네트워크형 공동체와 가상공동체, 초국적 공동체가 빈 공간을 대체하면서 어울림, 소속감, 정체성의 원천으로서 이전에 지역공동체가 수행하던 기능들을 유사하게 수행하고 있으므로 공동체는 결코 인간 세계에서 종적을 감추지 않았음을 강조한다(Barber, 1995; Wellman, 2001). 그렇지만 이들 역시 장소성을 예전과 같이 공동체의 경험적 필수 요건으로 당연하게 상정하지는 않는다는 측면에서 지역공동체 상실론과 맥을 같이한다고 볼 수 있다.

그렇다면 지역에 기반을 둔 공동체는 실제로 예의 유의성을 잃었는가? 지역을 매개로 하는 다양한 공동체적 현상과 가치는 정말 잃어버린 과거, 되찾기 어려운 과거가 되었는가? 우리는 강력하고 활기차며 번영하는 지역공동체를 그저 흘러갈 옛일로 회고할 뿐이며 낭만적으로 그리워할 수밖에 없는 상황에 놓여 있는가? 이와 같은 질문들을 던졌을 때 공동체 상실론자들은 주저 없이 그렇다고 답할 것이다. 그렇지만 작금의 상황은 지역공동체의 상실을 주장할 만큼 장소성을 배제하지는 않는다(신희주, 2017; 이종수, 2015; 2018).

장소성이 공동체의 필수 요건으로서 예의 유의성을 잃지 않고 여전히 인간의 삶과 공동체에 심오한 영향을 미친다는 점은 우리 주변의 일상을 돌아보면 쉽게 알 수 있다. 예를 들어, 결혼해서 한 동네에 정착해 아이를 낳고 키우다 보면 동네 부모들끼리 오고 가다 마주치고 인사를 나눌 기회를 갖는다. 그러다가 길가에서, 아파트 단지에서, 엘리베이터에서, 건널목에서 자연스럽게 육아와 교육에 관해 의견을 나누게 된다. 엄마끼리, 아빠끼리 교류하는 가운데 부모들은 각자의 자녀와 가족이 공동으로 처한 현실, 예컨대 치안, 먹거리, 학교, 학원 등 지역사회 현황과 자원에 관한 정보를 주고받는다. 그러다가 만약 지역사회 여건에 우려스러운 상황이나 변화가 발생하면 이를 해결하고자 백방으로 노력한다. 그런데 우리 가족이 살고 아이들이 크는 바로 이곳 동네의 치안을 강화하고 교육 자원의 질을 높이며 먹거리 장터를 건강한 음식으로 채우기 위해서는 공동으로 대처하는 세력 규합이 필요하다. 이 세력의 주축이 되는 사람들은 다름 아닌 바로 앞집, 옆집 사람들, 즉 동네 주민이다. 아이를 키우다 보면 이처럼 인근 지인들과 합심하여 공동으로 대응할 필요가 반드시 생긴다. 이러한 집단적 대응은 응당 우리가 먹고 마시고 놀고 자고 크고 작은 희로애락을 매일 느끼는 지역사회를 중심으로 이루어지며, 또 지역사회의 자원에 의존하였을 때 그 효과가 가장 크다 (Sampson, 1999).

지역의 힘이 필요하고 그에 의존하는 사람들은 아이들이나 부모 뿐만이 아니다. 노인 역시 지역사회 안에 있을 때 가장 안락한 노후를 영위한다. 최신 연구 결과들을 보면 노인들이 가장 큰 행복감을 느끼는 때는 바로 자신이 살던 곳에서 늙어갈 때라고 한다(이승훈, 2017). 연구자들은 이를 지역사회 안에서 늙어가기(aging in place)라는 말로 개념화하는데, 이에 따르면 노인들에게 말년을 화려한 요양원에 입주하여 살지 아니면 수십 년 살아온 자신의 낡은 집에서 살지 물어보면 거의 대다수가 후자를 선택한다고 한다. 노인이 옛집을 선호하는 까닭은 자신이 살아온 지역사회에 당사자가 젊은 시절부터 만들어온 온갖 대면적, 정서적 관계망이 깔려있기 때문이다. 이러한 관계망은 노인 당사자에게 친밀하고 응집력 있으며 신뢰에 기반을 둔 끈끈하고 유기적인 안식처로 인식된다(이현진, 박재승, 2010). 이 말인즉슨, 말년의 노인이 최대의 안락함을 느끼며 차분히 인생을 정리할 시간과 기회를 갖게 되는 곳은 가장 오래 살아온 기존 동네라는 것이다. 그런데 새롭게 건축된 고급 요양원에는 이와 같은 관계망이나 공동체가 들어서 있지 않다. 때문에 아무리 외적으로 고급스러운 환경이 조성돼 있다 하더라도, 노인들이 그러한 낯선 장소에서 행복감을 느끼기란 쉽지 않다. 노인들이 화려한 요양원보다 낡고 오래됐지만 낯익은 자기 고향 마을에 강한 애착을 느끼며 옛집을 떠나지 않으려는 것은 바로 이 때문이다. 관련 연구들은 자신이 살아온 지역사회에 애착과 정서적 유대가 강할수록 지역사회를 떠나는 데 따르는 상실감도 크다고 하는데, 여러 실증 연구들에 따르면 이러한 장소 상실에 따른 부정적 감정의 크기가 젊은 층보다 고령자 집단에서 훨씬 두드러진다고 한다(김희경, 2016). 상기 연구 결과들은 모두 지역사회를 중심으로 형성된 관계망과 공동체가 노인의 삶의 질에 막대한 영향을 끼침을 예시한다. 나아가 지역사회가 중요하지 않다는 말이 일각에서 회자되는 작금의 시대에, 지역사회가 오히려 더 필요하고 더 유의하다는 주장이 설득력을 갖는 이유를 잘 설명해 준다.

육아, 교육, 치안, 먹거리, 노년기의 삶 같은 명백한 이유 외에도 공동체 논의에서 장소성을 반드시 감안해야 할 이유는 많다. 예컨대, 거주지와 그에 기반을 두고 만들어진 집단 정체성은 그 지역 주민 개개인의 정치, 문화, 사회적 정체성의 상당 부분을 결정적으로 조각한다(이동헌, 이향아, 2011). 실제로 서울 출신이냐, 지방 출신이냐, 지방 가운데에서도 전라도 출신이냐 경상도 출신이냐에 따라서 개개인이 자신과 세계를 이해하는 방식인 정체성은 사뭇 다르게 나타난다. 서울 안에서도 강남에 사는지 아니면 강북에 사는지에 따라 생활양식과 소비패턴에 작지 않은 차이가 발생한다. 왜냐하면 지역에 따라 공공시설, 상점, 백화점, 병원, 학교 등 주요 사회경제적 자원들이 공간적으로 달리 배분되어 있고, 그와 관련한 사회 전반의 서사와 정치적 견해가 다르기 때문이다. 뿐만 아니라 거주지는 그 안의 주민들에게 취업, 상업 및 기업활동 등 경제적 기회 자체를 상이하게 담보한다는 측면에서, 예컨대 농촌에 사냐 아니면 시골에 사냐에 따라 개인의 직업 기회나 진로 자체가 완전히 달라질 수 있다는 측면에서 중차대한 삶의 영향 요인임을 부정할 수 없다(Parks, 2004). 개인의 정체성을 비롯하여 다양한 삶의 기회 구조가 주된 거주지와 활동 장소에 따라 이처럼 양상을 완전히 달리함을 인정한다면, 공동체 연구에서 장소성을 도외시할 수 없다는 것은 명약관화하다.

이뿐만이 아니다. 우리나라에서는 아직 구체적 사례가 보고된 바 없지만 서구 유럽이나 북미의 사례를 보면, 게이, 레즈비언, 양성애자, 트랜스젠더 등 성소수자들이 주류사회의 편견으로부터 자유롭고 안전한 삶을 영위하기 위하여 자기들만의 집단거주지(enclave)를 구축하여 그 안에서 공동의 유대를 다지고 긴밀한 상호작용을 하며 성소수자 운동을 전개하는 모습을 종종 목격할 수 있다. 흔히 게이 빌리지(gay villages)라 불리는 성소수자 마을은 뚜렷한 물리적 경계를 갖고 그 안에서만큼은 성소수자들이 주류집단으로 거주하며 단단한 공동체를 이루어 산다는 점이 특징이다. 이들은 게이 바, 펍, 나이트 클럽, 식당, 옷가게, 책방과 같은 각종 게이 성향 시설을 통해 자기 정체성을 대외적으로 알린다. 미국 뉴욕시의 그리니치 빌리지, 영국 런던의 버밍엄 빌리지, 샌프란시스코의 카스트로 등이 대표적인 게이 빌리지이다(Bell & Binnie, 2004).

게이 빌리지처럼 독특한 성격을 지닌 지리적 공동체의 구축은 아직 우리나라에서는 그 징후가 잘 보이지 않는다. 때문에 이에 대한 논의는 시기상조이다. 그렇지만 다양성에 대한 관용적 태도와 이의 확산 추세를 감안하면 우리 사회에서도 장기적으로 언젠가는 등장할 형태의 지역공동체로 예상된다. 특히 게이 빌리지처럼 사회 소수자들이 모여 만든 지리적 공동체는 내부 구성원에게 주류사회가 제기하는 위협으로부터 안락함과 안정감을 추구할 수 있는 물리적 여건과 함께 자신들의 입장, 의견, 문화를 외부에 알릴 수 있는 정치적 통로를 제공한다는 측면에서, 그리고 내부적으로는 구성원 간 소속감과 정체성을 돈독히 다질 수 있는 사회적 어울림의 기회를 제공한다는 측면에서(Epstein, 1987, p.140) 점차 그 현실적 필요성이 확대될 것으로 예상한다. 이러한 변화는 새로운 형태와 내용의 지리적 공동체를 예고한다는 점에서 지역에 기반을 둔 공동체의 소멸과 해체를 예견한 학자들의 입장을 정면으로 반박한다.

　한편 게이 빌리지와 관련된 논의는 이민자 집단거주지(ethnic enclave)에도 비슷하게 적용된다. 이민자 집단거주지는 일정한 지리적 영역 안에 구획되어 나타나고, 구역 안에 다양한 경제, 사회, 문화, 정치적 기회 구조가 만들어져 있다는 점이 특징이다. 이러한 기회 구조들은 사회적 자본의 유형 가운데 하나인 민족적 자본(ethnic capital) ― 동족집단 구성원 사이에 형성, 공유되는 사회적 신뢰, 상호 호혜의 규범, 협력적 네트워킹 ― 과 상호작용하면서 이민자들에게 유리하게 동원, 활용되고, 이후 이민자의 유입과 정착을 비롯한 전반적 적응 및 상향 이동에 이바지한다(김진열, 조예신, 2017).

일반적으로 이주 초기 단계에 놓인 이민자들은 동족집단 구성원들이 만들어 놓은 이민자 집단거주지 내부 혹은 근처에 몰려 사는 주거 패턴을 나타낸다. 왜냐하면 집단거주지 인근에 동족집단 구성원들이 유포한 기회 구조가 집중적으로 분포되어 있기 때문이다. 또한 그러한 기회 구조를 활용하는 데 필요한 민족적 자본이 가장 큰 효과성을 발휘하는 곳 역시 동족집단 구성원이 집중된 집단거주지 인근이기 때문이다. 따라서 이주 초기 단계의 이민자들은 집단거주지 인근에 오밀조밀하게 몰려 사는 주거 패턴을 보이고, 더불어 그 인근에서 직장을 찾거나 동족집단을 대상으로 소규모 자영업 장사를 하는 생계 패턴을 보인다. 물론 차츰 시간이 지나고 어느 정도 적응이 완료되면 동족들이 몰려 사는 집단거주지에서 벗어나 이주국 주류사회에 동화하는 확산적 주거 및 경제적 동화 패턴을 나타낸다. 그렇지만 어찌 되었든 이민자 적응의 전 과정을 살펴보면, 적지 않은 수의 이민자가 동족의 집단거주지를 유입과 정착의 첫 관문으로 삼고 이를 밑거름으로 차츰 상향 이동을 도모하면서 퍼져 나가는 게 일반적인 적응 패턴임을 알 수 있다(정수열, 이정현, 2014).

우리나라의 경우 아직 서울 대림동이나 구로동, 경기도 안산 정도를 제외하고는 이민자 집단거주지가 두드러지게 영역화한 사례는 보고된 바 없다. 그렇지만 이민의 역사가 긴 다른 나라들의 경험을 살펴보면, 국제 이주가 원천 봉쇄되지 않는 한 이민자들의 집단거주지에 대한 욕구는 줄지 않으며 결국 영역화하는 결과로 이어진다는 사실을 쉽게 확인할 수 있다(Yoon, 1997). 다른 나라의 이 같은 경험은 오늘날처럼 전 지구화 시대 국제 이주가 빈발하는 와중에도 도시 내 특정 지역에 물리적으로 고정된 지역공동체 — 이민자 집단거 주지 — 가 줄기보다 반대로 늘 것이고, 그 필요성과 유의성도 더욱 커질 것이라는 주장의 또 다른 강력한 증거 자료가 된다. 이민자들은 생존과 적응, 상향 이동에 대한 욕구 외에도 동족으로서의 정체성 확보와 이민 2, 3세대의 문화적, 민족적 자긍심 고취라는 목적으로 계속해서 도시의 한편에 자신들만의 독자적 집단거주지를 형성, 유지, 계승하고자 한다.

예전만큼은 아니지만 장소는 여전히 인간 삶의 중요한 구성 요소를 이룬다. 그리고 그런 만큼 공동체 역시 장소를 근간으로 형성, 유지, 계승되는 경우가 많다. 실제로 장소를 근간으로 만들어진 공동체가 장소를 배제한 채 만들어진 공동체보다 더 오랫동안 활력을 유지하며 번영한다는 것은 전 지구화와 탈영토화, 초국적성이 횡행하는 현시대에까지도 통용되는 역사적 진실이다(Matthews, 2008).

가장 근본적인 질문은, 지역은 왜 여전히 중요하며 예의 유의성을 잃지 않고 인간 삶과 공동체의 주요 인자로 남아 있는가 하는 의문이다. 체계론자이자 기능론자인 로랜드 워렌은 일찍이 지역사회가 생산-분배-소비, 사회화, 사회적 통제, 사회참여, 상호 부조 기능을 제일선에서 담당하기 때문에 중요하다고 설파하였다(Warren, 1963, p.10, p.170). 이 말인즉슨, 지역사회는 경제 활동을 비롯하여 보건, 의료, 교육, 복지, 휴식, 정서, 자아실현 등 인간의 기본적 욕구가 현시화하고 충족되는 삶의 근거지이자, 정치, 종교, 환경 등 삶을 결정짓는 주요 정보와 안건이 제공되고 이슈가 논의되는 네트워크와 거버넌스의 제일전선이다. 이 때문에 장소성의 의미가 탈색된 작금의 시대에도 그것은 여전히 중요하고 유의성을 가지며, 또 그럴 수밖에 없다는 것을 뜻한다.

제아무리 전 지구화가 격화되고 초국적, 탈영토적 행위와 현상이 인간의 일상 세계를 넘나들어도, 우리 보통 사람들의 매일의 삶은 여전히 어디선가 먹고 마시고 또 어디선가 잠을 자야 비로소 영위되고 완성된다. 물론 먹고 마시고 잠을 자는 행위가 반드시 물리적으로 고정된 특정 장소에서만 항시 수행될 필요는 없다. 그렇지만 불확실성을 회피하고 안정을 추구하며 지근거리의 지인들로부터 위안을 얻고자 하는 인간의 본성을 고려컨대, 특정한 장소에 뿌리를 내리고 그곳을 근거지 삼아 먹고 마시고 잠을 자며 친근한 사람들을 만나면서 무리를 이루고, 또 그 무리에서 희로애락을 느끼는 한편 필요한 경우 무리의 힘을 빌려 이해관계를 취하는 일은 자연적이고 보편적인 현상이라 할 수 있다. 성인군자나 괴짜가 아닌 이상 그 누구도 장소를 초월하여 역마살에 걸린 사람처럼 매일 같이 근거지를 바꾸는 나 홀로 방랑자의 삶을 즐기지 않는다. 귀신이나 외계인이 아닌 이상 발을 땅에 딛지 않고 공중에 항시 떠 있는 사람은 없으며, 가상공간에서 일생을 보내는 사람도 현실에서는 없다(신희주, 2017, p.13; 이종수, 2015, p.14; Sampson, 1999).

특정 장소를 생활의 근거지로 삼고 진득이 살 때 나와 생각, 의식, 배경, 목적이 비슷한 사람, 즉 동질성을 바탕으로 편안함을 줄 수 있는 사람들과의 조우 가능성이 커진다. 나아가, 주거지가 분명한 사람들과 지속적, 일상적으로 어울리고 그들과 집단 소속감을 매일같이 확인할 때 안정감과 확실성을 느끼고 정체성을 단련할 기회를 더 많이 얻게 된다. 정체성이 확실하게 잡힐 때, 우리 인간은 낯설고 이질적인 요소들과 직면할 수 있고 그것이 제기하는 도전을 당당히 받아들일 수 있다. 사회적 존재인 인간은 이러한 부분을 본능적으로 잘 알고 있었다. 역사적으로 지역을 근간으로 하지 않은 공동체보다 지역을 근간으로 하는 공동체가 훨씬 먼저 만들어지고 수적으로도 훨씬 많이 존재하였던 것은 바로 이러한 이유 때문이다(Matthews, 2008). 또한, 전 지구화와 탈영토화가 횡행하는 오늘날 사회에서 지역을 근간으로 하지 않은 공동체보다 지역을 근간으로 한 공동체가 훨씬 더 활기차고 강력하게 번영하면서 지속적으로 유지되는 까닭, 나아가 앞으로 더 공고하게 유지될 것이라 예상하는 까닭도 바로 여기에 있다(DeFilippis, 2008).

이런 이유로, 지역공동체가 상실되었고 회복마저 불가능한 정도로 형해화하였다고 보는 관점을 공개적으로 지지하는 학자는 그리 많지 않다. 극단적 세계화론자들을 제외하면, 학자 대부분은 오늘날 지역공동체가 전근대 사회에서 가졌던 만큼의 유의성이나 필요성을 갖고 있지는 않지만, 그럼에도 불구하고 인간의 삶이란 특정 장소에 물리적으로 정박하지 않고서는 결코 안정적으로 영위될 수 없기 때문에, 전 지구화와 탈영토가 강조되는 현대 사회에서조차 지역사회는 여전히 어울림과 소속감, 정체성의 탄탄한 근거지 역할을 담당하고 공동체의 주된 물리적 토대를 구성하며, 앞으로도 그럴 것이라는 데 동의를 표한다(이종수, 2015).

이처럼 공동체가 사라진 적 없다는 입장, 설령 과거 어느 시점에서 사라지거나 약화하였다 하더라도 지금 시점에서 그때의 강고한 모습을 얼마든지 회복할 수 있다는 입장, 나아가 현대 사회에서 그것의 필요성과 유의성이 증대하였기 때문에 공동체를 필히 재건, 강화해야 한다는 입장을 우리는 공동체 보존론(community saved)이라 부른다. 위에서 우리는 이 공동체 보존론 가운데 지역공동체 보존론을 집중적으로 살펴보았다.

지역공동체 보존론자면서 동시에 자본주의를 비판적 입장에서 분석한 사회학자 리처드 세넷은 지역공동체가 전 지구적 자본주의의 폭압에 맞서 싸울 수 있는 저항의 물리적 토대가 된다는 측면에서 그 가능성과 필요성에 특히 더 주목하였다. *The Corrosion of Character: The Personal Consequences of Work in the New Capitalism*『신자유주의와 인간성의 파괴』에서 세넷은 오늘날 전 지구적 자본주의 체제가 시장의 유연성을 편파적으로 강조함으로써 전 세계 보통 사람들의 삶에 위험을 살포하고 신뢰와 연대, 협력의 가치를 훼손하였다고 보았다(Sennett, 1998). 그런데 자본주의 체제에서 고조된 불확실성과 불안정성은 예상치 못한 결과를 가져왔다. 불확실성과 불안정성이 심화할수록 발 없는(footloose) 전 지구적 자본주의의 모순에 대응하고 이를 극복하기 위한 발 묶인 자들, 즉 주민들의 지역 정치(local politics)에 대한 관심과 관여가 커졌으며, 지역사회 맨 밑바닥 풀뿌리 단체들의 조직화 운동이 탄력을 받게 되었다는 점, 즉 지역공동체에 대한 사람들의 열망이 되레 고조되었다는 점이 바로 그것이다(ibid., p.138). 지리적 제약에 구애받지 않고 자유롭게 움직이는 전 지구적 자본과 달리 특정 장소에 발이 꽁꽁 묶인 지역사회 주민들은 자본의 공세에 자신들이 아무 집단적 대응을 하지 않는다면 지역사회 내부의 최취약계층부터 착취, 차별받다가 차츰 모든 계층이 똑같은 대우를 받으면서 지역사회가 총체적으로 피폐화될 것을 우려하기 시작하였다. 세넷은 자본주의가 전 지구화하는 지금 바로 이 시점에, 자본의 폭압적 공격에 맞서 싸우는 강한 공동체의식을 지닌 지역원주민 집단들이 전 세계 곳곳에서 등장하여 세력화하고 연대하는 데에는 이러한 문제의식이 동력 역할을 한다고 진단하였다(Sennett, 2012, p.390).

세넷은 지역공동체의 부정적 측면에 대해서도 언급하였다(Sennett, 1998, p.147). 즉 구성원 간 통일과 협력을 강조한 나머지 내부적으로 권위주의적이고 억압적인 모습을 띨 위험성을 경고하였다. 그는 특히 빈민, 노숙자, 소수인종, 이민자 등 지역사회뿐 아니라 자본주의 체제에서 아웃사이더로 간주되는 취약계층을 주류 원주민 집단이 배타적, 차별적으로 대우함으로써 이들을 이중적 위기에 빠뜨릴 가능성을 우려하였다. 그렇지만 세넷은 이 같은 부족주의적 폐단은 자본주의가 촉발한 보편적 불확실성이나 불안정성과 비교하면 상대적으로 덜 중요하고 덜 근본적이며 그저 국지적인 현상에 불과하다 보았다. 그리하여 그는 자본주의가 전 지구화하는 지금 시점에서 가장 중요한 것은 지역공동체의 단점을 부각하거나 부정하는 태도가 아닌, 그 필요성과 가능성을 더욱 인정하면서 지역사회의 억압성과 배타성이 최소화될 수 있도록 내부적으로 상호 간 다름을 인정하는 대화와 타협의 기술(the craft)을 습득, 활용하는 것이라 주장하였다(Sennett, 2018/2020, p.362). 또한 지역사회 외부적으로 비슷한 처지에 놓인 원주민 집단 간 상호 신뢰와 협력이 가능하도록 사회 전반의 제도를 재구성하면서 전 지구적으로 연대하는 일이 필요하다고 역설하였다(Sennett, 2012, p.7). 그는 이러한 다양하고 열린(porous), 협력적 지역공동체의 가능성을 미국의 지역 기반 작업장 운동과 같은 역사적 사례들에서 찾았다(ibid., p.339).

2. 심리적 공동체의 상실론과 보존론

공동체 상실론은 심리적 공동체의 상실도 다룬다. 심리적 공동체란 관심사, 특징, 경험, 목적, 가치, 기억 등을 공유하고 이를 바탕으로 소통하는 동질적인 집단을 가리킨다(Lyon & Driskell, 2011, p.99). 이는 심리적 공동체가 공동체와 관련된 세 가지 경험적 요건 중 지리적 영역성을 제외한 나머지 두 요건, 즉 공동의 유대와 사회적 상호작용 요건만 충족되면 얼마든지, 어디서든 존재할 수 있는 집단 현상임을 의미한다(Bell, 2001).

이렇게 보았을 때, 심리적 공동체의 상실이란 관심사, 특징, 경험, 목적, 가치, 기억 등을 공유하는 동질적인 운명공동체가 형해화하고, 구성원들을 하나로 묶어주던 전통, 관습, 유대감, 친밀감, 정서적 애착 등 집단주의 문화 및 도덕이 붕괴하는 한편, 그 빈자리를 계약과 이해관계 중심의 합리적 자유주의 혹은 소외, 고독, 익명성을 동반하는 원자화된 개인주의가 채운 해체의 상황을 가리킨다고 이해할 수 있겠다. 익숙한 어울림을 바탕으로 소속됨의 기쁨을 누리고 정체성을 다지며 안정, 확실, 위안의 욕구를 충족할 수 있는 기회의 박탈에 초점을 맞춘다는 측면에서, 심리적 공동체 상실론은 공동체가 예의 결속과 통합의 역량을 잃어버리고 이전만큼 탄탄한 도덕적 교화나 정서적 지지 기능을 수행하지 못하게 되었다는 탄식과 절망의 심리에 기초한다고 볼 수 있다.

심리적 공동체를 상실과 그리움의 시각에서 본 최초의 학자는 퇴니스였다. 그는 게마인샤프트를 지난날의 추억 내지는 앞으로 영원히 돌아갈 수 없는 실낙원으로 보고 그것을 낭만적 자세로 동경하였다(Tönnies, 1887/1978). 게마인샤프트에 대한 퇴니스의 이와 같은 가치지향적 태도는 이후 루이스 워스 같은 학자에게 직접적으로 계승되어 과거 농촌민과 대조되는 현대 도시민의 삶을 분열적이고 퇴폐적인 것으로 간주하는 사회병리적 관점으로 발전하였다. 그러는 한편, 공동체를 근대 도시 문명과 정반대 속성의 것으로 보는 관점으로도 이어져, 20세기 중반 반문명적이고 반도시적 신사회운동의 사상적 기초를 마련하는 데 기여하였다(강대기, 1994).

그렇다면 심리적 공동체가 현대 사회에서 정말로 없어졌는가. 이에 대해서는 논란의 여지가 있다. 먼저, 과거 전통 사회에 심리적 공동체가 정말 존재하였는지에 대한 의문이다. 많은 사람이 전근대 사회에 탄탄하고 강력한 공동체가 실존하였다고 믿는다. 그렇지만 이러한 믿음은 이념형적 차원의 판단에 불과하고, 그것을 입증할 경험적 자료가 실제로는 부재하며 오로지 우리의 상상 속에만 존재한다는 측면에서(imagined community) 심리적 공동체의 상실 여부를 확실하게 판단할 길은 현재 없다고 할 수 있다(Anderson, 1983/2018). 다시 말해, 완전무결한 심리적 공동체에 대한 현재의 믿음은 그저 신화일 수 있으므로 과거를 미화하거나 맹신해서는 안 된다는 얘기이다. 다만 오늘날 사회에서 도덕적 질서의 약화로 인하여 무질서와 무규범이 일상화하고 파편화된 이기적 자아가 증식되었음을 지적하는 방식으로 심리적 공동체의 상실을 논하는 것은 충분히 가능하고 합당한 문제 제기라 생각한다.

　다음은 오늘날 심리적 공동체가 정말 없어졌는지에 대한 의문이다. 해석학적 전통에서 심리적 공동체 현상을 분석한 토니 블랙쇼는 지그문트 바우만의 논지를 이어받아(Bauman, 2001, p.11-12) 심리적 공동체에 대한 근대인의 낭만적 향수를 아래와 같이 표현하였다 (Blackshaw, 2010, p.25): "근대인이 공동체를 희구하는 까닭은 그것이 현실에 존재하지 않기 때문이다. 공동체가 현실에 존재하지 않는 까닭은 그것이 구현될 수 있는 기반 자체가 부재하기 때문이다. 공동체의 구체적인 모습은 상상을 통해서만 유추될 수 있다. 때문에, 그 결과 얻게 되는 것은 그저 공동체의 어스름한 모습(the grey)뿐이다." 블랙쇼가 이 말을 통해 의도한 바는, 오늘날 사람들이 공동체에 열광하는 까닭은 그것이 존재하지 않기 때문이라는 것이다. 실체를 경험해본 적 없고 실체가 구체화될 수 없는 상황임에도 불구하고 근대인이 공동체를 낭만적으로 생각하고 그윽한 향수심으로 희구하는 까닭은 일종의 가질 수 없는 부존재(non-existence)에 대한 갈증으로밖에 설명할 수 없다는 뜻이다. 이러한 블랙쇼의 논리 구조에서는, 심리적 공동체가 과거에 있었다가 현재 없어졌는지 아닌지, 즉 상실 여부는 크게 중요하지 않은 것으로 여겨진다. 중요한 것은, 지금 시점에 공동체라 불릴 만한 게 부재함에도 불구하고 사람들이 계속해서 상실을 논하는 까닭은 그만큼 자유를 만끽한 데 대한 대가로 얻게 된 현대인—후기 근대인—의 불안감과 불확실성이 크다는 점이다. 비슷한 논리를 우리는 바우만의 레트로피아 개념에서도 엿볼 수 있다(Bauman, 2017).

심리적 공동체가 존재한 적도 없고 사라진 적도 없다는 위 반론은 심리적 공동체의 실재를 부정하는 입장과 맞닿아 있다. 그러나 이와 다르게, 심리적 공동체의 실재를 인정하면서 상실론을 반박하는 입장도 존재한다. 심리적 공동체를 잃어버린 적이 없으며, 설사 잃어버렸다고 하더라도 오늘날 사회에서 반드시 회복해야 하며, 나아가 얼마든지 회복 가능하다고 주장하는 낙관적 시각, 즉 심리적 공동체의 보존론이 바로 그것이다(Wellman, 1979, p.1205).

현대 사회가 심리적 공동체를 파괴하는 힘을 지녔지만 그와 동시에 파괴된 공동체를 회복하는 복원력도 갖기 때문에 설사 심리적 공동체가 파괴되었다 하더라도 얼마든지 회복 가능하다고 본 원조격 학자는 에밀 뒤르켕이다. 뒤르켕은 그의 유명한 유기적 연대 개념을 통해 근대 사회의 사회경제적 분업화와 전문화 경향 속에서 사라져버린 사회적 통합과 결속을 다시 한번 가능케 하는 상호 협력적이고 상호 의존적인 도덕의 중요성을 강조하였다(Durkheim, 1893/2012). 이때 언급한 유기적 연대에 의하여 조직되는 끈끈한 상호 협력적이고 상호 의존적인 도덕 사회가 바로 오늘날 학자들이 얘기하는 심리적 공동체와 매우 흡사한 개념이다.

20세기 초중반 인간생태학 역시 심리적 공동체 존속 개념의 단초를 제공하는 데 기여하였다. 파크와 버제스 등 인간생태학자들은 현대 도시를 자연적 경쟁의 생태적 과정 결과 만들어진 도덕적 표현으

로 묘사하였다(Park, Burgess, & McKenzie, 1925). 이러한 묘사에
는, 도시가 얼핏 복잡하고 무분별하며 상호 경쟁적인 수많은 개별
자연지역으로 구성된 것으로 보이지만, 각 자연지역 내부적으로 통
합과 안정을, 외부적으로 상호 적응과 상호 의존성을 가져오는 거대
한 힘이 작동하여 도시가 절묘한 균형상태에 도달한다는 인식이 반
영되어 있다. 그 누구가 계획하지 않았음에도 여러 개인과 집단이
도태되지 않기 위해 각자 생존경쟁하는 가운데, 도시에 모자이크 천
과 같은 아름답고 질서 정연한 질서―초기에는 공리적 속성을 가
졌으나 갈수록 도덕적 성격을 띠게 되는 질서―가 형성된다고 본
인간생태학자들은, 그러나 도시에 질서를 가져오는 바로 그 자연의
섭리―경쟁, 침입, 계승 등 생태적 과정―로 말미암아 균형상태가
파괴되고 주기적으로 무질서, 무규범 상태가 찾아온다고 보았다
(Mesch, 2010, p.863-864). 따라서 이들의 연구 주제는 주로 일탈,
비행, 범죄, 빈곤, 정신병의 창궐과 같은 사회병리적 현상에 집중되었
다. 이러한 주제를 통해 그들이 규명하고자 한 바는, 도시의 질서가
언제, 어떻게, 어떠한 조건에서 깨지고 그 결과가 어떠한지, 도시의
파괴된 도덕적 질서를 어떻게 하면 회복하여 파편화된 인간관계를
정상화할 수 있는지, 어떻게 하면 아노미 상태에 놓인 개인들을 주
류사회에 재통합시킬 수 있는지 등에 있었다. 이때 이들이 언급한
도덕적 질서가 여기서 논의하고 있는 심리적 공동체와 그 성격이 흡
사하다. 이처럼 도덕적 질서를 회복하는 데 대한 열망을 버리지 않
고 그에 지대한 관심을 보였다는 측면에서 우리는 인간생태학자들
을 심리적 공동체 보존론자로 규정할 수 있다. 물론 파크, 버제스와

달리 루이스 워스 같은 도시생태학자의 경우 그러한 열망을 완전히 접고 현대인의 심리 상태와 인간관계 양상이 반드시 파편화되고 피폐화될 것이라 예상하였다는 점에서(Wirth, 1938) 모든 인간생태론자들이 심리적 공동체의 보존론자 범주에 드는 것은 아님을 유념해야 하겠다.

최근의 여러 공동체 관련 실증 연구 결과를 살펴보면, 안정된 소속감과 정체성을 제공하는 공동체적 사회관계가 현대 사회에서도 여전히 탄탄히 구축되고 유지되고 있다는 사실을 잘 알 수 있다. 또한 도시화 수준이 높다고 하여 사람들이 반드시 소외와 고독을 느끼고 병리적 현상에 빠져드는 것은 아니라는 점도 알 수 있다(White & Guest, 2003).

심리적 공동체가 사라진 적이 없고, 설령 과거의 어느 한 시점에서 사라졌다 할지라도 현대 사회나 도시와 양립 가능하며, 나아가 어울림, 소속됨, 정체성의 근원으로서 여전히 높은 유의성을 나타내기 때문에 반드시 회복해야 하고 또 얼마든지 회복 가능하다는 보존론적 시각의 단면을 우리는 사회학자 허버트 갠즈의 *The Urban Villagers* 『도시의 촌락민』에서 명시적으로 확인할 수 있다. 이 책은 심리적 공동체뿐 아니라 지역공동체의 보존론을 명확하게 지지한다(Gans, 1962b).

『도시의 촌락민』에서 갠즈는 기본적으로 현대 도시의 규모가 크고 분화도도 높은 것은 사실이지만, 이러한 조건이 곧 공동체적 인간관계의 즉각적 붕괴를 의미하는 것은 아니라고 주장하였다. 그는 한 개인이 살면서 만나는 사람들의 숫자를 세어보면 실제 얼마 되지 않고, 그중에서도 대면 만남을 갖는 경우는 제한적이며, 알게 된 모든 사람과 지속적으로 만날 필요도 없다고 보았다. 갠즈는 스쳐 지나가는 사람들과의 불필요하고 별로 중요하지 않은 피상적, 비대면적 만남은 제쳐두고, 가정, 이웃, 직장 등 생활의 주요 근거지에서 만나는 소수정예 지인과의 끈끈한 인간관계에 집중하였다. 그러면서 그는 미국 보스턴 웨스트 엔드 지역 내 이탈리아 이민자 커뮤니티를 직접 관찰한 내용을 토대로, 거대하고 복잡다단한 현대 도시 안에서도 이와 같은 끈끈한 인간관계와 대면접촉이 해체되지 않고 여전히 지속하고 있으며, 이는 정부의 슬럼 철거와 같은 강제적 조치가 없는 한 앞으로 어딘가에서 계속될 것임을 주장하였다. 요컨대, 크고 이질적이며 복잡하여서 피상적 인간관계만 존재할 것 같은 현대 사회의 거대한 도시 문명 속에서도, 퇴니스가 말한 게마인샤프트적 인간관계가 필요하고 또 실제로 존재하며 심지어 계속해서 번영 발전하고 있다는 것, 이와 더불어 대도시가 게마인샤프트를 결코 품을 수 없다는 당시 주류사회학의 단편적, 비관적 도시관이 틀렸다는 것이 갠즈의 『도시 촌락민』의 요지라 할 수 있다.

심리적 공동체의 상실과 보존에 대한 가장 열띤 논의는 1960년대 미국에서 이루어졌다. 이 시기 미국에서는 대중사회 도래에 따른 공동체적 유대 의식의 파괴, 전통적 가치와 권위에 대한 존중의 쇠락, 이기주의와 인간 소외 확산 등 각종 문제가 대두되었다. 적지 않은 미국의 사회학자와 정치학자가 이러한 변화에 큰 충격을 받았다. 그리하여 이들은 심리적 공동체의 재건을 통해 참된 인간성을 구현해야 한다고 주장하면서, 이를 위해 18세기 중엽 미국의 독립혁명 시기에 형성된 공화주의적 전통을 되살려야 한다는 처방을 내놓았다. 미국의 공화주의적 전통이란 시민들이 광장이 모여 자신이 살던 고장 혹은 소속된 집단의 문제들을 함께 고민하고 토론하며 의사결정을 내리고, 또 그 결정에 대해 함께 책임지면서 자신의 (심리적) 공동체를 일구던 미덕을 의미한다(김희강, 2007). 이러한 입장을 취한 학자들은 기존의 특수주의적이고 권위주의적인 공동체주의와 차별성을 두기 위하여 스스로를 반응적 공동체주의자(responsive communitarianist)라 칭하였다. 이에 속하는 대표적인 학자들로 에치오니, 갤스턴, 스프라겐스, 피쉬킨, 바버, 셀즈닉, 벨라 등 보수주의자들을 거론할 수 있다. 여기서는 이 가운데 미국 캘리포니아대학 버클리 캠퍼스 사회학과의 석좌교수인 로버트 벨라의 업적을 간략히 살펴보기로 한다.

벨라는 *Habits of the Heart: Individualism and Commitment in American Life*『마음의 습속 — 미국인의 개인주의와 헌신』에서 사회적 고립과 감정적 고독 등 다양한 사회문제와 병리 현상, 그에 대한 사람들의 무관심과 방관의 제일차적 원인을 현대 미국인 사이에 만연한 이기주의에서 찾았다(Bellah et al., 1985). 팽배한 이기심으로 인하여 공익을 망각하고 사익만 좇는 단기적 이익추구 성향의 개인이 양산되었고, 시민적 헌신과 참여에 대한 의무를 저버리는 무책임, 무기력, 무능감이 질병처럼 퍼졌다는 지적이다. 이처럼 벨라는 탐욕이 지배한 20세기 미국의 역사를 공동체(심리적 공동체) 상실의 역사로 이해하였다(ibid., p.142).

그러나 벨라는 미국 사회를 병들게 한 이기주의를 수수방관만 하지는 않았다. 그는 이기심에 대한 해독약을 찾아 나섰고, 그 가능성을 미국인의 유전자에 각인되어 있으나 현재 발현되지 못하고 잠복한, 그가 '마음의 습속'이라 명명한 시민적 덕성에서 발견하였다 (ibid., p.167).

벨라는 부의 축적과 소비에의 과도한 집착에서 벗어나 시민적 가치와 규범에 관한 사람들의 감수성을 통각하는 작업에 전력을 다해야 한다고 주장하였다. 여기서 시민적 가치와 규범이란 나와 일면식도 없는 일반화된 타자의 이타적 행위가 나와 내 가족, 친구뿐 아니라 일면식이 없는 또 다른 일반화된 타자, 즉 우리 모두에게 도움이 될 것이라 믿고 그에게 협력적인 태도를 갖는 신뢰와 낙관을 의미한다. 동시에, 공동체 현안에 관심을 보이고 자신의 의견을 허심탄회하게 개진함으로써 나와 우리의 운명에 영향을 미치는 의사결정 과정에 적극적으로 영향력을 행사하는 참여와 개입의 태도를 의미한다.

문제는, 과거 전통 미국 사회에서는 이러한 아름다운 마음의 습속이 뚜렷이 존재하였으나, 20세기 들어 이기주의가 극단적으로 추구되면서 그것이 급속도로 사라졌다는 사실이다. 벨라는 이러한 변화, 즉 이기주의의 확산과 그에 따른 공동체 해체 및 소멸 현상을 목격하고는 개탄을 금치 못하였다. 그리하여 그 해결책으로 가정, 학교, 교회, 지역사회 등 1, 2차 사회화기관을 통한 교육과 교화 기능의 회복 및 강화를 제안하였다. 그는 특히 신앙의 관점에서 교회의 역할을 강조하였다(ibid., p.219). 벨라는 교회와 같은 사회화기관이 어릴 적부터 자유의 가치만을 편향적으로 가르치는 것이 아닌, 공동체의 일원으로서 질서와 공동선에 대한 책임의식, 부채 의식을 갖도록 균형감 있게 교육하고, 나아가 그러한 인식을 일종의 종교적 소명으로 받아들이도록 교화하여 겸손한 인간으로 크도록 개인들을 훈육할 때, 미국의 공동체는 비로소 참여하고 관여하는 건강한 '마음의 습속'을 가진 인간들로 가득 찰 수 있고, 바로 이때 미국인들의 심리적 공동체가 강건히 빛날 수 있다고 주장하였다(ibid., p.275).

『마음의 습속』에도 잘 나타나 있듯, 반응적 공동체주의자들은 시장이나 국가보다 사회가 앞선다는 견해를 견지한다. 따라서 이들은 국가의 강제력이나 욕망에 기초한 시장 만능주의를 경계하고 사회에 안녕과 질서를 가져다줄 수 있는 주된 기제로서 공식적, 비공식적 사회화와 사회통제의 역할에 주목하였다. 또한 그 결과로서 발휘되는 시민 개개인의 도덕적 고양에 많은 관심을 기울였다. 특히, 개인의 권리와 공동체에 대한 책임은 어느 하나가 다른 하나에 우위를 가지는 것이 아니라 같이 가는 것이라는 단순하지만 잊힌 진리를 거듭 강조함으로써, 20세기 중후반 미국을 위기에 몰아넣은 자유주의적 개인주의와 권위주의적 공동체주의의 양분된 철학 사조에 절충론적 입장을 제시하였다(Etzioni, 1996b; 1998).

권리를 누리려면 부과된 책임을 다해야 하고, 반대로 책임을 진 사람만이 권리를 온전히 요구할 수 있다는 단순한 진리는 저절로 개인에게 통각되지 않는다. 반응적 공동체주의자들은 그와 같은 도덕적 품성은 생득적으로 얻어지지 않으며, 끊임없는 공동체 차원의 교육을 통해서만 습득될 수 있다고 본다. 뿐만 아니라 시간이 흐르면 습득된 품성마저 퇴락하기 때문에 공동체 차원에서 지속적, 인위적으로 개인의 덕성을 강화하는 노력을 기울여야 한다고 주장한다.

이런 측면에서 반응적 공동체주의는 공동체가 도덕적 기반의 기초 단위로서 제 기능을 다해야 한다고 강조한다. 여기서 제 기능이란, 공동체의 도덕적 목소리(moral voice)를 통해 해당 공동체가 요구하는 덕성을 구성원들이 자발적으로 끊임없이 수양하고 내면화하도록 이끄는 역할을 의미하며(Etzioni, 2002, p.90), 도덕적 목소리란 공동체 내부에 형성된 비공식적 정서의 관계망(a web of affect-laden relationships)을 의미한다(ibid., p.83). 공동체 구성원들은 이 관계망의 참여자들 — 공동체 구성원들 — 이 재가(裁可)한 비공식적 제재(制裁)에 따라 행동과 사고를 조정하고 성찰하며 보다 나은 도덕자로서의 덕성을 함양한다.

심리적 공동체의 회복을 주장한 반응적 공동체주의는 다른 철학 사조들과 비교하면 학계에 지분이 크지 않은 소규모 학파이다. 그렇지만 공적 담론과 현실 정치에 있어서만큼은 상당한 반향을 일으켰다. 몇 가지 예를 들면, 반응적 공동체주의는 1990년대 말부터 2000년대 초반 토니 블레어 총리가 영국 사회주의 노동당을 신노동(The New Labour) 노선으로 전향시키는 과정에서 제3의 길(The Third Way)과 관련된 중대한 철학적 기반을 제공하였고(Hale, 2018), 1990년대 초 미국 클린턴 행정부의 자원봉사, 지역사회 교육 및 아동 관련 정책 형성에도 많은 사상적 영감을 주었다(Etzioni, 2014, p.244). 당시 영부인이었던 힐러리 클린턴 여사가 출간한 *It Takes a Village* 『집 밖에서 더 잘 크는 아이들』이라는 책을 보면, 아이 한 명을 키우는 데는 부모나 가족, 친구, 이웃만이 필요한 게 아니라 온 마을 구성원의 동참이 요구된다는 논지가 줄기차게 등장한다(Clinton, 1996/1996). 이는 반응적 공동체주의의 아이디어를 차용한 것이다.

뿐만 아니라 반응적 공동체주의는 2000년대 초중반 부시 미 행정부가 대선 기간 공개적으로 지지한 온정적 보수주의(compassionate conservatism)에 사상적 기반을 제공하였다(Etzioni, 2013). 온정적 보수주의란 빈민, 이민자 등 사회취약계층 역시 우리 공동체의 엄연한 일원이므로 자연 도태되도록 놔두지 말고 적극적으로 돕자는 주의를 뜻한다. 정확히 말하면 취약계층을 명확하게 선별해 내고, 정부뿐 아니라 시장, 시민사회 등 각계각층에서 그들을 돕는 데 들어가는 재정을 자발적으로 출연하여 효과적으로 돈을 쓰자는 입장이다(Watts, 2010, p.257-258). 취약계층을 위한 재정 투입의 최종 결과는 가족, 지역사회, 학교의 기능 강화 및 전통적 가치규범 체계(자조, 자립 등)의 회복이다. 물론 부시 대통령 집권 이후 온정적 보수주의에 입각한 정책이 공약대로 이행되지는 않았다. 그렇지만 당시 온정적 보수주의에 입각한 정책의 큰 틀, 예를 들면 초중등 교육, 자원봉사, 지역사회 역량강화 등에 대한 막대한 재정적 지원, 가족, 전통, 신앙적 가치에 기반을 둔 프로젝트와 도덕적 덕성 함양과 관련된 시민교육 등에 대한 전 사회적 강조와 정치적 수사는 당시 미국 행정부와 학계에 포진한 반응적 공동체주의자들의 입김에 따른 영향으로 해석된다. 당시 온정적 보수주의는 우리나라에도 수입되어 시장경제 논리를 강조하는 기존의 '차가운' 보수주의와 차별되는, 이른바 '따뜻한 보수'라는 말로 한동안 회자되었다.

버락 오바마 미국 대통령 역시 *The Audacity of Hope*『담대한 희망』에서 반응적 공동체주의자들의 사상과 아이디어에 힘을 실어 주었다

(Obama, 2007). 또한 그는 2008년 대선 기간 중 미국인들에게 지금과 같은 "책임의 시대"에 "정치의 중심에 공동선이 들어서야 한다"라고 강조하면서, 피아를 나누고 갈등을 조장하는 정체성의 정치(identity politics)를 중단하고 공동체적 협력을 강화하는 화합의 정치를 시작해야 한다고 주장하였다(Ferenstein, 2013).

굳이 미국이나 영국의 사례를 거론하지 않더라도, 반응적 공동체주의가 강조하는 협력적이고 조화로우며 자치와 자발적 통치 역량을 갖춘 도덕자들의 시민사회에 관한 청사진은 오늘날 우리 한국 사회에서도 많이 언급되며, 그 필요성에 대해 모두가 수긍한다. 그렇지만 각국의 현실 정치에서 공동체주의를 공개적으로 지지하거나 구체적인 정책의 사상적 기반으로 거론하는 정치인을 만나기란 그리 쉽지 않다. 이는 아마도 공동체주의가 역사적으로 서구 사회에서는 권위주의적 파시즘 혹은 폭력혁명을 동반한 사회주의와 연상되기 때문에 레드콤플렉스를 우려한 정치인들이 언급을 꺼린 데 따른 결과가 아닐까 싶고, 우리나라에서는 지역주의, 연고주의, 학벌주의, 혈연주의와 같은 파벌주의와 유교적 온정주의가 만들어낸 폐해가 너무나 깊고 크기에 공동체라는 말 자체에 대한 거부감이 강해 빚어진 결과가 아닐까 싶다. 그러나 어찌 되었든 공개적으로 공동체주의자임을 천명하지는 않아도 내심 혹은 공공연하게 반응적 공동체주의의 원리와 원칙을 지지하는 정치인과 학자는 우리 사회 곳곳에 포진해 있다.

공개적으로 반응적 공동체주의를 지지하지 않지만 내용적으로 흡사한 주장을 펼친 학자로 제1장에서 살펴본 로버트 퍼트남을 거론할 수 있다. 퍼트남은『혼자 볼링치기 — 사회적 커뮤니티의 붕괴와 소생』에서 미국 사회의 오랜 전통이자 자랑스러운 문화인 자발적 결사체를 통한 시민참여와 직접민주주의적 정치 활동이 20세기 초중반 이후 감소하였고, 이로써 미국 사회가 전체적으로 예의 활력을 잃고 정체, 후퇴하기 시작하였다고 주장하였다(Putnam, 2000). 여기서 자발적 결사체란 우애집단, 취미집단, 종교단체, 노조, 동문회, 보이스카우트, 적십자사 등 공동의 목적을 달성하기 위하여 구성원들이 자발적으로 결성한 모든 형태의 조직체 혹은 그러한 조직체들의 네트워크를 가리킨다.

퍼트남은 자발적 결사체가 공동의 목적 달성을 위해 모인 것이니만큼 구성원들의 사회경제적 배경이나 정치, 문화, 종교, 인종적 특징 등에서 매우 이질적일 수 있고, 따라서 결성 초기에 공동체의 전형적 속성을 지니지 않을 수 있다고 보았다. 그러나 시간이 지나 공동의 목적 달성을 위해 상호 협력하고 부조하는 가운데 장기적으로 구성원 간 신뢰와 상호 호혜의 가치규범이 생겨나고 밀도 높게 교류하는 공동체 — 심리적 공동체 — 가 자발적 결사체 내부에 들어선다고 주장하였다. 퍼트남은 오랜 시간에 걸쳐 자발적 결사체 안에서 배양되는 이 고밀도의 심리적 공동체를 신뢰, 호혜, 네트워크의 세 가지 차원으로 나누어 파악하였다. 그러는 한편, 이 3요소를 아울러 사회적 자본(social capital)이라는 개념으로 정립하였다(ibid., 2000, p.19). 퍼트남의 사회적 자본 이론이 기존 이론과 차별성을 보이는 부분은, 당시 미국 — 1990년대의 미국 — 의 쇠락과 관련하여 많은 비평가가 정당 정치의 무능, 정부 관료의 부패, 시장의 독주와 실패

등 정치나 경제 영역에서 그 원인을 찾은 데 반하여, 퍼트남은 사회적 자본의 감소에서 그 원인을 찾음으로써 국가(정치적 권력)나 시장(자본)에 선행하는 사회(시민적 결사와 참여)의 개념과 중요성을 재정립하는 계기를 마련하였다는 점이다(Putnam, 1993/2000).

사회적 자본의 감소가 오늘날 미국의 쇠락을 설명해 주는 진짜 원인이라고 본 퍼트남은 자신의 논리를 정당화하기 위해 프랑스 사상가이자 정치가인 알렉스 드 토크빌(1805~1859)의 *De La Démocratie en Amérique*『미국의 민주주의』를 인용하였다(Tocqueville, 1835/1997). 토크빌은 1831년 약 9개월간 미국을 두루 여행하며 미국의 정치, 사법, 행정, 언론, 결사 등을 깊이 있게 관찰하였다. 당시 그의 문제의식은 "프랑스혁명이 많은 피를 흘리고도 민주주의를 이룩하지 못한 반면, 미국에서는 어떻게 민주주의가 사회 깊숙이 이처럼 순조롭게 뿌리내리고 있는가"였다(ibid.; 백완기, 2015, p.3에서 재인용). 이와 같은 의문에 대해 토크빌은 다양한 해답을 모색하였는데, 핵심은 미국의 민주주의가 동시대 유럽보다 훨씬 더 발전하고 더 번영할 수 있었던 까닭은 민주주의가 제도나 법률 차원에서만 다수의 주권 행사를 보장하는 데 그치지 않고, 습성, 관행, 의견, 신앙을 포함하는 일종의 풍습(mœurs)으로 자리 잡아 민주적 참여와 소통을 촉진하는 실천적 교육의 장이 되어 주었기 때문이라는 점이다(ibid., p.26). 이는 프랑스혁명에서 볼 수 있었던 것처럼 그저 중앙의 제도나 법률을 갑작스럽게 바꾼다고 해서 곧바로 민주주의가 실현되는 것이 아니며, 민주적 참여와 소통이라는 습관을 체득한 시민의 덕성이 결사라는 예술(art de l'association)을 통해 장기간에 걸쳐 발현될 때, 그리하여 개인들이 각자의 직장에서, 학교에서, 지역사회에서, 크고 작은 단체에서 자발적으로 결사하고 의제를 설정하며 의사결정을 내리는, 이른바 자기통치가 풀뿌리 수준에서 폭넓게 발휘될 때, 민주주의는 누가 뭐라 하지 않아도 자연스럽게 발전, 번영한다는 점을 시사하였다.

토크빌은 미국을 9개월간 관찰한 후 "미국 사람은 두 명만 모여도 모임을 만들고 뭔가를 얻기 위해 로비를 시작한다"라고 말하였다(ibid., p.23). 퍼트남은 미국 민주주의의 정수가 바로 이 결사의 문화에 있다는 19세기 토크빌의 관찰을 인용하여, 미국인들이 본디 둘만 모이면 어떤 식으로든 모임을 결성하여 그 안에서 왁자지껄 떠들고 놀며 공동의 목적 달성을 위해 교류하는 습성을 지닌 사람들이라 하였다. 퍼트남의 책 제목 『혼자 볼링치기』와 관련지어 이를 좀 더 구체적으로 설명하면, 최소한 20세기 중반까지만 해도 미국인들은 혼자 볼링을 치지 않고 클럽을 만들어 여러 사람이 어울리며 함께 볼링을 즐겼다. 또한 이처럼 집단을 이루어 여가 활동을 즐기는 가운데 세상 돌아가는 얘기를 기탄없이 나누고 각자의 마을, 단체, 조직에서 벌어지는 대소사에 관한 정보와 의견을 가감 없이 주고받았다. 이는 의사결정 과정에 최대한 많은 사람을 참여시키는 계기가 되었고, 정치사회적 효능감을 부여하였으며, 상호 오해와 견해 차이를 줄이는 기능을 수행하였다(Sander & Putnam, 2010, p.9-10).

그랬던 미국인들이 20세기 후반에 접어들어 차츰 혼자서 볼링을 치기 시작하였다. 퍼트남이 문제 삼은 것은 단순히 볼링을 같이 치지 않는다는 게 아니었다. 그가 문제시한 것은, 볼링동호회로 대변되는 자발적 결사체와 이에 대한 시민의 관심 및 참여 문화가 약화함으로써 정치적 공간과 영토를 공유하는 일반화된 타자들, 즉 다양한 시민계층 간 어울림과 혼합, 상호 이해의 기회가 대거 사라졌다는 부분이었다(Putnam, 1996).

퍼트남은 이러한 시민적 관여와 참여와 혼합의 상실을 사회적 자본의 유실이라 일컬었다. 사회적 자본의 유실은 미국의 자랑스러운 전통인 탄탄한 사회적 신뢰, 상호 호혜의 규범, 사회적 네트워킹을 조각내었고, 미국 사회 전반에 뿌리내린 끈끈한 응집력과 유기적 소통, 상호 교류 및 이해, 그리고 이에 바탕을 둔 건전한 비판 문화를 뒤흔들어 놓았다. 퍼트남은 이러한 사회적 자본의 유실이 오늘날 미국의 정치, 경제, 사회 전 분야에서의 침체와 쇠락을 가져오는 제일 큰 원인이 된다고 진단하였다. 구체적으로, 사회적 자본의 유실로 말미암아 국회와 정부는 참여적 시민의 견제와 비판으로부터 자유로운 직업 정치꾼, 자리보전에만 관심을 가진 복지부동하는 관료들의 놀이터가 되었고, 시장은 보이지 않는 더러운 손들의 농락으로 인해 탁자 밑에서 부정한 돈이 오고 가는, 그래서 공정한 계약 체결이 요원해지고 오히려 불평등한 거래 비용만 부담 지우는 비효율적 자원의 분배 기제로 전락하였다. 개인들 역시 단기적 관점에서 자기중심적 이해관계만을 추구하면서 지역사회나 기타 소속 집단 현안에 대해 수동적, 비협력적 태도로 일관하는 모습을 보였다. 자발적 결사체를 통한 포괄적 사회혼합이 사라지고 그 빈자리에 고립과 분열, 이기주의가 들어섰다.

이런 측면에서 보았을 때 오늘날 미국 사회를 어렵게 만드는 진짜 문제는, 퍼트남에 따르면, 정당의 문제도 아니요, 정부의 문제도 아니요, 시장의 문제도 아닌 것이 된다. 진짜 문제는 서로가 서로에게 관심을 갖지 않고 상대의 삶에 관여하지 않으며 공동의 문제해결에 무책임한 모습을 보이는, 사회적 자본의 유실로 드러나는 공동체 부재의 현실이다(Putnam, 1993/2000). 따라서 퍼트남은 오늘날 미국이 처한 문제를 해결하기 위하여 개인 간 소통과 교류를 활성화하고 이를 통해 낯선 미지의 타자가 또 다른 미지의 타자를 신뢰할 수 있는 정직한 사회 분위기를 쌓아가자고 촉구하였다. 또한 시민 각자가 자신의 일상에 영향을 미칠 수 있는 이슈에 대해 허물없이 의견을 주고받고 중요한 의사결정에 참여하며 목소리를 드높이는 한편, 자기 의견과 반대되는 사람과의 의견 차이를 공개적으로 토론하고 조정할 수 있는 민주적 공동체를 조성하자고 주장하였다. 여기서 주안점은, 이러한 강건한 심리적 공동체를 재건하는 데 있어 중앙 차원의 거대한 조직체나 그러한 조직체들로 이루어진 또 다른 어떤 전국적 연합체 따위는 필요하지 않다는 점이다. 심리적 공동체의 재건에 가장 필요한 것은 지역사회 차원의 수많은 결사체이고, 그러한 결사체에 자발적으로 참여하며 교류하는 수많은 시민의 덕성이라 할 수 있다. 퍼트남은 지역사회를 기반으로 하는 여러 자발적 결사체가 사회 각 분야에서 자생적으로 만들어져 개인이 다양한 분야에서 다양한 활동을 하며 상호 교류할 때, 신뢰, 호혜, 네트워킹, 즉 탄탄한 사회적 자본을 보유한 건강한 심리적 공동체가 미국 사회 전역에 들어설 것이라 믿었다. 그리고 이것이야말로 잃어버린 팍스 아메리카나의 영광을 다시금 되찾는 정도라고 굳게 믿었다.

제9장. 공동체 이상론과 확장론

제8장에서는 공동체를 한때 향유하였으나 지금은 잃어버린 과거가 되었다고 보는 입장(상실론)과, 잃어버린 적이 없으며 설사 과거의 어떤 한 시점에서 잃어버렸다 하더라도 현재 반드시 회복해야 하고 실제로 회복 가능하다고 보는 입장(보존론)을 살펴보았다. 제9장에서는 공동체가 역사적으로 한 번도 제대로 구현된 적이 없다고 보는 입장과 함께, 공동체는 경험적, 규범적으로 실재하나 다양한 형태, 과정, 차원 속에 존재하는 비정형성, 비결정성이 특징이기 때문에 실체를 제대로 파악하기 어렵다고 보는 입장을 살펴보고자 한다. 전자를 공동체 이상론(community ideal), 후자를 확장론(community liberated) 이라 부른다.

1. 공동체 이상론

우리가 공동체를 잃어버리기는커녕 역사적으로 단 한 번도 제대로 구현해본 적이 없다고 보는 입장을 공동체 이상론이라 부른다. 공동체 이상론의 출발점은 유토피아 사상이다. 유토피아라는 용어는 영국의 법률가이자 정치가, 사상가인 토마스 모어(1478~1535)의

Utopia『유토피아』에서 처음 사용되었다(More, 1516/2011). 유토피아는 두 개의 그리스 어원을 갖는데, 그중 하나인 Outopia는 'no place', 즉 존재하지 않는 장소를, 다른 하나인 Eutopia는 'fortunate place', 즉 행운의 장소를 가리킨다. 한 마디로 유토피아란 이 세상에 존재하지 않는 파라다이스(桃源境)를 뜻한다.

『유토피아』는 2권으로 구성되어 있다. 제1권은 현실에 대한 비판을, 제2권은 유토피아에 대한 기술을 담는다. 제1권에서 모어는 16세기 유럽의 인클로저 운동으로 인하여 많은 농노가 삶의 터전을 잃고 빈민화, 유민화(流民化)되는 현실을 개탄하였다. "양이 사람을 잡아먹는다(sheep are eating men)"와 같은 유명한 말도 여기서 등장하였다(More, 1516/2011, p.71). 제1권에서 모어는 사회적 불평등이 얘기하는 부조리, 특히 사법제도의 불합리성과 지배층의 무능, 탐욕을 신랄하게 비판하였다.

유토피아의 모습은 제2권에 구체적으로 묘사되어 있다. 모어가 생각한 유토피아는 같은 언어, 법률, 관습, 제도를 가진 54개의 도시로 구성된 섬나라이다. 이를 좀 더 구체적으로 설명하면 아래와 같다(More, 1516/2011, p.137).

유토피아의 각 도시는 대략 6천 가구 정도로 구성된다. 각 가구는 10~16명 이하의 친족들로 이루어진다. 주민들은 선거를 통해 행정단위별로 대의원을 선출한다. 그렇지만 공화국에는 원로회의만 있을 뿐 정치는 주로 개별 도시를 배경으로 이루어진다. 주요 생업은 공동소유의 자급자족적 농업이고, 모든 시민은 2년씩 돌아가며 도농생활을 교대한다.

농촌에 있는 2년 동안 사람들은 각 도시의 무료 시장에 공급할 농산물을 생산하기 위하여 농사를 짓는다. 농촌에서 농사를 짓든 도시에서 그 밖의 물품을 만들든, 모든 시민은 공평하게 오전에 세 시간 일하고 공동 식당에서 밥을 먹은 후 오후에 다시 세 시간, 하루에 총 여섯 시간 일한다. 잠도 역시 똑같이 여덟 시간 잔다. 개인들은 이렇게 생산한 물품을 사적으로 소유하지 않고 무료 시장에 공급하여 균등하게 나누어 가진다. 필요한 게 있으면 무료 시장에서 필요한 만큼 물건을 가져온다.

모두가 노동에 똑같이 기여하므로 불로소득, 빈부격차, 노동 착취, 계급갈등, 탐욕, 사치, 남녀차별 따위의 문제가 유토피아에는 존재하지 않는다. 사적 소유가 부정되는 까닭에 모두가 똑같은 의복을 입으며, 추첨을 통해 집이 배분된다. 주택은 타성이나 무료함을 막기 위해 10년에 한 번씩 이사를 통해 교체된다. 사람들은 어렸을 때부터 의무교육을 받으며, 정해진 노동과 수면 시간 외에 문화센터에 가서 자신에게 맞는 맞춤 강좌를 들으며 여가와 취미생활을 즐긴다. 종교의 자유도 무제한 보장된다. 사람들은 어떠한 인위적 쾌락도 추구하지 않으며, 오로지 선하고 정직한 정신적 쾌락만을 진정한 행복이라 여긴다. 따라서 탐욕에 따른 전쟁도 일어나지 않는다. 그야말로 이상향이다.

모어는 나태, 탐욕, 교만을 당시 유럽 사회, 보다 근본적으로는 모든 인간 사회의 최대 악으로 보았다. 그래서 그는 노동의무, 공동소유, 절제된 생활 등 자신이 생각한 이상적 삶의 방식을 묘사하고 이를 통해 인간 사회의 악을 극복하고 모두가 평등하게 행복하게 잘

사는 세상, 즉 유토피아를 추구하였다(More, 1516/2011, p.262).

　모어 사후에도 유토피아 사상은 명맥을 이어갔다. 대표적으로 귀납법과 우상론으로 유명한 영국의 경험주의 철학자 프랜시스 베이컨(1561~1626)의 *New Atlantis*『새로운 아틀란티스』가 있다. 일찍이 플라톤은 자신의 말년 저작에서 아틀란티스라는 윤택한 낙원을 소개한 바 있다. 그것은 실존하였으나 바다 밑으로 가라앉은 가공의 섬나라이다. 여기에서 힌트를 얻은 베이컨은 자신의 이상 세계를 '새로운 아틀란티스'라 명명하고, 이 왕국의 가장 큰 특징을 철저한 과학 진흥 제도의 완비와 높은 과학기술에 따른 경제 발달이라고 규정하였다(Bacon, 1627/2002). 아쉽게도 이 소설은 베이컨의 사망으로 인해 미완으로 발간되었다. 그러나 전후 문맥으로 보아 새로운 아틀란티스는 뛰어난 과학기술로 높은 생산성을 달성하고 이를 통해 사람들의 욕구를 넉넉하게 충족시켜 주는 유토피아였음을 유추할 수 있다.

　이러한 서양의 유토피아 사상은 플라톤에 뿌리를 둔다. 플라톤은 *Republic*『국가』에서 철인왕(哲人王)이 다스리는 이상 국가를 상정하였다. 그는 철인왕을 세속적 권력욕이 아닌 진리에 기반을 두고 통치하는 이상적 치자(治者)로 규정하면서, 철인왕은 불편부당함을 덕목으로 삼기 때문에 가족과 재산의 공유 등 엄격한 도덕률을 따른다고 하였다. 철인왕에 의하여 통치되는 이상 국가는 통치자뿐 아니라 수호자, 시민 계급이 각자 자신에게 부여된 역할과 임무를 올바로 수행하여 조화와 질서를 이룬다. 플라톤은 자신이 제시한 이상 국가가 현실에서 실현되기 어렵다는 것을 잘 알았다. 그렇지만 그것이나라의 모범을 세우는 데 도움이 될 것이라 믿었다(이종환, 2019).

플라톤의 이상 국가는 *Nomoi*『법률』에서 좀 더 자세하게 언급된다. 여기서 나오는 것이 바로 마그네시아(Magnesia)라는 도시국가이다. 민주주의와 과두제의 혼합 정체를 띠는 이 도시국가에는 약 5천여 가구가 모여 산다. 시민들은 스스로 선거를 통해 지도자를 선출하고, 그렇게 선출된 360명의 대표가 법을 제정하면 나라의 대소사는 모두 이 법에 따라 결정되고 집행된다. 법에 따라 5천여 가구에게 가옥과 토지가 균등하게 배분된다. 재산 증식은 기본 재산의 네 배까지 허용되고 그 이상은 공공 목적으로 나라에 귀속된다. 구성원은 각자의 능력과 가능성에 따라 차등 교육을 받는다. 거주 이전의 자유는 제한된다. 이 외에도 플라톤은 마그네시아의 지리, 규모, 정치체계, 생활상, 도덕, 풍습 등 인간 삶의 제 영역에 관해 상세히 묘사하였다. 이러한 그의 이상 국가 이론은 이후 사회 제도와 조직 구성에 다양한 상상력을 제공하는 단초가 되었다(서병훈, 2000, p.294).

마그네시아가 되었든 새로운 아틀란티스가 되었든 아니면 유토피아가 되었든, 모든 유토피아 사상은 공통적으로 어디에도 없는 이상향을 그린다. 유토피아의 이러한 현실 부재성은 no place를 뜻하는 그리스어 Outopia에 이미 잘 나타나 있다. 그런데 유토피아의 또 다른 어원은 Eutopia이다. 이는 좋은 곳, 행운이 가득한 곳을 의미한다. 그렇다면 유토피아는 이 두 번째 어원이 함의하듯 정말로 행복한 장소일까. 유토피아 사상을 대표하는 모어의 책『유토피아』를 보면 언뜻 그래 보인다. 그러나 곰곰이 따져보면 반드시 그럴 것 같지는 않다. 이유는 여러 가지이다(박경서, 2012; 전혜숙, 2014).

먼저 모어의 유토피아는 계급이 없는 기계적인 평등사회를 가정한다. 그래서 사람들은 모두 똑같은 모양의 복장을 하고, 똑같은 구조의 집에서, 똑같이 일하고 똑같이 먹으며 똑같이 잠을 잔다. 그런데 이렇게 잘 짜인, 그래서 빈틈이 없어 보이는 완벽한 환경에서 개인은 과연 행복을 느낄까. 아마도 아닐 것이다. 개성이 억압되고 자아의 독립성이 부정되며 창의력과 자율성, 다양성이 박탈된 상태, 달리 표현하면 통제와 획일성, 하나 됨(one-ness)이 강요되는 상태에 놓여있기 때문에 사람들은 행복의 최대치에 근접하지 못할 것이다.

또한 모어의 유토피아에서 사람들은 모두 여덟 시간 잠잔 후 아침에 일어나 3시간 동안 일한다. 그러다가 나팔 소리가 들리면 일을 그만두고 공동 식당에 모여 다 함께 식사한다. 이후 다시 세 시간가량 일한다. 그런데 개인은 이렇게 열심히 일한 데 대해 아무런 보상을 받지 못한다. 사적 소유가 금지되므로 무료 시장에 생산물을 전부 내놓아야 한다. 물론 특정 재화를 가장 필요로 하는 사람이 필요한 만큼 무료 시장에서 물품을 적절히 가져다 쓰는 시스템이기 때문에, 이러한 평등한 분배 체계가 언뜻 이상적으로 보일 수 있다. 그렇지만 자신이 생각하는 소중한 재화를 사적으로 소유하고자 하는 이기심은 인간의 본성이다. 본성이 부정되는 것이니만큼 유토피아에 사는 개인들의 행복이 클 수 없음은 충분히 짐작할 수 있다.

또한 유토피아에서는 정부 관리나 교회 사제가 불치병에 걸린 환자 당사자에게 죽음을 조언할 수 있다. 물론 생사의 선택은 본인 결정에 달렸다. 그렇지만 설령 선의라 하더라도 국가나 교회가 병에 걸린 개인에게 죽음을 권하거나 죽는 게 낫다는 통보를 내리는 광경은 자결권 침해라는 측면에서 상상만 해도 거북한 일이다.

한편 모어의 유토피아에서는 주민에 의해 선출된 대표 의원들이 주어진 권한만 선량하게 행사하는 것으로 묘사된다. 그렇지만 자신에게 부여된 권한을 함부로 사용하면서 권력을 남용할 가능성은 상존한다. 영국의 소설가 조지 오웰(1903~1950)은 이러한 가능성을 *1984*『1984년』에서 이미 경고하였다(Orwell, 1949/2003). 이 책에서 오웰은 국가를 기록을 조작하고 개인의 일거수일투족을 감시하며 언어와 사고를 통제하여 영구적인 집권을 기획하는 초월적 존재, 즉 빅 브라더(Big Brother)로 묘사하였다. 일종의 전체주의적 국가를 상정한 셈인데, 오웰은 이러한 전체주의 국가가 또 다른 전체주의 국가들과 영구적 전쟁 상태에 놓여있는 상황을 그리면서, 국가 간에 전쟁이 끝나지 않는 이유를 국가 외부가 아닌 내부 요인, 구체적으로 희소자원 독점, 노동력 착취, 지배 이데올로기 강화 등에서 찾았다. 이러한 요인들은 빅 브라더의 통제와 감시 체제를 영속화하는 데 기여한다.

이 세상에 유토피아란 존재하지 않는다. 앞으로도 존재할 가능성이 작다. 이러한 현실을 누구보다 잘 알고 있음에도 일단의 무리는 유토피아를 추종한다. 이들이 유토피아를 좇는 까닭은 그것이 현실적으로 실현 불가능하다는 바로 그 사실에 매료되었기 때문이다. 그런 만큼 이들은 더욱더 그것을 희구하고, 가질 수 없는 것에 대한 열망을 부풀린다. 또한 확증편향적(confirmation bias)으로 그것의 장점을 과대 해석한다. 그리하여 추종자들은 유토피아를 교조화하고, 경전에 제시된 사고방식, 삶의 양식, 신념, 원칙, 목적에서 벗어나는 게 있으면 즉각적으로 이를 통제하려 든다(조극래, 김동영, 2003).

　유토피아를 현실 세계에서 구현하려는 시도를 경계해야 하는 까닭이 바로 여기에 있다. 유토피아 추종자들은 집단 내부의 다름을 용납하지 않고 열린 토론을 인정하지 않는다. 그럼으로써 자체 정화 기능을 잃고 우리가 무조건 옳다는 주장을 펼치며 내부의 이종과 잡종을 단속하고 차별한다. 같음에서 이탈하는 어떠한 움직임도 통제하는 전체주의적 성향을 드러낸다. 나아가 자기 집단의 힘과 정당성을 과신함으로써 외부의 비판을 평가절하하고 '우리'와 다른 '그들'을 정복하고 교화해야 할 대상으로 취급한다(박경서, 2012; 박경서, 2014).

　한편 유토피아와 비슷한 현상으로 이념공동체를 언급할 수 있다. 이념공동체는 하나의 이념을 공유하는 사람들의 무리를 가리킨다. 즉 특별한 신념, 소명, 세계관, 가치관 등을 공유하고 그것이 제시하는 이상적 사회상을 좋은 것(the good)으로 추앙하는 군집 현상을 의미한다(Kamenka, 1982). 우리가 잘 알고 있는 여러 이즘(ism)들, 예컨대 공산주의, 민주주의, 생태주의, 환경주의, 세계시민주의, 페미니즘 등등이 이념공동체의 사례이다. 서양의 기독사상, 동양의 대동사상 등 옛 성현의 말씀을 포함하여, 프리메이슨, 일루미나티 같은 이신론(理神論)에 기반을 둔 사교(邪敎) 클럽도 이념공동체의 범주에 들어간다(민문홍, 2012).

　이념공동체는 유토피아와 흡사하다. 첫째, 유토피아와 마찬가지로 이념공동체는 주로 관념 수준에서 존재한다. 물론 관념 수준에 머무는 데 불만을 가진 일부 구성원이 현실 세계에서 특정한 신념, 소명, 세계관, 가치관을 현시화하고 실제로 영역화나 세력화에 성공한 예도 적지 않다. 대표적으로 공산주의나 민주주의가 그러하다. 그렇지만 교의의 상당 부분이 구체화되지 못하고 여전히 담론으로 남아있는 경우가 훨씬 더 많다는 점에서, 유토피아 사상만큼은 아니더라도 이념공동체 역시 상당히 비현실적이라 할 수 있다. 예를 들어 민주주의는 인민 전체에 의한 직접 통치를 추구하고, 공산주의는 생산수단의 사회화와 인민의 민주적 통제를 추구하는데, 이와 같은 강령은 현실 세계에 좀처럼 접목하기 힘든 실험적 상황을 가정한다는 점에서 머릿속에서만 이루어지는 모의실험과 다를 바 없다.

둘째, 이상적이다. 이상향으로 생각하는 어떤 하나의 바람직한 사회 정형을 상정하고 이를 현실에서 구현해야 한다고 주장하는 유토피아 추종자들과 마찬가지로, 이념공동체 구성원들 역시 주요 교의의 달성을 주장하면서 이를 현실 세계에서 추진한다. 그렇지만 모든 이념공동체는 역사적으로 단 한 번도 완전히 궁극의 모습으로 핵심 교의를 달성한 적이 없다. 그럼에도 언젠가 해당 교의를 현실 세계에서 완전히 구현해낼 수 있다는 믿음을 버리지 않는다. 나아가 언젠가는 남들도 그러한 믿음에 동조하고 운동에 동참할 것이라 낙관하면서 잠재적으로 전 세계 모든 장소와 모든 사람을 교의의 전파 대상으로 겨냥한다(강대석, 2018).

둘 사이에는 차이점도 존재한다. 지리적 제약과 관련된 부분에서 그러하다. 앞서 말했다시피 유토피아는 지리적으로 소규모 섬에 영역화되어 있다. 그마저도 54개의 소규모 도시국가로 분할되어 있다. 때문에 그 안의 사람들은 좋든 싫든 일상적으로 대면접촉을 한다. 이와 대조적으로 이념공동체는 국지적으로 영역화하는 경우도 있으나 대부분 관념 수준에서 존재한다. 때문에 이념공동체 구성원들은 유토피아의 시민들처럼 반드시 대면접촉을 할 필요가 없다. 하면 좋지만, 안 한다고 해서 이념공동체의 구성원 자격을 박탈당하지 않는다. 뿐만 아니라 이념공동체의 구성원들은 지리적으로 특정 장소에 고정적으로 정주할 필요가 없다. 정주하든 부류하든 아예 나타나지 않든 상관없이 구성원 자격을 유지하고 공동체 경계를 관리, 통제할 수 있다.

대면접촉과 지리적 영역성 요건 측면에서 별다른 제약을 받지 않기 때문에 이념공동체는 완전히 관념 수준에서만 존재하기도 하고, 유토피아처럼 소규모 도시에서 국지화하기도 하며, 때로 행성적 차원에서 영역성을 추구하고 세력화하기도 한다. 이처럼 이념공동체의 지리적 경계와 범위, 내용이 사전에 정해져 있지 않다는 것은 그것의 최종 목적이 — 비록 명시적이지는 않지만 — 핵심 교의의 전 지구적 전파라는 행성적 열망에 있음을 강력히 시사한다. 이념공동체는 지구를 하나의 통합된 정신(world-span consciousness)으로 묶어내는 것을 궁극의 목적으로 삼는다. 특수한 이념을 지구 전체의 모든 장소와 모든 사람에게 빠짐없이 전파하고 이를 통해 특정한 가치규범 체계에 의하여 통합된 완벽한 동질체를 도모한다는 측면에서, 델란티는 이념공동체 이면에 잠복한 열망의 종착지가 세계공동체(world community)에 있다고 진단하였다(Delanty, 2010, p.122-126).

문제는, 세계공동체 달성에 대한 행성적 열망이 강해질수록 이념공동체 내부적으로 같음으로부터의 이탈을 단속하고 외부적 다름을 처단하려는 공격성이 강해진다는 점이다(Tinder, 1980). 이러한 공격성은 일부 이념공동체를 폭력적 성향을 띤 극단주의 집단으로 변질시키곤 한다. 사회학자 로버트 니스벳은 *The Quest for Community*『공동체에 대한 탐구』에서 이처럼 극단주의 성향을 띠는 일부 폭력적인 이념공동체를 절대공동체(total community)라 칭하고, 그 대표적 사례로 국가주의(statism) 형태로 드러나는 파시즘과 나치즘, 테러리즘을 동반하는 각종 종교적 근본주의와 민족주의, 레디칼리즘 등을 거론하였다(Nisbet, 1953).

절대공동체는 현실 세계에서 좀처럼 이루어질 수 없는 이상적 가치를 '올바른 것'으로 상정하고 그로부터 벗어나는 모든 '올바르지 못한 것'을 부정, 억압, 통제하려 든다. 또한 성장과 발전의 자양분을 획일성, 흑백논리, 적대감, 소수자에 대한 박해에서 주로 얻기 때문에 이해관계가 분화하고 다원적 세계관과 가치관, 행동체계가 공존하는 오늘날 사회에서 다양성과 포용성의 가치를 부정하면서 각종 정치적, 종교적, 도덕적 갈등과 충돌의 공급처 역할을 한다. 동성애 이슈를 둘러싼 기독교 근본주의와 성소수자 공동체 사이의 극렬한 대립이 하나의 사례이다.

절대공동체는 특정 이념을 교조적으로 추종하고 이를 전 지구적으로 전파하고자 한다. 또한 그 과정에서 급진성, 공격성, 억압성, 배타성, 내재성을 가감 없이 드러낸다. 따라서 평범한 사람들은 절대공동체가 나치즘, 파시즘, 극렬민족주의, 테러리즘과 같이 매우 예외적인 상황에서만 존재한다고 생각하는 경향이 있다. 물론 절대공동체처럼 극단적으로 폭력적인 이념공동체는 예외적 상황에서 존재하는 것이 사실이다. 그렇지만 잘못된 정보를 바탕으로 소통하고 특정 가치에 대한 믿음을 비합리적으로 키워가며 결과적으로 잘못된 판단과 위험천만한 극단적 결정을 내리는 개인들로 구성된 집단 ── 설사 우리가 그것을 절대공동체라 칭하지는 않는다 하더라도 그것과 흡사한 모습을 띠는 인간 무리 ── 는 꽤 흔하며, 우리네 삶에 깊숙이 뿌리내려 있다.

미국 하버드대학교 로스쿨의 캐스 선스타인(1954~)은 일상적 삶에서 쉽게 관찰 가능한 비합리적 집단 현상을 *On Rumors* 『루머』, *Going to Extremes* 『우리는 왜 극단에 끌리는가』에서 검토하였다. 여기서 그는 비슷한 생각을 하는 보통 사람들이 특정 이슈에 관한 정보를 주고받고 그에 대한 믿음을 키워가는 가운데 어떻게 사실과 다른 뜬소문을 퍼뜨리고 비합리적이고 위험천만한 결정을 내리며, 온갖 극단적 행동들을 취하는가를 예시하였다. 이를 위해 그는 두 가지 개념을 정립하였는데, 사회적 폭포(social cascade)와 집단 극화(group polarization)가 바로 그것이다(Sunstein, 2009/2009; 2009/2011).

사회적 폭포 효과란 폭포에 접근할수록 헤어 나오기 어려운 것처럼 어떤 판단을 내릴 때 타인의 생각과 행동에 무작정 의존하고 다수의 의견에 휩쓸려 주관을 잃는 현상을 가리킨다(Sunstein, 2009/2009, p.44). 이는 정보의 폭포와 동조화 폭포로 구분되는데, 전자는 앞선 사람이 하는 말이나 행동을 보고 뒤따른 사람들이 그대로 따라 하는 경향을, 후자는 자기가 아는 사람들이 어떤 루머를 믿으면 자기도 그 루머를 그대로 믿고 따르는 경향을 말한다(ibid., p.58). 사회적 폭포 효과가 야기되는 까닭은 일차적으로, 매우 단순하게도, 어떤 정보가 한 개인으로부터 다른 개인에게 전달되는 과정에서 신호 자체가 잘못 송수신되기 때문이다. 이를 정보 신호의 오류(error in informational signal)라 한다. 또한 타인에게 좋은 이미지를 남기고 싶은 욕망으로 인하여 잘못된 정보와 판단을 바로잡으려는 개인적 노력을 회피하게 만들기 때문이기도 하다. 이를 평판에 대한 압박(reputational pressure)이라 한다.

다음으로 집단 극화란 유사한 성향의 사람들이 낯익은 네트워크에 둘러싸여 자신들만의 정보가 모든 것을 설명해 주는 것인 양 편향적으로 정보를 습득하고, 이로써 혼자였을 때는 하지 않았을 극단적 판단을 내리고 행동과 실천으로 옮기는 현상을 가리킨다(ibid., p.64). 집단 극화는 토론의 결과 종종 발생하는데, 이는 어떤 이슈를 갖고 토의하다 보면 보다 극단적인 주장을 펼치는 사람이 다른 사람들로부터 동의를 얻기 쉬운 수사적 이점을 가지며, 따라서 토론의 결과 더욱 극단적인 의견만 남게 되는 경향이 커진다는 점을 상기하면 금세 이해가 갈 것이다. 예컨대 영국의 브렉시트와 관련된 국민적 토론 결과는 외국인들이 눈에는 매우 어리석고 이해가 잘 안 가는 결정으로 보이지만, 집단 극화 개념을 적용하면 쉽게 설명된다. 아무튼, 집단 극화가 진행되면 비동조자는 집단을 떠나고, 해당 집단은 더욱 극단적인 사람들로만 구성된다. 그리하여 내부 동질성은 강화되고 반대로 다양성은 약화되는 극화가 일어나며, 혼자였을 때에는 하지 않았을 일들이 집단의 명목 아래 실제로 행해진다.

선스타인은 사회적 폭포 효과와 집단 극화 개념을 통해 거짓 루머의 발생 원인과 확산 과정, 루머의 확산에 따른 극단적 견해를 가진 집단의 탄생, '우리는 옳고 너희는 틀렸다'라는 이분법적 시각 위에 이루어지는 파멸적 행위의 선택 등 다양한 비합리적이고 극단적인 집단 현상에 관해 설명하였다(Sunstein, 2009/2011, p.137). 이 같은 현상이 국가정책 결정권자 사이에서 발생한 결과가 미국의 피그만 침공이나 영국의 브렉시트 결정 같은 국제정치적 사건이고, 종교지도자들 사이에서 일어난 결과가 이슬람 테러리즘, 르완다 인종청소와 같은 비극적 인종, 민족 분쟁들이다.

그러나 선스타인은 사회적 폭포와 집단 극화가 국가 차원이나 정치리더 그룹 수준에서뿐 아니라 둘 이상이 모여 의사소통하고 사고하며 결정을 내리는 평범한 모든 집단 사이에서 얼마든지 일어날 수 있는 일반적인 현상이라고 보았다. 이런 그의 이론을 대입하면, 출처를 알 수 없는 각종 루머와 음모, 가짜 뉴스가 왜 인터넷상에 자꾸 만들어지는지, 왜 평범한 사람들이 이에 동조하여 거짓을 사실인 양 확증편향적으로 인식하고 확대 유포하는지, 왜 비합리적 믿음을 가진 사람들로 이루어진 집단이 자꾸만 등장하여 현실 세계에서 자신들의 믿음을 실천에 옮기고 선량한 시민들에게 피해를 초래하는지, 왜 잘못된 정보에 대해 합리적 의문을 던지며 이의를 제기하는 사람들이 핍박받는지 등의 이유를 쉽게 알 수 있다.

선스타인이 『루머』와 『우리는 왜 극단에 끌리는가』를 통해 밝히고자 했던 바는 간단하다. 그는 내부적으로 다양성과 포용성을 인정하지 않고 외부적으로 공격적, 배타적 자세로 오직 우리만이 옳다고 주장하는 비합리적 집단 현상이 사실 인간의 보편적이고 자연적인 심성에 기인함을 보여주고 싶었던 것이다(Sunstein, 2009/2009, p.89). 인간은 자신과 비슷한 생각을 하는 부류하고만 어울리려는 성향이 있다. 그리고 이러한 성향은 인간의 인지, 심리, 사회체계에 자리 잡은 각종 오류와 욕심 등 근본적이고 불가피한 이유와 결합함으로써, 합리적 생각을 하는 구성원들을 무리에서 쫓아내는 결과를 초래한다. 이들은 집단 내부에 다양성을 가져오고 견제와 균형의 원리를 실현하는 통로 역할을 해주는 존재들이다. 문제는, 이러한 역할을 하는 사람들이 제거된 집단 내부에는 가짜 정보가 판을 치고 잘못된 판단이 내려지며, 온갖 몰상식한 행동이 집단의 이름 아래 극단적, 급진적으로 취해지게 된다는 사실이다. 선스타인은 이러한 비합리성을 인간 집단에서 발견되는 보편적 현상이라 하였다(ibid., p.128).

선스타인의 논리를 적용하면, 유토피아 사상과 같이 이상적이고 비현실적인 환상적 아이디어가 왜 계속해서 인류 역사에서 명맥을 유지하며 세력을 유지하는지 금세 알 수 있다. 인간의 본성에는 자신과 비슷한 생각을 하는 부류하고만 어울리려는 심리가 저변에 깔려 있다. 이러한 심리는 설령 타인이 제공한 어떤 정보나 판단이 잘못되었다 할지라도 그것을 수정할 수 있는 능력을 마비시킨다(사회적 폭포 효과). 만약 자체적으로 수정할 능력이 잃었다면 집단 내부의 또 다른 누군가가 잘못된 정보와 인식의 오류를 지적하고 바로잡아줄 수 있어야 한다. 그런데 인간의 심리적 취약성과 그로부터 비롯된 사회적 취약성은 이를 바로잡을 수 있는 환경조차 제거해 버린다. 그리하여 잘못된 생각을 공유하는 비슷한 사람들만 집단에 남는 결과를 초래한다(집단 극화). 선스타인의 논리를 적용하면, 이렇게 잘못된 생각을 공유하는 사람들끼리 계속해서 비현실적이고 이상적인 얘기를 주고받으며 비합리성을 키운 결과가 바로 유토피아 사상과 — 민주주의 등 일부를 제외한 — 이념공동체 같은 환상적인 아이디어라 할 수 있다. 덧붙여, 이러한 환상적 아이디어가 견제와 균형의 원리에 의해 제때 적절히 제어되지 못하고 현실 세계에서 공격적으로 추구되면서 그 영향력 아래에 놓인 사람들에게 획일적으로 강요된 결과가 폭력적인 절대공동체의 등장이라 할 수 있다.

선스타인은 인간의 본성에 기인하는 위와 같은 비합리적 집단 현상을 해결하기 위하여 몇 가지 방안을 제시하였다(Sunstein, 2009/2011, p.173). 이를 구체적으로 설명하면, 첫째, 의견이 대립하는 곳에 균형 잡힌 시각의 권위자를 데리고 와 그에게 중재자 역할을 맡기기, 둘째, 허위임이 명백하게 밝혀진 루머에 대해서는 표현의 자유를 침해하지 않는 범위 안에서 — 권위를 이용하여 다소 충격적인 — 위축 효과를 발생시키기, 셋째, 다양성을 강조하고 표현의 자유를 존중하면서 이를 바탕으로 민주주의의 최대 장점인 견제와 균형의 원리를 집단의 구조와 기능 안에 구현시키기 등을 포함한다. 이러한 장치들은 거짓 정보를 막고 이상 사회에 대한 비합리적 환상이 유포되는 것을 막아준다. 나아가 그러한 환상을 좇는 무리에 의해 가해질 수 있는 협박, 위협, 차별, 억압의 상황으로부터 개인들을 구제해줄 수 있다.

인간은 유사 이래 수많은 공동체를 시도해 왔다. 다양한 내용과 형식의 공동체를 구현하고 경험해 왔다. 그런데 공동체 이상론자들은 역사적으로 여전히 구현된 적이 없는 유형의 공동체가 현실 너머 저 어딘가에 존재한다고 믿는다. 이들은 이상적 사회의 정형을 구체적으로 묘사하고 이를 유토피아라 부르면서 비슷한 생각을 지닌 사람들과 무리를 지어 그 형식과 내용을 경전화한다. 그리고 자기들끼리 내부적으로 이념적 연대 의식을 공고히 다진다. 이 과정에서 경전에서 벗어난 변칙이 발견되면 중대한 도발로 간주하며 하나의 정형화된 틀에 다양한 삶의 방식과 제각기 다른 사연을 끼워 맞추려 든다(Young, 1986, p.259). 뿐만 아니라 이러한 경직성을 차츰 외부로 확대해 나간다. 유토피아 사상과 일부 이념공동체가 기계적 획일성과 평등성을 강조하고 집단 내외부적으로 폭력적, 억압적, 급진적 극단주의를 드러내는 이유는 이러한 맥락에서 이해할 수 있다(Tinder, 1980).

특정한 모습의 공동체를 이상화하고 추구하는 행위 자체를 반대하는 것이 아니다. 여기서 공동체 이상론을 비판하는 까닭은, 그에 대한 열망이 인간의 본성에 기인하는 비합리적 요소(예: 의사소통상의 오류, 이기심 등)와 쉽게 결합할 수 있고, 실제로 그렇게 되었을 때 비현실적 이상 사회에 대한 욕망이 비대해져 결국 집단 내부에 가짜 정보가 판을 치고 그에 기반을 둔 잘못된 판단이 내려지며 극단적 행동이 횡행할 수 있다는 우려 때문이다. 설사 비현실적이고 이상적인 담론이 그럴듯하게 논의되더라도 이를 바로잡을 견제와 균형의 다양한 제 세력이 제대로 작동을 하기만 한다면, 이러한 비판의 날은 무뎌질 수 있다(예: 민주주의 이념공동체). 그러나 유토피아 사상과 ― 민주주의 등 일부를 제외한 ― 이념공동체는 지금까지의 역사적 사례들을 살펴보건대 다양성, 견제, 균형의 원리를 실현하는 장치를 내외부적으로 만족스럽게 마련하지 못한 경우가 더 많았다(Kamenka, 1982). 그리하여 폭력적이고 극단주의적 성향의 절대공동체로 전락한 경우를 우리는 역사적으로 적지 않게 봐왔다.

요컨대 유토피아와 이념공동체 등을 아우르는 공동체 이상론은 말 그대로 이상적이다. 현실성이 없는 환상이다. 무엇보다 폭력적 극단주의로 쉽게 빠질 수 있어서 경계의 대상이 된다. 그렇다면 우리는 공동체 이상론을 향해 무조건 비판의 날을 세워야 할까? 공동체 이상론은 나쁘니까 언제든 배격해야 할까?

물론 공동체 이상론이 경계의 대상이 되어야 하는 것은 맞다. 그렇지만 이상적 공동체를 향한 열망은 불완전한 인간들로 구성된 사회가 지속하는 한 절대 사그라지지 않을 것이란 점을 감안하면(김영일, 서영조, 2006), 공동체 이상론을 향한 무조건적인 평가절하, 비난, 배격은 인간성 자체에 대한 부정이라는 측면에서 가치합리적이지 않고 지나친 부분이 있다고 생각된다. 중요한 점은, 이상적 공동체의 존재와 필요성을 인정하되 어떻게 하면 그 안에 다양성과 견제, 균형의 원리를 실현해줄 장치들을 구현하는가에 있지, 이상적 공동체 자체를 부정하는 데 있지 아니하다.

인간 사회가 지속하는 한 공동체 이상론에 대한 열망이 절대 바라지 않을 것이라 보는 까닭은, 프랑스의 소설가 알베르 카뮈(1913~1960)가 Le Mythe de Sisyphe 『시지프 신화』에서 언급하였다시피, 인간은 본디 이상적 가치를 찾으려는 부단한 노력과 결국 아무것도 찾지 못하는 헛된 노력 사이에서 끊임없이 갈등하고 회의하는, 그러면서도 포기하지 않고 고군분투하는 부조리(l'absurde)한 존재이기 때문이다(Camus, 1942/2016). 땅 밑으로 떨어질 게 뻔히 예상됨에도 언덕 위로 바위를 계속 굴려 올리는 집요함을 가진 그리스 신화의 시시포스처럼, 우리 인간은 불가능의 영역에 한쪽 다리를 걸치고 있으면서 그 문 앞에서 정강이를 차여 넘어지고 번번이 입장을 거절당하는 유한한 존재이다. 이는 유토피아와 그에 준하는 이념공동체가 이상적이고 비현실적이며 때로 인간 존재 자체를 부정하는 냉정한 면모를 갖고 있을지언정, 나아가 그러한 비참한 조건의 전모를 의식의 자각을 통해 충분히 깨닫고 있을지언정, 우리 인간은 죽음, 즉 이상의 포기라는 현실 도피를 선택하기보다 삶, 즉 비현실적 이상 공동체에 대한 신념과 의지를 거두지 않을 것이며, 절망 속에서 불굴의 의지로 희망을 찾을 것이라는 점을 함의한다(정인화, 2012).

공동체 이상론은 분명 비판의 대상이 된다. 그렇지만 비판의 대상은 다양성과 견제 및 균형의 원리를 실현해줄 장치의 부재가 되어야지, 그 화살이 이상적 공동체 자체가 되어서는 곤란하다. 공동체 이상론에 대한 맹목적인 평가절하와 비난은 이상적 공동체에 대한 너무도 인간적인 상상력과 가능성을 제한한다. 이는 카뮈가 경계한 허무주의로 귀결할 수 있다. 여기서 허무란 공동체의 자살, 즉 인간의 죽음, 실존의 상실을 뜻한다.

공동체 이상론은 인간적이다. 그래서 이상론에서 얘기하는 것과 달리 현실에서는 오류가 많고 불완전하다. 때로 파멸을 예고한다. 그렇지만 카뮈는 "산정(山頂)을 향한 투쟁 그 자체가 인간의 마음을 가득 채우기에 충분하다(The Struggle itself […] is enough to fill a man's heart)"라고 하였다(Camus, 1942/2016, p.18). 실현 불가능한 이상적 공동체에 대한 염원은 그 자체로 인간을 행복하게 만들어 주기 때문에 인류사에서 절대 사그라지지 않을 것이다. 많은 사람이 공동체 이상론의 부조리를 충분히 인식함에도 계속해서 그 독배를 마시려 드는 것은 바로 이러한 연유에서이다.

2. 공동체 확장론

마지막으로 살필 관점은 오늘날 공동체가 시간과 공간의 복잡한 교차 속에서 다양한 형태, 과정, 차원 속에 존재하고 유동적으로 형성과 재구성을 반복하기 때문에 그 실체를 뚜렷이 파악하기 어렵다고 보는 입장이다(Wellman, 1979, p.1206). 공동체 확장론이라 불리는 이 입장은 공동체 상실이나 보존 여부에 관한 논쟁에 뛰어들기보다, 오늘날 사회가 시공간의 제약에서 자유로워졌다는 가정하에 우리가 기존에 알던 것과는 질적으로 다른 공동체가 실재하는지, 만약 실재한다면 그 내용과 형식은 어떠한지, 그 안의 새로운 사회적 관계가 현대 사회 개인에게 정체성과 소속감의 안정적 원천이자 정서적 보호 기능을 과연 제대로 수행하고 있는지 등의 이슈에 천착한다는 점이 특징이다. 즉 우리가 기존에 알던 공동체와 다른 유형의 공동체 및 이를 둘러싼 새로운 사회적 관계의 내용과 형식을 파악하고자 하는 것이다.

공동체 보존론은 기존 도시사회학계에 뿌리내린 공동체 상실론의 한계를 극복하였다는 측면에서 의의가 크다. 그러나 보존론은 우리가 이미 알던 유형의 공동체 — 지역사회와 결부된 — 의 존속 및 회복 가능성에만 주목할 뿐, 시간과 공간의 압축 및 분리에 따른 즉각적이면서도 지속적인 가상공간 내 공동체의 형성 가능성이라든지, 물리적, 공간적 제약과 상관없이 지리적으로 느슨하고 확산된

(sparsely-knit and geographically dispersed) 형태를 띠는 공간, 예컨대 초국적 공간 속 공동체의 등장 가능성에 대해서는 무관심하다는 비판을 받는다(Blanchard & Horan, 2000; Wellman, Boase, & Chen, 2002). 뿐만 아니라 공동체를 전통과 권위를 지향하는 것으로 파악하고 그 안의 개인들을 집단의 서사에 의하여 도덕적 의무와 책임을 지는 수동적 존재로 묘사함으로써, 현대 사회의 유동적이면서도 숙고적 자아가 선택적으로 구성하는 이른바 탈근대적 공동체와 그것이 갖는 독특한 속성들 — 예컨대, 형성성, 다중성, 혼종성, 일시성, 유한책임성 등 — 에 대하여 말해주는 바가 별로 없다는 비판도 받는다(Wellman, 2001). 공동체가 경험적, 규범적으로 실재하지만 다양한 형태, 과정, 차원 속에 존재하는 비정형성, 비결정성을 특징으로 삼기 때문에 그 실체를 제대로 파악하기 어렵다고 보는 공동체 확장론은 이러한 비판 속에서 등장하였다.

공동체 확장론을 가설의 형태로 정립하고 이를 검증한 초기 학자 가운데 가장 중요한 인물은 캐나다의 네트워크 이론가 웰먼이다. 이상론을 제외한 상실론, 보존론, 확장론이란 용어도 웰먼에 의하여 주조되었다. 그의 이론은 1979년 *American Journal of Sociology*에 게재된 논문 "The Community question: The intimate networks of East Yorkers"에 잘 나와 있다. 여기서 그는 산업화와 도시화의 진전에 따라 지리적 영역성을 바탕으로 개인을 특정 집단(예: 가족, 이웃 등)에 묶어주던 강한 유대 관계(strong ties)가 형해화하고 그 결과 사람들이 비인격적, 일시적, 분절적인, 여러 비장소적 사회연결망에 포함되어 그 안에서 삶을 개별적으로 연명해 가기 시작하였다고 보는 일련의 연구 경향에 주목하면서, 이를 공동체 상실론이라 명명하였다(Wellman, 1979, p.1206).

인간생태학이 영향력을 발휘하던 1950년대까지 공동체 상실론은 도시사회학계의 주류 시각으로서 지위를 누렸다. 그러나 1960년대 이후 상실론은 강력한 도전을 받았다. 도시민들이 지리적으로 느슨하고 확산된 사회연결망 속에서 차가운 이차집단 구성원으로서 고독한 삶을 연명해 가기보다, 특정 장소 안에서 여전히 강한 유대 관계를 유지하며 그로부터 상당한 정서적, 심리적 안정과 사회적 지지를 받고 있다는 연구가 쏟아졌기 때문이다(Gans, 1962b; Fischer, 1975). 이러한 양상은 특히 도심 저소득층이나 소수인종 이민자 집단거주지와 같이 주어진 외부 환경이 혹독하여 자원을 공동출자하는 등 집합적 대응이 요구되는 상황에서 더욱 도드라졌다. 도시 안에 강한 유대로 얽힌 마을(urban villages)이 만들어져 있다고 주장한 허버트 갠즈의『도시의 촌락민들』처럼, 특정 도시 구역 내 강한 유대 관계의 역동적 형성과 유지, 존속에 주목한 일련의 연구 경향을 웰먼은 공동체 보존론이라 명명하고 이를 또 다른 하나의 공동체 연구 유형으로 범주화하였다.

그러나 웰먼은 상실론과 보존론 둘 다 지역사회 안에 담지된 공동체라는 기존 담론에서 벗어나지 못하는 한계를 갖는다고 보았다. 그는 현대 사회에서 교통체계의 발달로 개인의 이동성이 증대되고 텔레매틱스로 대변되는 정보통신 기술의 급속한 발전으로 삶터와 일터가 분리되는 한편, 분업화와 전문화에 따라 상호 의존성이 극대화된 까닭에 작은 지역사회뿐 아니라 다양한 공간적 규모(scales)에서 공동체적 상호작용이 일어나고 또 계속해서 유지되는 것이 얼마든지 가능해졌다고 보았다(Wellman, 1979, p.1207). 이는 공동체가 단수의 국지적, 지엽적 현상에 그치지 않고, 복수의 지리적으로 느슨하고 확산된 형태로 존재할 수 있다는, 다차원적이고 다수준적인 공동체의 가능성 제기로 이어졌다. 웰먼은 이 가능성을 공동체 확장론이라 명명하고 공동체 연구의 신경향으로 간주하였다.

도출된 세 개 가설의 타당성을 검증하기 위하여 웰먼은 캐나다 토론토의 작은 블루칼라 밀집 거주지역인 이스트 요크 마을을 방문하여 서베이 자료를 수집한 후 네트워크 분석을 실시했다. 분석 결과, 그는 이스트 요크의 지역공동체가 상실되지 않고(=상실론 기각) 부분적으로 보존되어 있되(=보존론 부분 채택), 대부분의 공동체적 상호작용은 발달한 텔레매틱스와 교통시스템을 매개로 지리적으로 느슨하고 확산된 형태로 지역사회로부터 유리된(liberated) 채 일어나고 있다는 사실을 확인하였다(=확장론 채택)(ibid., p.1224-1225). 이러한 연구 결과는 지리적 공동체가 현대 사회에서 여전히 존속, 번영하고 있지만, 그와는 별개로 보통 사람들은 기존의 지리적 제약에서 해방되어 시공간의 다양한 축 속에서 다양한 내용과 형식의 공동체를 형성, 유지하고 있고, 나아가 그로부터 유의미한 정서적 지지와 심리적 안정 및 보호를 공급받고 있다는 사실을 보여주었다. 즉 기존의 전통적 형태를 벗어난 새로운 형태의 공동체가 다양하게 시도되고 있고, 이들이 여전히 생동감 있게 살아 있으면서 필수 불가결한 삶의 양식으로 기능하고 있음을 보여준 것이다.

지리적 영역성이 공동체의 필요충분조건이 아님을 확인한 웰먼은 공동체를 사회적 연결망이라고 단순하게 규정하였다. 즉 지리적 족쇄에서 벗어나 공동체를 "사교, 지지, 정보, 소속감, 그리고 사회적 정체성을 제공하는 개인 간 유대의 연결망"으로 간략히 정의함으로써 공동체를 시공간적 한계를 넘어선 교류와 유대의 가능성 측면에서 이해한 것이다(Wellman, 2001, p.228). 반응적 공동체주의자 에치오니 역시 웰먼과 비슷하게 공동체를 "특별한 가치, 규범, 의미, 역사 및 정체성을 공유하고 그에 헌신하는 상호 교차적이고 상호 배가적인 정서적 관계망 속 사람들"로, 다시 말해 특수한 문화(particular culture) 혹은 삶의 양식으로 규정함으로써 확장론을 지지하는 입장을 드러내었다(Etzioni, 1997, p.127).

웰먼 이후 학계에는 공동체의 시간적, 공간적 비정형성을 지지하는 연구들이 쏟아졌다(Castells, 1997). 이 연구들은 현대인이 기존의 사고방식으로는 파악하기 어려운 다양하고 새로운 공동체를 창출하고 있고, 자의든 타의든 그에 소속되어 독특한 방식으로 정체성과 소속감을 다지고 있다는 데 주목하였다. 이는 전통적 공동체의 경직적 경계(예: 지역, 계급, 직업, 인종, 세대 등)의 붕괴 혹은 이완과 동시에, 불가예측적인 새로운 공동체 경계(예: 지역, 계급, 직업, 인종, 세대 등을 아우르는 가상 세계)의 출현을 포착하는 것, 다시 말해 기존 공동체에서 추구되던 보편적 생활양식(=문화)과는 거리가 먼 특수적 삶의 양식들을 조사하고, 그러는 한편 그것이 어떻게 기존의 전통적 공동체의 보편적 생활양식과 상호 자극하면서 공존, 협력 혹은 갈등, 경쟁 관계를 갖는지, 나아가 새로운 공동체 창출에 어떻게 기여하는지를 집중적으로 살피는 작업이라고 요약될 수 있다(김영정, 2007, p.8-9).

　아래에서는 지역사회와 결부된 기존의 경직적이고 단조로운 공동체관을 탈피하여 복수의 시공간 속에서 불특정한 형태로 복잡다단한 인간관계를 맺고, 그 과정에서 유대감, 소속감, 정체성을 다지는 현대인들의 새로운 공동체 경험을 살피고자 한다. 확장론적 공동체관은 주로 가상공동체, 초국적 공동체 그리고 탈근대 공동체 연구에 영향을 끼쳤다. 아래에서는 이 가운데 앞의 두 유형을 다루는 연구들을 간략하게 살피고자 한다. 탈근대 공동체에 대해서는 제10장에서 다루도록 한다.

1) 가상공동체

　가상공동체란 컴퓨터 등에 의하여 만들어진 가상공간(cyberspace)에서 특정 매체―주로 인터넷―를 통하여 사람들이 연결되고 정보를 주고받으며 상호작용하는 사회연결망을 의미한다. 현실공동체의 각종 지리적, 정치적 제약에 개의치 않는 가상공동체는 주로 온라인 인터넷에서 발견된다.

　가상공동체 개념을 처음으로 체계적으로 탐색한 인물은 미국의 사회학자 하워드 레인골드이다. 그는 인터넷은 고사하고 컴퓨터조차 대중화되지 않은 1985년, 몇몇 정보통신 기술자들이 다이얼업 모뎀을 활용하여 만든 웰(WELL, Whole Earth Lectronic Link)이라는 온라인 게시판(BBS)의 초창기 멤버였다. 여기서 그는 서로 얼굴도 모르고 어디에 사는지도 모르며 현실 세계였다면 좀처럼 어울리지 않았을 미지의 낯선 개인들이 '우리'라는 공동체의식을 나눠 갖는 특별한 과정을 체험하였다. 어떤 한 멤버가 자기 아들이 백혈병에 걸렸다는 사연을 웰에 올리자 순식간에 의사, 간호사를 비롯하여 백혈병을 이겨낸 경험이 있는 수많은 사람이 마치 자기 일처럼 조언을 건네고 당시로써 엄청난 금액인 미화 만오천 불을 모금한 후 얼굴 한번 본 적 없는 그 멤버에게 전달한 것이다. 웰의 이 같은 강력한 결속력과 공동체의식에 깊은 인상을 받은 레인골드는 개인적 경험을 토대로 1993년 *The Virtual Community: Homesteading on the Electronic Frontier* 『가상공동체 — 전자 영역에서의 삶』이라는 책을 출판하였다. 오늘날 이 책은 가상공동체에 관한 논의의 표준으로 간주된다.

이 책에서 레인골드는 가상공동체를 현실 세계의 대안적 실체로 간주하면서 그것의 긍정적 측면을 부각하는 데 집중하였다. 그는 현대 사회에 접어들어 이기심, 경쟁, 고독, 소외와 같은 골치 아픈 병리적 현상에 대한 사람들의 피로가 늘고 있다는 전제 아래, 만약 정보통신 기술의 발달로 가상공간의 영역이 확장된다면 심각한 사회 문제들로 점철되어 더는 해결의 기미가 보이지 않는 현실 세계에서 도망쳐 가상공간 속으로 회피해 들어가고자 하는 사람들이 늘어날 것이고, 가상공동체에 대한 사람들의 몰입도 커질 것이라 예상하였다. 즉 환상적이고 신기하며 기묘한 느낌을 주는 새로운 세계 — 가상공간 — 로 잠주하여 그곳에서 비슷한 처지에 놓인 사람들과 합심, 현실 세계의 불안과 불확실성을 해결하려는 온라인 움직임이 가속화할 것이라 예상하였다(Rheingold, 1993).

이와 같은 예측은 레인골드가 물리적 실체 없이 가상공간에만 존재하는 전자네트워크를 인간공동체의 범주에 집어넣음으로써 공동체의 시공간적 제약을 풀고, 이로써 공동체 확장론의 관점을 취하였다는 점을 시사한다. 동시에, 가상공동체를 현실 세계의 환멸에서 벗어날 수 있는 도피처이자 약속과 기회의 땅으로 간주하였다는 점에서, 다시 말해 현실 세계에서는 상실해 버린—아련한 옛 시절의—공동체를 가상공간에서 회복, 복원할 수 있다는 믿음을 드러냈다는 점에서 공동체 보존론의 입장도 취하였다는 것을 의미한다(오관석, 2010, p.53).

레인골드 이후 가상공동체를 심도 있게 연구한 또 다른 인물로는 제6장에서 이미 살펴본 마누엘 카스텔이 있다. 그는 본래 신마르크스주의 도시사회학자였다. 그렇지만 1980년대부터 테크놀로지, 커뮤니케이션, 네트워크 등으로 관심사를 바꾸었고, 1990년대 이후에는 그의 이론적 토대였던 마르크스주의마저 포기하면서 현재는 정보사회학자로 자리매김하였다.

가상공동체에 관한 카스텔의 이론은 *The Rise of Network Society*(1996/2008) 『네트워크 사회의 도래』와 *The Internet Galaxy - Reflections on the Internet, Business and Society*(2001/2004) 『인터넷 갤럭시』 등에 잘 나와 있다. 이 책들에서 그는 현실 세계의 공동체와 가상공간의 공동체를 엄격히 분리해서 본 레인골드와 달리, 현실과 가상의 경계를 구분할 수 없다는 견해를 밝히었다.

현실과 가상 세계를 합쳐서 본 카스텔의 입장은 그의 현실적 가상(real virtuality) 개념에 잘 드러난다. 레인골드를 비롯하여 많은 정보사회학자가 가상현실(virtual reality)이라는 말을 종종 쓰곤 하는데, 이는 컴퓨터 등을 이용하여 인공적 기술로 만들어낸, 실제와 비슷하지만 실제가 아닌 허구적 상황을 가리킨다. 이 개념에는 현실과 가상이 이론적으로 분리되어 있다. 이와 대조적으로, 카스텔이 만들어낸 현실적 가상 개념은 현실 그 자체가 전적으로 포착되어 가상의 이미지 환경에 완전히 몰입되어 버린 상황을 가리킨다 (Castells, 1996/2008, p.489).

현실적 가상에 몰입한 사람들은 가상의 이미지 환경을 조장하는 커뮤니케이션 시스템에 둘러싸여 있다. 그리하여 가상 세계를 '현실이 스크린 상에 나타난 세계'가 아닌, '현실 그 자체로 경험되는 세계'로 인식한다. 이는 전자네트워크 시대에 접어들면 사람들이 현실과 가상의 경계를 구분하지 못하고 가상공간에서 벌어지는 일을 비현실적 사건이 아닌 엄연한 현실로 받아들이게 될 것임을 예상하는 것이었다.

이처럼 가상공간이 허구가 아닌 다른 수준에서 작동하는 또 다른 현실로 인식되는 현대 네트워크 사회에서는 사회적 관계에도 극적 변화가 찾아오기 마련이다. 이는 시간과 공간의 근본적 전환에 기인하는데, 카스텔에 따르면 가상공간에서는 기존에 물리적 장소에 기반을 둔 공간이 흐름의 공간(space of flows as opposed to space of places)으로 바뀌고(ibid., p.494) 지역사회에 기반을 둔 시간이 초월적(무시간적) 시간(timeless time as opposed to locally based clock time)으로 바뀜에 따라, 시공간의 제약에서 벗어나 다양한 방식으로 인간관계를 맺는 것이 가능해진다고 하였다(ibid., p.556).

카스텔은 시공간적 제약에서 자유로운 가상공동체의 가장 큰 특징을 온라인 네트워킹으로 꼽았다. 가상공동체의 온라인 네트워킹은

몇 가지 긍정적 효과를 낳는다. 첫째, 그동안 개별화 추세에 따라 사적 공간으로 회피해 들어간 고립된 개인들을 하나로 묶는 통합 효과를 발생시킨다. 이는 가상공동체가 새로운 사회적 연결과 상호작용, 상호 의존의 기제가 될 수 있음을 말해준다. 둘째, 현실에서는 좀처럼 주목받지 못하고 침묵하는 주변화한 소외계층의 의견 개진 및 의사소통의 통로를 뚫어주는 효과를 발생시킨다. 이는 현실 세계에서 위축된 공적 소통 공간이 가상공간에서 확장되고, 이로써 가상공동체가 민주주의 실현과 공공성 증진에 기여할 정치적 힘을 잠재적으로 내포함을 시사한다(Castells, 2009/2014, p.113).

전자네트워킹을 통한 의사소통의 확대, 사회적 혼합의 증대, 소외계층의 민주적, 정치적 참여기회 증대 등을 예상했다는 측면에서 혹자는 카스텔이 가상공동체를 미래 사회를 바꿀 긍정적 힘의 원천으로 점찍었다고 생각할 수 있다. 그렇지만 사회 변화의 주체로서 가상공동체가 지닌 힘을 카스텔이 무조건 낙관한 것만은 아니었다. 그는 가상공간 속 네트워킹이 현실 세계의 네트워크를 보조함으로써 현실공동체의 부족한 부분을 보완하고 그 일부가 될 수는 있지만, 그것을 대체할 여력까지는 갖추지 못하기 때문에 혁명적 사회 변화의 주체로까지 발돋움하지는 못할 것이라는 조심스러운 전망을 내놓았다(Castells, 2001/2004, p.223; 2009/2014, p.417).

카스텔이 가상공동체의 가능성을 낙관만 하기보다 중립적 혹은 유보적 자세를 취한 까닭은 그것이 본질적으로 물적 토대를 갖지 못하는 일시적 공동체(ephemeral community)라는 이유에서였다(Castells, 1996/2008, p.598). 카스텔은 기본적으로 기술결정론적 사고를 경계하였다. 이와 같은 경계심은 전자네트워크에만 존재하는 가상공동체의 비영속성, 구체적으로 외부에서 가해지는 구조적 충격으로 쉽게 파괴당할 가능성을 지닌다는 우려를 카스텔에게 심어 주었다. 간단히 말해, 아무리 가상공동체가 활성화되고 번영한다 한들, 전기 스위치가 꺼지면 일순간에 모래성처럼 사라져 버릴 수 있으므로 현실공동체의 대체제가 될 수 없고 그만큼의 지위를 부여해서도 안 된다고 생각한 것이다.

이러한 한계에도 불구하고 카스텔은 정보통신 기술의 발달에 따라 전자네트워크 사회가 도래하면 가상공동체의 발흥은 필연적이라 예측하였다. 그렇지만 기술결정론을 배격하는 입장에 서 있었던 만큼, 그는 가상공동체의 인기 요인을 정보통신 기술의 발달 그 자체에서 찾기보다 참신하고 독창적인 소속감을 찾으려는 사교적 개인들의 증가, 즉 기존 현실공동체들이 제공해 오던 소속감의 진부함에 불만을 품은 신인류의 등장에서 찾았다. 이는 카스텔이 가상공동체와 개인주의 간에 어떠한 관련성이 있음을 보여주고자 했던 것으로 해석될 수 있다. 구체적으로, 그는 개인화된 공동체(personalized community)라는 탈근대적 문법에 기초하여 가상공동체를 이해하였다(Castells, 2001/2004, p.178).

참고로 개인화된 공동체란 개인의 자유로운 선택에 의하여 유동적으로 구성과 해체를 반복하는 네트워크형 공동체를 의미한다. 개인화된 공동체는 특정 시점 개인의 독특한 취향과 관심사를 반영한다는 측면에서 전통, 관습, 영역에 기반을 둔 안정적이고 총체적이며 경직적 경계의 기존 집단공동체와 구분된다. 개인화된 공동체는 전통, 관습, 영역 등이 부과하는 제약에서 벗어나 자신의 취향, 관심사, 이해관계 등에 따라 자의적, 선별적으로 네트워크를 구축하고, 그렇게 구축한 사적 네트워크에서만 시간 대부분을 보내는 현대 사회 개인들의 분절적 인간관계, 뒤집어 말해 다중 정체성(multiple identities)을 포착하는 개념으로서, 앞서 언급한 네트워크 이론가 웰먼에 의하여 처음 제시되었다(Hampton & Wellman, 2002, p.346; Wellman, 2001).

카스텔은 가상공동체가 이러한 개인화된 공동체의 전형을 예시한다고 보았다. 가상공동체의 독특한 시공간적 속성 — 흐름의 공간과 초월적 시간 — 은 개인(누리꾼)이 자신의 취향, 관심사, 이해관계에 따라 전통, 관습, 영역 등의 제약에서 벗어나 인터넷에 퍼져있는 유사한 성향의 사람들과 선택적으로 어울릴 수 있는 여건을 마련해 준다. 개인(누리꾼)은 자신에게 최적화된 이 네트워크형 공동체를 근간으로 하나의 온전한 인간관계와 안정된 정체성을 갖기보다, 분절적이고 변덕스러운 인간관계와 유동적이고 상호 모순적인 다중 정체성을 마치 아무것도 아닌 것처럼 수용하고 구현한다. 그리고 이로써 진부한 현실의 삶에서 벗어나 참신하고 독창적인 생활양식을 구현한다(Castells, 2001/2004, p.173).

실제로 인터넷이 일상의 상당 부분을 잠식해 버린 오늘날 현실을 살펴보면, 많은 사람이 오프라인에서는 가령 평범한 회사원이자 중산층 가정의 자상한 아빠 그리고 동네의 인상 좋은 이웃사촌이면서, 온라인에서는 현실 세계였다면 어울리지 않았을 이질적 배경의 개인들과 교류하고 유대를 쌓으며 다양한 정체성을 실험하고 심지어 이를 수시로 교체하는 모습을 어렵지 않게 찾아볼 수 있다. 이는 소속감과 정체성, 어울림의 경계 및 양상이 경직적이고 단조로웠던 기존의 집단공동체 문법으로는 좀처럼 이해할 수 없는 파격적인 인간관계 양상이다(Turkle, 1996, p.158).

요컨대 레인골드가 가상공동체를 현실 세계의 대안으로 여기고 긍정적으로 바라보았다면, 카스텔은 가상공동체의 긍정적 기능과 역할에 주목하면서도 현실 세계의 대안으로까지는 보지 않는 유보적 견해를 취하였다. 그런데 카스텔보다 좀 더 조심스러운 견해를 밝힌 이가 있었다. 이 분야의 또 다른 개척자 크레이그 칼훈이 바로 그이다(오관석, 2010, p.57).

가상공동체가 현실공동체의 사회적 상호작용과 연결망을 강화하고 다양화함으로써 민주주의 확대에 기여할 것이라고 조심스럽게 예측한 카스텔과 달리, 칼훈은 가상공동체란 그저 현실공동체의 사회적 관계를 그대로 반영하는 것 이상도 이하도 아니며, 따라서 사회통합이나 의사소통의 확대를 가져오는 사회 변혁의 중심축이 될 수 없다는 입장을 나타내었다(Calhoun, 1998, p.381-382). 특히 그는 만약 실재하는 사회적 관계에 문제가 많다면 가상공동체는 오히려 그러한 문제를 확대 재생산하고 심화하는 기제가 될 수 있다는 데 주목하며 가상공동체의 부정성을 드러내는 데 집중하였다.

칼훈은 가상공동체를 유사한 특징과 동질적 정체성을 공유하는 이들이 모여 만든 현실공동체의 탈공간화된 결과물로 보았다. 이 말인즉슨, 사람들은 가상공동체가 이질적 배경을 지닌 여러 개인의 실험적, 혁신적 어울림의 개방적 장소라고 믿지만 이는 사실과 거리가 멀며, 실상은 현실 세계의 면면을 그대로 이식해 놓은, 다시 말해 현실공동체의 활동을 재현한 그림자에 불과하다는 것을 뜻한다. 따라서 가상공동체에서 어떤 특별한 변화의 가능성을 찾을 수 있다는 믿음은 부질없는 기대에 지나지 않다. 오히려 사사적(私事的)인 선택 편의(selection bias)가 쉬 일어날 수 있는 환경으로 말미암아 가상공간에는 동질적 속성을 지닌 사람들이 끼리끼리 몰려다니며 자신들의—현실 세계에 기반을 둔—특수한 이해관계를 배타적으로 추구하는 패거리(compartmentalization, 區畫) 문화가 현실 세계에서보다 오히려 더 창궐할 수 있다(ibid., p.389). 칼훈은 가상공동체의 이와 같은 패거리 현상이 공공 공간의 사회적 구성에 대한 명백한 반명제라고 규정하면서(ibid., p.392), 가상공동체가 민주주의의 확장이나 공공성 증대에 이바지하기는커녕 실재하는 문제를 은폐하거나 확대 재생산함으로써 오히려 현실 세계의 모순과 억압을 심화할 수 있음을 우려하였다.

비슷한 논조를 우리는 이스라엘의 역사학자 유발 하라리의 *21 Lessons for the 21st Century* 『21세기를 위한 21가지 제언』에서 살펴볼 수 있다. 하라리는 디지털 민주주의가 민주적 공론장을 개선하여 직접민주주의 요소를 확장할 힘을 갖지만, 그와 동시에 공론장을 개악할 수 있으며 이는 디지털 독재를 만들어낼 수 있다는 것을 우려하였다(Harari, 2018/2018, p.108). 디지털 독재란 군, 경찰 등 물리력으로 통치하는 전통적 독재와 달리, 선거를 통해 선출된 권력이 온라인과 소셜미디어 등 디지털 기술을 활용하여 정권에 유리하게 여론을 조작, 왜곡, 확산시켜 통치하는 행태를 가리킨다.

지금까지 논의를 정리하면, 초창기 학자들은 기존의 집단공동체가 지닌 특징, 예를 들면 영역성, 경직성, 안정성, 단순성, 순혈성, 전일성 등과는 질적으로 다른 속성을 가진 가상공동체의 등장을 예고하고 그것의 시공간적 특성, 인간관계 양상, 기존 공동체와의 차이점 등의 이슈에 천착하였다. 레인골드, 카스텔, 칼훈 이후에도 관련 논의는 이어졌고, 그 결과 오늘날 가상공동체에 관한 우리의 지식은 누적되었다. 그리고 이는 공동체 확장론의 정립에도 크게 기여하였다. 아래에서는 지금까지의 연구 결과를 종합하여 가상공동체의 주요 특징을 요약, 제시하고자 한다(김태영, 2006, p.966-968).

　첫째, 가상공동체는 초시간적이고 초영역적이다. 따라서 그곳에서는 구성원 간 탈집중화된 복합 접근과 다중 관여, 동시성과 상시 연결이 보통의 일로 취급된다. 전통적 시공간 구성 방식의 붕괴는 의사소통의 양, 질, 범위의 확대뿐 아니라 구성원 간 접근성, 특히 친밀감을 증대하는 효과를 가져온다(Castells, 1996/2008).

　그렇지만 가상공동체에서의 의사소통은 시공간적으로 안정된 대면접촉에 기반을 두지 않는다. 따라서 가상공동체의 친밀감이란 본질적으로 다양하고 이질적인 사람들의 오랜 스킨십에 따른 정서적 동질감에 기인한다기보다, 관심사, 흥미, 취미, 취향 등이 일치하는 사교적 개인들의 관계맺음에 대한 도구적 동기와 더욱 밀접히 연관된다. 얼굴을 마주하지 않는 초시간적, 초영역적 개인 간의 공통적 이해관계에 기반을 둔 가상공동체는 따라서 공동체임에도 불구하고 집단주의보다는 개인주의적인 성향을 풍기고, 구성원을 아우르는 구심력도 미약하다. 앞서 언급한 개인화된 공동체가 이러한 속성을 잘 예시한다(Castells, 2001/2004, p.178).

둘째, 가상공동체는 다양하고 다문화적이다. 이론적으로 거주지, 출신지, 인종, 성별, 계층, 종교, 정치적 지향, 성적 취향 등이 극단적으로 다른 개인들이 하나의 공동체를 이룰 수도 있다. 이러한 다양성과 다문화성은 경직성, 단순성, 안정성, 순혈성, 전일성 등으로 특징지어지는 기존의 집단공동체에서는 좀처럼 찾아볼 수 없는 것이다(나은경, 2007).

가상공동체에서는 이질적 배경의 개인들이 온라인 네트워크에 연결되어 각자 자기 생각을 표출하고 의견을 개진하는 토대가 현실 세계의 기존 집단공동체보다 훨씬 견고히 마련되어 있다. 따라서 현실에서 소외된 사회적 약자나 취약계층의 정치적 역량이 실질적으로 강화될 여지가 크다. 원칙적으로 의사결정 과정에서 배제되는 일 없이 모두가 집단의 규범적, 정책적 담론 형성에 영향력을 발휘할 수 있어 민주주의가 실현될 가능성이 높다(오관석, 2010, p.97).

그렇지만 칼훈이나 웰먼 같은 학자들은 가상공동체의 이 같은 긍정적 영향력을 낙관하지 않는다. 비관론자들은 가상공동체가 현실 세계의 사회적 관계를 가상공간에 그대로 옮겨다 놓은 반영물에 지나지 않기 때문에, 현실이 억압과 모순으로 점철된 한 가상공동체 역시 유사한 문제를 겪을 수밖에 없다고 주장한다(Wellman & Gulia, 1999, p.170). 심지어 현실이었다면 강제로라도 질서 정연하게 통합되었을 사람들이 가상공간에서는 그와 같은 구속을 느끼지 못하기 때문에 패거리를 만들어 몰려다니면서 자신들과 의견이 다른 아웃사이더를 비난하고 낙인찍고 배제하는 양상을 보일 수 있음을 지적한다(Parsell, 2008). 이는 가상공동체의 특징인 다양성과 다문화성이 이론적으로 생각하는 것만큼 가상공간에서 충분히 발현되지 못할 수 있으며, 견제받지 않는 총체성에 대한 열망으로 말미암아 민주주의는커녕 전체주의가 싹틀 가능성이 현실 세계에서보다 오히려 더 클 수 있다는 점을 말해준다. 이러한 측면에서 가상공동체는 긍정론자들의 예상과 달리 다양성에 대한 관용과 조화보다 승자의 논리, 강자의 논리, 독재의 논리에 의하여 잠식될 확률이 높은 암울한 사회라 할 수 있다(오관석, 2010, p.128, p.285).

셋째, 가상공동체의 의사소통 구조는 쌍방향적이고, 관계구조는 수평적이다. 가상공동체 내 정보와 지식의 교환은 전통매체인 TV나 신문과 같이 일방향적이지 않다. 원칙적으로 누구나 자기 의견을 개진할 수 있고 자기 정보를 네트워크에 퍼뜨릴 수 있는 쌍방향 구조를 보인다. 의사소통이 쌍방향으로 이루어지는 만큼 구성원 간 관계도 수직적이기보다 수평적이다. 현실 세계의 권위도 가상공간에서 즉각적으로 인정받지 못하며, 끊임없이 검증 대상이 된다.

쌍방향적 의사소통과 수평적 관계구조 덕분에 개인(누리꾼)은 가상 네트워크에서 획득한 정보와 지식을 피동적으로 수용하기보다 성찰적으로 반추하여 취사선택한다. 또한 공동체에게서 부여받은 정체성을 숙명이 아닌 능동적 구성의 과정으로 경험한다. 이 말인즉슨, 가상공동체 구성원은 각자의 기호, 취향, 관심사 등에 비추어 비슷한 성향의 사람들과 더불어 — 현실 세계였더라면 감히 생각하지 못하였을 — 신선한 정체성을 과감하게 시도한다는 얘기이다(이종윤, 홍장선, 윤주현, 2013; Turkle, 1996, p.158).

실제로 많은 사람이 온라인에서 현실의 자기 모습과는 차이가 큰 아바타를 꾸미는 데 심혈을 기울이고, 현실에서는 공개적으로 회원임을 드러낼 수 없는 파격적 카페나 클럽에 가입하여 열성적으로 활동하곤 한다. 이는 현실 세계의 집단적 공동체가 부여하는 제약(예: 주거지, 계층, 인종, 성별, 학벌, 직업, 정치적 지향, 성적 지향 등등)에서 벗어나 자유롭게 정체성을 제작할 수 있는 환경이 가상공간에서는 실제로 구현된다는 것을 시사한다. 단일 정체성만 공공연하게 인정되는 현실 세계와 달리 가상공간에서 이처럼 다중 정체성이 허용되고 심지어 조장되는 까닭은, 그 안의 정보 지식 취득 및 처리가 쌍방향적, 수평적으로 일어나 주체성과 능동성이 보장되기 때문이지만, 그와 동시에 온라인 특유의 익명성 보장, 즉 오프라인의 정체성을 간편히 숨길 수 있는 여건이 잘 조성되어 있기 때문이기도 하다.

한편 가상공동체의 쌍방향적 의사소통과 수평적 관계구조는 구성원의 정치적 역량을 강화함으로써 민주주의 달성에 일조한다. 그렇지만 네트워크 내 정보와 지식은 ─ 설령 항상 검증의 대상이 됨에도 불구하고 ─ 오류투성이인 경우가 많다. 따라서 가짜 정보나 지식에 의하여 구성원이 선동될 가능성이 크다. 특히 칼훈 등 가상공동체를 비관적으로 보는 학자들은, 가상공동체가 현실공동체의 모순을 그대로 투영하고 심지어 패거리 문화가 현실 세계에서보다 더 창궐할 수 있는 위험성을 안고 있으므로, 가짜 정보와 지식이 판치는 한 가상공동체는 정치와 가치로부터 중립적인 해방의 민주주의 공간이 될 수 없으며, 오히려 국가 제도와 권력이 입맛대로 구성원들을 통제하는 억압과 감시의 공간이 될 수 있다는 점을 이미 경고하였다

(오관석, 2010, p.285).

실제로 사람들이 많이 사용하는 인터넷 포털 게시판에서 우리는 이와 같은 모습을 쉽게 확인할 수 있다. 대부분의 온라인 게시판에는 출처를 알 수 없는 온갖 괴담들이 전방위적으로 생산되고 다시 확대 재생산되어 마치 사실처럼 받아들여지고 있다. 인터넷 괴담은 가상공간 내 민주적 공론장을 망가뜨림은 물론, 현실 세계에 존재하는 기존 권력관계의 억압적, 폭력적 측면을 유지, 강화하는 데 일조할 수 있다. 이런 측면에서 괴담이 퍼질 수 있는 조건, 즉 인터넷의 쌍방향적 의사소통과 수평적 관계구조가 항상 민주주의 달성에 기여한다고만 말할 수 없을 것이다. 디지털 민주주의는 디지털 독재로 왜곡될 가능성을 항상 안고 있다(Harari, 2018/2018, p.108).

가상공간이 자본주의 시장 논리에 의하여 잠식되어 상품화가 상당 수준 진척되었기 때문에 가상공동체의 의사소통과 인간관계 구조를 쌍방향적이거나 수평적으로 볼 근거가 빈약하다는 비판도 거론된다(한선, 2007). 이러한 비판에서는 온라인의 인플루언서나 파워블로거가 가상공간에서뿐 아니라 현실 세계에서도 큰 경제적 부를 쌓은 '가진 자'로 규정된다. 문제는 이러한 부유층들이 인터넷에서 트렌드를 세팅하고 오피니언을 리딩하는 엘리트 집단을 형성하고 있어서 그 안의 정보와 지식 역시 그들의 경제적 입지를 공고히 하는 내용으로 채워졌을 가능성이 다분하다는 점이다. 이는 온라인에서 마치 평등한 것처럼 언급되는 다양한 권리, 기회, 문화생활 등도 사실 따지고 보면 가진 자들을 위한 배타적 선택지에 불과하며, 가지지 못한 자들은 그로부터 배제되는 구조가 현실 세계만큼이나 가상공간 내에 공고히 형성되어 있음을 시사한다(조동기, 2017). 가상공간이 현실 세계 자본주의의 단순한 연장선상에 불과하다고 보는 비판론자들은 따라서 의사소통의 쌍방향성이나 수평적 인간관계의 장점을 논하는 것은 터무니없으며, 그보다 먼저 가상공간의 상품화와 소외 및 배제의 문제를 분석하고 이해하는 일이 선행되어야 한다고 주장한다.

이뿐만이 아니다. 비판론자들은 민주주의를 떠받치는 기본 토대가 공동선 달성을 위한 도덕적 개인들의 자발적 참여, 헌신, 희생 등 덕성임에도 불구하고, 작금의 가상공동체 면면을 살펴보면 구성원들이 대부분 공동선 증진을 위하여 별다른 노력이나 관심을 보이지 않는, 부도덕하고 무책임하며 이기적인 개인(누리꾼)임을 개탄한다(오관석, 2010, p.285). 사회통합 정도가 낮고 사회 규제에서 이탈된 결속력 낮은 개인들이 많은 만큼, 가상공동체에는 무규범과 무질서가 나타나기 쉽다(예: 아동 포르노그래피, 스너프 필름 등을 주고받는 인터넷 게시판). 그런데 유감스럽게도 가상공동체 담론에서는 이러한 혼란이 종종 쌍방향적 의사소통과 수평적 관계, 즉 자유로움을 표상하는 것으로 묘사된다. 당연히, 비판론자들은 무규범, 무질서, 이기주의가 자유로움으로 오도되어서는 곤란하다고 역설한다. 이들은 그와 같은 무법과 혼돈이 지속하는 한 온라인의 쌍방향적 의사소통과 수평적 인간관계는 민주주의를 저해하는 정반대 요소로 작용할 수 있음을 분명히 경고한다(Parsell, 2008).

넷째, 가상공동체는 유한책임의 속성을 가진다. 이는 가상공동체가 강한 유대보다 약한 유대에 기반을 둔 불안정하고 일시적인, 퍼진 네트워크라는 점과 밀접하게 관련된다(Driskell & Lyon, 2002, p.381). 강한 유대로 연결된 고밀도의 집단공동체에서는 구성원 누군가가 잘못을 저지르면 전체가 책임을 나눠 가진다(예: 협동조합). 그렇게 하지 않으면 결속이 풀리고 분열이 생겨 집단의 안정적, 항구적 생존 및 번영에 문제가 발생할 수 있기 때문이다. 반면 약한 유대로 연결된 가상공동체에서는 누군가 잘못을 저지르면 책임은 오롯이 그 한 사람만의 몫으로 귀결된다. 이러한 개별주의는 약한 유대 자체의 '느슨한' 특성, 즉 구성원 개개인의 독립성과 자율성이 강조되고 상호작용 및 의사소통에 구속이 따르지 않으며 집단의 공동선에 대한 책무감이 낮다는 사실과 밀접한 관련성을 갖는다.

물론 가상공동체에서도 책임 수준을 무한대로 높일 수는 있다. 그렇지만 회원 자격의 획득과 탈퇴가 경직된 기존의 집단공동체와 달리, 가상공동체에서는 클릭 한 번으로 멤버십을 얻을 수 있고 마찬가지로 클릭 한 번으로 멤버십을 반납할 수 있다. 경계가 유연하고 투과성이 높은, 즉 가입과 탈퇴가 손쉬운 열린 공동체의 속성을 갖는다(Turkle, 1996, p.158). 때문에 집단의 공동선에 결박된 수준이 매우 낮은, 약한 유대의 가상공동체 구성원들은 동료의 잘못을 같이 뒤집어써야 한다거나 손해에 대한 복구 비용을 공동으로 지불해야 하는 상황에 맞닥뜨리면 손쉽게 탈퇴 버튼을 누름으로써 멤버십을 포기하는 유한책임의 양상을 나타내게 된다. 뿐만 아니라 상대방 역시 퇴거 옵션(exit option)을 손에 쥐고 이를 언제든 사용할 수 있음을 잘 알고 있다(Driskell & Lyon, 2002, p.382). 그래서 타인에게 공동체의 공동선에 충성하도록 강제하길 자제한다. 소속감이나 정체성도 강요하지 않는다. 설령 강요한다손 치더라도 그 결과는 가상공동체에서의 손쉬운 탈퇴로 귀결할 것이 충분히 예상되므로 굳이 강요하지 않는다. 따라서 가상공동체에서는 집단의 목적에 동의하지 않음에도 퇴거할 수 없어 궁지에 몰린다든지, 비주류 세력이라는 이유로 어떤 피해를 본다든지 하는 상황은— 당사자가 선제적으로 탈퇴하여 회피해 버리므로— 거의 발생하지 않는다.

가상공동체 구성원이 상호 유한책임을 진다는 것, 만약 무한책임을 져야 하는 상황에 봉착하면 퇴거 옵션을 구사함으로써 자기보호를 시도한다는 것은 가상공동체가 공동체의 부정적 측면인 같음에 대한 강요나 다름에 대한 억압 문제에서 자유롭다는 것을 시사한다(Introna & Brigham, 2007). 그러나 이와 동시에 집단 내부에 유동성, 이질성, 불안정성, 도구성, 일시성 등을 야기한다는 측면에서 기존의 전통적 집단공동체가 제공하던 긍정적 기능, 예컨대 안정성, 확실성, 동질성, 편안함, 항구성 등의 장점을 가상공동체에서는 좀처럼 찾아볼 수 없음을 유념해야 한다(Ihde, 2002, p.15).

다섯째, 가상공동체 구성원은 상호 간에 정서적으로 초연하다(detached). 기존의 집단공동체 구성원들은 미우나 고우나 서로에게 정서적으로 얽매여 있다. 상대를 이해하고자 노력하며 개인적인 신뢰를 쌓는다. 설령 감정적으로 싫어해도 의무감에 바탕을 둔 상호 호혜성을 실천한다. 그리하여 상대가 만약 어려움에 빠져 있다면 선뜻 도움의 손길을 내민다. 그러나 가상공동체 구성원은 이러한 부분에서 기존 집단공동체 구성원만 못하다. 비대면 온라인 매개체를 통해 간접 상호작용과 의사소통을 하는 까닭에 스킨십에 기반을 둔 동질감을 지속해 나가기 어렵다. 사회적 신호나 몸짓을 눈으로 확인할 수가 없어 상호 몰입도도 낮다. 신뢰나 호혜의 규범도 좀처럼 내면화하지 못한다. 그래서 가상공동체 내부에는 감정적으로 고독하고 사회적으로 고립된 냉정한 자아가 양산된다는 문제점이 상존한다(Dreyfus, 1999).

가상공동체 내부의 심리사회적 분리와 이산은 그것을 과연 공동체 범주에 집어넣어도 되는가 하는 의문을 제기하게 만든다. 서로에게 무관심하고 상대방의 삶에 관여하지 않는 차갑고 고독한 자아들로 구성된 집단을 어떻게 공동체로 부를 수 있냐는 것이다. 실제로 요즘 인터넷의 심각한 문제로 언급되는 것 중 하나가 심리적으로 불안정한 SNS 사용자가 자살하는 과정을 인터넷에 생중계하고 그 영상을 SNS '친구들'이 시청하고 즐기는 것인데, 이와 같은 참극은 가상공동체의 공동체로서의 기능에 대해 근본적인 회의를 들게 한다. 가상공동체에 비몰입, 무관여, 무관심, 소외, 분리 등의 현상이 상존함을 간파한 일부 학자들은 그리하여 ─ 매우 모순적으로 들릴 수 있지만 ─ 가상공동체야말로 가장 반(反)공동체적(anti-gemeinschaft)이라고 비판하거나(Nie & Hillygus, 2002, p.11; Driskell & Lyon, 2002, p.382), 가치 있는 정보가 부재한, 무의미한 소통으로 가득 찬 허무주의 공간에 지나지 않는다고 평가절하한다(Dreyfus, 2008, p.17).

그러나 가상공동체 구성원들의 정서적 초연이 마냥 부정적 효과만 가져오는 것은 아니다. 긍정적 효과도 발생시킨다. 과도한 심리적 결연은 통합에 대한 절대주의적 열망을 부추김으로써 개인에 대한 억압과 간섭을 초래할 수 있는데, 이와 같은 문제가 퇴거 옵션을 가진 개별화된 이방인들(individuated strangers)로 구성된 가상공동체에서는 근본적으로 나타나기 어렵다는 점이 바로 그것이다. 이뿐만이 아니다. 정서적 초연은 기존의 사회적 관계구조나 내용에 개의치 않고 미지의 낯선 타자와 혼성적 어울림(hybrid sociality)을 시도케 하는 촉매제 역할을 할 수 있다. 현실 세계였다면 그냥 지나치거나 무시하고 넘어갈 수 있는 사람들의 삶에 별다른 감정을 싣지 않고 부담 없이 동정을 살피게(prying) 함으로써, 가상공동체가 아니었다면 불가능하였을 새로운 사회적 관계 창출에 기여할 수 있다는 뜻이다. 이는 침체한 현실공동체의 재생과 강화의 기폭제로 작용할 수도 있다(Introna & Brigham, 2007).

가상공동체가 온·오프라인의 새로운 사회적 관계 창출에 긍정적 효과를 미칠 수 있다는 가능성은 일찍이 웰먼에 의하여 탐색되었다. 그는 햄턴과 공동으로 캐나다 토론토시 인근의 작은 교외 마을 넷빌 주민을 대상으로 인터넷 사용에 관한 조사를 실시하였다(Hampton & Wellman, 2000; Wellman & Gulia, 1999). 조사의 초점은 넷빌 주민이 인터넷을 통해 이전까지 모르던 동네 이웃을 얼마나 새롭게 많이 알게 되었는지, 이를 통해 주민 간 상호 이해가 얼마나 제고되고 소통이 원활해졌는지, 그리고 인터넷 이용이 마을 현안에 관한 관심과 의사결정 참여에 얼마만큼 긍정적인 영향을 미쳤는지 등을 측정하는 데 있었다. 분석 결과, 가상공간에서의 인터넷 사용은 마을 주민들에게 현실 세계에서였다면 좀처럼 일어나지 않았을 새로운 만남과 어울림의 기회를 제공한 것으로 나타났다. 특히 인터넷을 많이 사용하는 헤비 유저일수록 온라인의 만남과 활동을 오프라인으로 더 많이 끌고 들어오는 것으로 드러났다. 이는 특히 자원봉사와 지역 정치 활동 분야에서 두드러졌다.

요컨대 웰먼과 햄턴의 연구 결과는 가상공동체가 새로운 사회적 관계를 온라인에만 만드는 데 그칠 뿐 아니라 오프라인으로 그 관계를 이식해 이어 나가고, 이로써 현실 세계의 침체한 공동체를 재생, 강화하는 대안이 될 수 있음을 보여준다. 비슷한 연구가 우리나라 춘천시 한 아파트 단지를 배경으로 수행된 바 있다(홍성구, 2009). 연구 결과에 따르면, 온라인 가상공동체는 오프라인 지역공동체의 활성화, 구체적으로 정보 공유, 친밀성 교환, 유대감 형성, 집단 문제에 대한 관여, 총 네 가지 측면에서 긍정적인 효과를 발생시킨 것으로 나타났다.

분명, 가상공동체 구성원 간 유대는 강력하지 않다. 그러나 공동체의 유대가 반드시 강한 형태만을 띠는 것은 아니다. 약한 형태로도 얼마든지 존재할 수 있다. 중요한 점은, 강한 유대로 결속된 공동체에 비하여 약한 유대로 결속된 공동체는 경계를 유연하게 관리하면서 외연 확대를 공격적으로 추구, 즉 구성원에 대한 자격 요건을 유연하게 규정할 수 있고, 나아가 내외부적 상황 변화에 융통성 있게 대응함으로써 강한 유대로 결성된 공동체에서는 좀처럼 볼 수 없는 새로운 기회 — 새로운 사회적 관계의 창출, 온·오프라인 공동체 동시 강화 등 — 창출에 보다 유리한 조건을 가질 수 있다는 점이다. 강한 유대로 결속된 공동체가 강력한 소속감과 단일 정체성의 근원이 됨으로써 구성원에게 편안함, 안정감, 확실성 등의 혜택을 제공하지만, 다른 한편으로 절대주의에 대한 열망을 배태함으로써 억압,

차별, 배제의 공간으로 변질하듯, 약한 유대로 결속된 공동체에도 단점과 장점이 혼재한다는 뜻이다.

가상공동체의 긍정적 측면에 주목한 사회학자 브라이언 터너는 가상공동체야말로 얇은 공동체(thin community)의 전형이라고 진술하였다(Turner, 2001, p.29). 얇은 공동체는 약한 유대로 결속된 공동체와 흡사한 개념으로, 개별화된 이방인 간 혼성적 어울림, 자유롭고 수평적인 의사소통 등이 특징인 네트워크형 조직이다. 얇은 공동체에 속한 개인은 하나의 조직에만 속하지 않고 여러 조직에 느슨하게 얽혀 소속된다. 그럼으로써 어떤 한 공동체의 공동선에 구속되지 않고 선호에 따라 자유롭게 가치규범을 선택, 교체한다. 따라서 그의 정체성 역시 유동적이고 상황적이며 관계적인 것이 특징이다. 두터운 공동체(thick community) ─ 강한 유대로 결속된 공동체, 즉 게마인샤프트 ─ 가 단일한 소속감과 통일된 정체성을 주입하며 구성원들에게 희생, 헌신, 책임, 인내를 요구하는 경직성을 보이는 것과는 대조적이다.

가상공동체는 느슨함, 개방성, 이질성, 유동성, 개인주의와 같은 얇은 공동체의 속성 외에도 앞서 살펴보았듯이 초시간성, 초영역성, 다양성, 다문화성, 쌍방향성, 수평성, 유한책임성, 정서적 초연 등의 독특한 성격을 드러낸다. 이러한 속성은 현실 세계에 존재하는 전통적인 두터운 공동체의 관점에서 보면 매우 반(反)공동체적이다. 기존 집단공동체는 영역성, 경직성, 안정성, 단순성, 순혈성, 전일성, 무한책임성 등을 주요 특징으로 삼는다. 기존의 이론적 관점에 매몰된 일부 학자들은 그리하여 현실 세계의 전통적 집단공동체와 매우 다른 성격과 원리가 적용되는 가상공동체를 공동체의 범주에서 제외해야 마땅하다고 주장한다(Driskell & Lyon, 2002).

기존 이론의 관점에서 보면 가상공동체를 공동체로 보아야 하느냐 말아야 하느냐와 같은 논쟁은 다소 의미가 있을 수 있다. 앞서 살펴보았듯이 가상공동체는 전통적 공동체와 전통적 반공동체의 모습을 반반씩 가지고 있기 때문이다. 그렇지만 정보통신 기술이 눈부시게 발달한 작금의 시대적 상황을 고려하면 관련 논쟁은 그리 생산적이지 않다. 특히 오프라인의 현실 세계와 온라인의 가상공간을 구분하는 것이 이미 낡은 유산이 되어 버렸음을 감안하면 이는 더욱 그러하다. 실제로 가상 세계를 통한 정치, 경제, 문화, 사회, 교육, 휴식 활동은 이제 대부분의 보통 사람들에게 특별한 일이 아닌 매우 일상적인 삶의 일부가 되었다. 사람들은 거실 형광등 스위치를 켜듯 PC와 스마트폰을 이용하여 가상공간에 수시로 접속한다. 접속한 가상공간에는 보통 사람들의 희로애락이 담긴 온갖 이야기가 흐르고, 그들 사이에 공통된 유대에 기초한 만남과 헤어짐이 끊임없이 이루어진다. 느슨함, 개방성, 이질성, 유동성, 개인주의, 초시간성, 초영역성, 다양성, 다문화성, 쌍방향성, 수평성, 유한책임성, 정서적 초연 등으로 특징지어지는 가상공간에도 현실 세계 못지않은 관계와 교류의 장, 즉 공동체가 형성되어 사람들의 일상에 막대한 영향을 미치고 있는 것이다.

가상과 현실의 융합은 현재진행형이고 앞으로 더욱 심화할 것이다. 때문에 둘을 엄밀히 구분하거나 가상공동체가 공동체냐 아니냐를 두고 옥신각신하는 것은 현실적으로 별 실익이 없다. 실익이 있는 논의는 가상공동체가 신인류의 새로운 거주지(dwelling)가 될 수 있을지, 작금의 불안과 불확실성의 시대에 가상공동체가 소속감과 정체성의 새로운 안정적 근원지 역할을 할 수 있을지, 그 가능성은 어느 정도이며 방법은 무엇인지 모색하는 데 있다(Wilson & Peterson, 2002, p.462). 이와 같은 논의는 향후 새로운 시대의 변화된 상황에 맞추어 공동체 개념을 유연하게 확장하고 그에 대한 우리의 이해를 넓힐 좋은 기회가 될 것이다. 나아가, 공동체 보존론보다 확장론이 현 상황에 보다 적합한 이론적 관점임을 정당화시켜 줄 것이다.

마무리하기 전에 가상공동체에 관한 유익한 논의의 단초가 될 만한 문제를 하나 제기하고자 한다. 앞서 가상공동체의 특징 중 하나로 초영역성을 제시하였다. 그런데 물리적, 지리적 토대를 완전히 결여한 가상공동체가 과연 존재할 수 있고 지속할 수 있을까? 어느 정도 지속성을 보이는 가상공동체들을 살펴보면 어떤 식으로든 물리적, 지리적 영역성을 최저 수준에서나마 확보해 놓은 경우가 대부분임을 볼 수 있다. 물론 구성원 간 육체적 스킨십이나 시선의 교환 없이 완벽히 가상공간에만 존재하는 공동체를 상정하지 못할 일은 없다. 공동체 확장론 자체가 이와 같은 비접촉(untact) 공동체의 가능성을 열어놓고 있다는 점을 감안하면 더욱 그러하다. 그러나 백 퍼센트 전자적 유대로 이루어진 공동체는 단기적으로 존재할 수 있을지언정 장기간 지속할 수는 없다. 이는 현실이다. 이런 측면에서 아무리 가상공동체가 초영역적 속성을 갖고 있다고 할지라도 완전하게 탈장소적이라 결론짓는 것은 과장이며, 현실에 대한 오도가 아닐까 생각한다.

비슷한 문제 제기와 고민이 에치오니와 에치오니의 혼성공동체(hybrid communities) 개념에 반영되어 있다(Etzioni & Etzioni, 1999, p.247). 이들은 순수하게 전자적 유대로 결속된 공동체란 현실적으로 존재하지 않으며, 가상공동체가 생명력을 갖고 지속적으로 발전해 나가기 위해서는 반드시 영역적으로 뿌리를 가져야 하고 지리적으로 정의될 수 있어야 한다고 주장하였다. 혼성공동체 개념은 바로 이러한 주장을 반영한 개념으로써, 오프라인 활동과 결합해 발생한 시너지 효과를 밑거름 삼아 발전, 번영하는 가상공동체를 의미한다. 실제로 지속성이 높은 온라인 카페나 SNS 커뮤니티를 보면 그 활동이 온라인에만 국한되지 않고 오프라인에서의 정기, 비정기 회합과 항시 동반되는 것을 볼 수 있다(한수정, 정예은, 정문기, 2019). 이는 가상공동체가 순수하게 전자 공간에만 머물 때보다 현실 세계 활동과 접목되었을 때 생명력을 얻고 지속적으로 번영, 발전해 나간다는 것을 예시한다.

2) 초국적 공동체

가상공동체와 더불어 초국적 공동체를 둘러싼 논의 역시 공동체 확장론 정립에 기여하였다. 앞에서 명확하게 언급한 적은 없지만 — 가상공동체 정도를 제외하면 — 지금까지 공동체에 관한 논의의 기본 가정은 국민국가의 주권이 미치는 범위, 즉 영토(territory) 안에 공동체가 존재한다는 것이었다(Anderson, 1983/2018, p.41). 그러나 20세기 중반 이후 국제 이주가 활발해지면서 차츰 사람들의 관계와 교류가 두 개 이상의 국경에 걸쳐 전개되는 탈영토(de-territorialization) 현상이 뚜렷하게 나타나기 시작하였다. 이에 따라 공동체 관련 논의에서도 국민국가의 영향력에서 벗어난 공동체를 상정하지 않을 수 없는 상황이 도래하였다(Sassen, 1996, p.xv).

공동체의 탈영토화는 전 지구화(globalization)에 의해 촉발되고 가속화된다. 전 지구화란 물자, 사람, 자본, 아이디어, 정보 등이 국민국가의 경계를 넘어 전 지구적으로 빠르게 순환하는 현상을 가리킨다. 전 지구화가 가속화하면 정보, 자본, 사람 등의 운송 및 교환이 국민국가의 통제력에서 현저히 벗어난다. 그 결과 기존의 국경적 제약을 무시하거나 가로지르는 탈영토화가 초래된다. 초국적 공동체란 탈영토화, 그 가운데에서도 특히 국제 이주에 따른 공동체의 탈영토적 결과와 과정을 포착하는 개념이다. 구체적으로, "구성원들의 정치적 충성, 심리적 지향, 문화적 정체성이 국민국가의 경계를 초월하고 이들을 가로질러 존재하는 전 지구적 연결망"으로 정의된다(Heywood, 2014, p.173).

초국적 공동체는 두 개 이상의 국경에 걸쳐 존재한다. 때문에 구성원들은 하나로 수렴되지 않는 정치문화적 정체성을 보유한다. 이 정체성은 출신 국가에 대한 충성을 기반으로 만들어지면서 동시에 정착 국가에서 발전시킨 새로운 애착과도 관련성을 갖는다. 정체성을 규정하는 실체가 특정 출신 국가도, 특정 정착 국가도 아니므로, 더군다나 수차례의 국제 이동 가운데 정착 국가가 계속 교체되기 때문에 초국적 공동체 구성원들은 오롯이 어느 한 국가의 구성원 됨을 주장하기보다 다분히 분화된, 복잡미묘한 복수의 구성원 의식(multiple citizenship)을 내면화한다(Bauböck, 2010, p.853). 여러 나라에서 기인하는 혼성 정체성(hybrid identities)을 내면화한다는 착상은 구성원들의 정치문화적 정체성을 특정 영토, 주로 고국과 긴밀하게 결부 지어 생각하는 국민국가의 단일 민족주의 이상과 정면으로 배치된다(Heywood, 2014, p.173).

인간관계 및 교류가 지리적으로 분산되어 여러 국경을 넘나듦에 따라 독특한 정치, 문화, 인종, 민족적 특이성을 발전, 유지해 나가는 초국적 공동체의 사례는 다양하고 역사적으로 뿌리가 깊다(Cohen, 1997/2017, p.22). 기원전 8세기로 거슬러 올라가는 유대인 디아스포라가 대표적이다. 돌아갈 고국이 사라 없어졌음에도 불구하고 유대주의와 히브리어가 질긴 생명력을 갖고 수천 년간 독자성을 보존하며 이어질 수 있었던 까닭은 모순적이게도 다양한 형태의 반유대주의(anti-semitism)를 통한 차별과 박해의 역사 때문이었던 것으로 설명될 수 있다. 비잔틴 제국 시절 수 세기에 걸친 외세의 침략과 정복 전쟁으로 망명을 떠나야 했던 아르메니안 디아스포라도 비슷한 사례로 언급될 수 있다. 이 밖에도 고국을 떠나 세계를 방랑하면서 출신 지역의 정치문화적 정체성을 독특한 방식으로 유지한 공동체 사례는 매우 많고 역사적으로 유서가 깊다.

이러한 오랜 역사적 기원과 다양한 사례에도 불구하고, 초국적 공동체가 20세기 이후 가속화된 전 지구화의 특별한 산물 중 하나라는 주장에 반대하는 학자는 없다. 오늘날 초국적 공동체는 세계 곳곳에 파종된 여러 인종, 민족 집단(예: 한민족 디아스포라 등), 그들의 집단거주지(ethnic enclave)(예: L.A. 코리아타운 등), 전 지구적으로 얽혀 돌아가는 그들의 사회연결망(예: 우리나라에 결혼이민 온

베트남 여성과 베트남에 체류하는 가족의 상호 지지 관계, 중국과 한국을 오가며 사업을 하는 중국교포 등), 제3국 난민수용소 등등에서 구체적인 모습을 찾아볼 수 있다. 이들의 공통점은, 모국을 떠났음에도 불구하고 모국의 정치, 문화, 인종, 민족적 특수성을 고수하며 그러면서도 모국과 구별되는 특유의 정체성을 발전, 지속해 나간다는 점이다(윤인진, 2004; 2012).

전 지구화, 그 가운데에서도 특히 20세기 중반 이후 고조된 국제 이주가 초국적 공동체 형성에 큰 영향을 미친 것은 사실이다. 그렇지만 국제 이주 자체가 자동적으로 초국적 공동체의 형성으로 이어지는 것은 아니다. 초국적 공동체가 만들어지고 굳건히 자리 잡기 위해서는 이주자들이 정착 국가와 출신 국가를 가로지르는 긴밀한 인간관계 및 교류를 만들고 이를 지속해 나갈 수 있어야 한다.

초국경적 융합은 기술적으로 20세기 중반 이후 수월해졌다 (Heywood, 2014, p.172). 예를 들면, 19세기 미국으로 이주한 아일랜드인들은 고국으로 돌아갈 수 있다는 생각을 좀처럼 하지 못하였다. 고국의 가족이나 친구와 드문드문하게나마 연락을 하려면 느린 국제 선박 우편을 이용하는 길밖에 없다고 생각하였다. 그렇지만 오늘날 아랍에미리트나 사우디아라비아 등지로 이주한 필리피노, 호주에 진출한 인도네시아인, 영국에 이민한 방글라데시인 등은 값싼 교통수단과 발달한 통신망 덕분에 완전히 다른 상황을 맞이하게 되었다. 구체적으로, 항공기를 통한 여행의 보편화는 이민자들에게 언제든 고국으로 돌아갈 수 있고 정기적 방문이 가능하다는 믿음을 심어주었다. 또한 스마트폰 기술의 발전은 언제 어디서든 자유롭게 통신

망에 접속하여 고국의 정보를 주고받을 수 있는 유비쿼터스 환경을 조성하였다. 이는 제3 세계 국가 출신 이민자들의 제1 세계 국가로의 이주 및 침투를 과거와 달리 가역적이고 반복적이며 손쉬운 선택이 되도록 만들었다. 이뿐만이 아니다. 국제 외환거래의 자유화 및 관련 인프라의 기술적 진보는 이민자가 번 돈을 모국으로 즉시 송금하는 것을 아무것도 아닌 일로 만들었다. 예컨대 2018년 한 해 전 세계 인도 이민자들이 개인 자격으로 모국에 송금한 액수는 무려 미화 800억 불에 달하였다. 이와 같은 천문학적인 경제 유량은 20세기 초반까지만 해도 상상할 수 없는 일이었다.

주안점은, 이와 같은 최근의 변화들이 출신 국가와 정착 국가 모두에게 얽매이면서 동시에 모두에게 얽매이지 않는, 기존의 국민국가 경계를 초월한 새로운 유동적 공동체(fluid communities)와 그 안팎을 가로지르는 혼성 정체성의 개인을 양산하는 데 일조하였다는 점이다(Bradatan, Popan, & Melton, 2010, p.177). 이들의 존재는 지엽적, 국지적이면서도 전 지구적, 탈영토적이라는 양가성을 띤다. 출신 국가뿐 아니라 정착 국가(들)의 정치문화적 영향을 동시에 받는 가운데 이들의 정체성 역시 빠르고 역동적으로 변화하고 끊임없이 재해석, 재정의된다. 따라서 이들 정체성의 사회적 기원, 역사적 변천 과정, 현황을 분석하고 전망하는 일은 그리 쉽지 않다. 내부자적 관점이 아니면 좀처럼 그 진상을 파악하기 어렵다.

최근의 전 지구화 추세 속에 국민국가의 영토에 기반을 둔 공동체가 차츰 탈영토하고 있다는 착상은 현실적이며 시의적절하다. 그렇지만 공동체의 탈영토화 그리고 그에 동반되는 초국적주의(transnationalism)

를 과대평가해서는 곤란하다. 이와 관련하여 초국적 공동체를 논할 때 유념해야 할 사항을 정리하면 아래와 같다(Heywood, 2014, p.172-173).

첫째, 초국적 공동체의 형성 속도가 과거에 비해 빨라지고 그 숫자가 는 것은 사실이다. 그렇지만 공동체의 탈영토화, 초국적성, 혼종 정체성은 역사적으로 전 지구화가 본격적으로 진행된 20세기 중반 이전에도 사례가 많았다. 따라서 작금의 초국적 공동체를 새로운 사회적 현상으로 규정짓고 그것의 긍정적 또는 부정적 측면을 확대하여 해석할 필요는 없다. 그럼에도 불구하고 초국적 공동체를 마치 완전히 새로운 현상인 마냥 호들갑스럽게 받아들이는 일부 움직임이 존재한다. 이와 같은 움직임은 기존 단일 민족 국가 내부에 안착한 공동체적 질서와 통합을 저해할 것이란 우려와 공공연하게 결부되어 나타나곤 하는데, 초국적 공동체에 쏟아지는 이와 같은 갑작스럽고 집중적인 관심과 정치적, 이론적 공격은 얼마 전까지만 해도 성역이었던 국민주의(nationalism) 이데올로기의 붕괴에 따른 퇴행적 반향의 성격을 지닌다고 풀이될 수 있다.

둘째, 초국적 공동체 구성원은 여러 국경을 넘나들면서도 그 어느 국가에도 귀속되지 않는 자신만의 독특한 정치, 문화, 인종, 민족적 특이성을 보유한다. 그러나 내부적으로 구성원 간 협력 및 연대 전선에 아무 균열이 없다고 단정 지어서는 곤란하다. 당장 우리에게 익숙한 한민족 디아스포라만 보더라도 내부적으로 계급, 민족, 종교, 연령, 세대, 성별, 정치적 지향 등의 구획이 뚜렷하고 그에 따른 분열과 갈등이 상당하다는 것을 금세 알 수 있다(김희영, 도상윤, 2018, p.253). 이처럼 초국적 공동체 구성원들은 집단적으로 혼성 정체성을 보유할 뿐 아니라 개인적으로도 좀처럼 합치되지 않는 개별화된 정체성을 보유한다. 이는 원자론(atomism)에 대비되는 총체론(holism)적 관점에서 초국적 공동체를 살피는 것은 마땅하나, 내부 이질성과 다양성을 부정하는 집단주의(collectivism) 관점에서 초국적 공동체를 재단하는 일은 그 실체를 조명하는 데 아무런 도움이 되지 않으므로 경계해야 한다는 점을 말해준다.

셋째, 단일 민족주의 혹은 국민주의를 기반으로 만들어진 기존 공동체 구성원들의 정체성이 안정적, 지속적이라는 주장은 날조된 신화일 수 있다. 그렇다면 초국적주의를 기반으로 만들어진 탈영토화한 공동체 구성원들의 정체성은 과연 얼마나 안정적이고 지속적일까. 오히려 더욱 불안정적이고 일시적이지 않을까. 이와 같은 의구심은, 특정 물리적 장소에 정박하지 않고 지리적으로 분산하여 느슨하게 작동하는 약한 유대는 단기적으로 성장, 발전할 수는 있지만 장기적으로 생명력이 떨어진다는 많은 선행 연구 결과에 기반을 둔다. 모국의 정치, 경제적 상황 개선에 자극 받아 이루어지는 역이민(return migration)은 초국적 공동체의 안정성과 지속성에 대한 의구심을 지지하는 좋은 증거가 된다. 모국으로의 귀환을 항시 염두에 두고 있는 한, 초국적 공동체 구성원들의 정체성은 일시적 체류자들의 여행자 정서(tourist mentality)와 크게 다를 바 없다. 체류 국가에 충성심을 갖는 여행자는 없다. 그는 그저 모국에 강력히 구속되어 있을 뿐이다.

마지막으로 초국적 공동체 논의 이면에 놓여있는 이분법, 구체적으로 초국적주의와 국민주의는 상반되며 머지않아 전자가 후자를 완전히 대체해 버릴 것이라는 극단주의적 사고를 경계해야 한다. 최근의 전 지구화는 우리 사회 곳곳에 상당한 변화를 불러일으켰다. 초국적 공동체도 그러한 변화의 한 가지 예시이다. 그러나 국민국가의 정치, 제도적 영향력에서 벗어난 완전히 발 없는(footloose) 세계시민주의 혹은 사해동포주의는 ─ 설사 이론적으로는 가능하다 할지라도 ─ 현실적으로 아직 단 한 번도 구현된 적이 없다(Delanty, 2010, p.125). 국민국가가 인류의 역사에서 완전히 사라지지 않는 한 세계시민주의나 사해동포주의가 구현될 일은 앞으로도 없을 것이다. 이는 현존하는 공동체의 전면적 탈영토화, 초국적화는 터무니없으며, 초국적주의가 국민주의를 완전히 대체할 것이라는 주장 역시 억측이라는 점을 말해준다(Heywood, 2014, p.151).

국민주의가 성역이 아니듯 초국적주의 또한 무적이 아니다. 국민국가를 완전히 압도할 만한 초국적주의는 요원하다. 이 말인즉슨, 특정 국가, 특히 정착 국가의 정치, 제도적 구속력에서 자유로운 무국적 공동체(nationless community)는 시기상조이며, 국민국가의 관성 내지는 경로 의존성을 감안할 때 앞으로도 상정하기 어렵다는 것을 뜻한다. 초국적주의는 국민주의와 적대적 관계를 맺고 있지 않다. 어느 한쪽이 다른 한쪽을 완전히 밀어내는 제로섬 관계가 아니다. 초국적주의와 국민주의는 서로 간에 영향을 미치는 공변인 관계를 맺고 있으며, 상호작용을 통해 참신하고 예측 불가능한 결합을 만들어냄으로써 오늘날 전 지구화하는 공동체들의 성격을 혼종화(creolization)하는 데 대등하게 관여하고 있다(ibid., p.173).

아래에서는 상기 논의를 바탕으로 초국적 공동체의 구체적 사례라 할 수 있는 디아스포라와 난민수용소에 대해 간략히 살펴보고자 한다.

① 디아스포라

디아스포라(diaspora)는 고대 그리스어에서 '~너머'를 뜻하는 디아(dia)와 '씨를 뿌리다'를 뜻하는 스페로(spero)의 합성어로, 한자어로 이산(離散) 혹은 파종(播種)을 뜻한다(윤인진, 2004, p.4). 본래 바빌론 유수(幽囚) 이후 팔레스타인 밖에서 흩어져 사는 유대인 거류지를 지칭하거나 팔레스타인 사람 또는 근대 이스라엘 밖에 거주하는 유대인을 지칭하는 용어였다. 그러나 그 의미가 점차 확장되어 유대인뿐 아니라 강제로 본국에서 추방되어 혹은 자발적으로 본토를 떠나 타국에서 자신들의 규범과 관습을 유지하며 살아가는 소수 집단, 정치적 난민, 이민자, 소수인종 등 다양한 범주의 사람을 가리키는 말로 범용되었다. 우리에게 가장 익숙한 것은 한민족 디아스포라이다. 한민족 디아스포라는 러시아, 중국, 일본, 미국 등지에 터를 잡고 사는 약 720만에 달하는 재외동포 네트워크를 가리킨다. 이러한 디아스포라에 대한 개념 정의 및 유형화 노력은 다양하게 존재해 왔는데, 이념형적 관점에서 이를 체계적으로 정리한 학자로 로빈 코헨이 대표적이다. 아래에서는 그의 이론을 소개하는 것으로 디아스포라에 관한 설명을 추가하고자 한다(Cohen, 1997/2017).

코헨은 디아스포라의 유형을 총 다섯 가지로 정리하였다. 유대인이나 아프리카인, 아르메니아인, 팔레스타인처럼 정치적 박해나 노예, 민족 학살 등의 사유로 본토를 떠나 타국에서 유랑 생활을 하는 경우는 '희생자 디아스포라'(ibid., p.75), 서남아시아의 중국 화교나 서아프리카의 레바논인처럼 장사를 목적으로 본토를 떠나 타국에서 거주하며 자신들만의 공동체를 형성하면서 동시에 모국의 친척이나 고향과 긴밀한 유대감 및 연결망을 형성, 유지하는 경우는 '무역상업 디아스포라'(ibid., p.141), 인도인이나 이탈리아인처럼 계약 노동자로 본토를 떠나 타국에서 일하며 자신들만의 공동체를 형성하는 경우는 '노동 디아스포라'(ibid., p.109), 영국, 스페인, 포르투갈, 독일과 같은 유럽 제국주의 국가들이 아프리카, 아시아, 아메리카, 오스트레일리아에서 식민지를 개척한 후 그곳에 세운 공동체의 경우는 '제국 디아스포라'(ibid., p.123), 카리브해 출신의 이주민들이 문학, 음악 및 생활양식의 공유에 의해(예: 레게음악) 공통의 정체성과 공동체의식을 정착 국가에서 갖게 되는 경우는 '문화 디아스포라' 등으로 정리하였다(ibid., p.197).

② 난민수용소

초국적 공동체는 통상 하나의 모국을 뿌리로 하여 시간이 지나면서 차츰 다수의 국가와 지역으로 퍼져 나간다. 그래서 초국적 공동체 구성원들의 정체성은 지속적으로 혼성화하고 끊임없이 재정의, 재해석된다(임영언, 김한수, 2017). 그러나 모든 초국적 공동체가 예외 없이 이산 혹은 파종의 양상을 나타내는 것은 아니다. 일부는 추가 이산이나 파종 없이 비교적 안정적으로 경계를 관리하고, 특히 지역적으로 더 이상 이동하지 않은 채 모국으로의 ─ 기약 없는 또는 불가능에 가까운 ─ 귀환을 준비하기도 한다. 추가 이산이나 파종이 없기 때문에 구성원들의 정체성도, 모국에서의 원 정체성과는 다르지만, 디아스포라처럼 계속적으로 변이하기보다 비교적 통일되고 안정된 모습을 나타낸다.

이와 같은 속성을 지닌 초국적 공동체를 우리는 난민수용소 (refugee camps)에서 발견할 수 있다. 난민수용소는 트라우마, 집합적 기억, 박해, 망명의 경험이 동일 국가 국민 혹은 동일 민족 집단 성원 사이에서 공유되는 가운데 공동체의식이 발생하는 사회적 공간으로 정의된다(Delanty, 2010, p.127). 유엔난민기구(United Nations High Commissions for Refugees)에 따르면 전 세계적으로 난민, 비호신청자, 귀환민, 자국내 실향민, 무국적자를 아우르는 이른바 보호대상자 수는 2020년 현재 약 7,950만 명에 달한다고 한다(UNHCR, 2020). 남북한 인구를 합친 숫자보다 조금 못한 보호대상자가 전 세계 관련 시설에 분산되어 수용되어 있는 셈이다. 지난 수십 년간 전 세계의 우려를 자아낸 대표적인 난민집단으로는 이스라엘 통치를 피해 요르단 등지로 도피해 들어간 팔레스타인인, 탈레반 체제를 피해 파키스탄으로 도망간 아프가니스탄인, 남수단 내전을 피해 우간다 등지로 피신한 남수단인 등이 있다. 최근에는 미얀마 정부의 조직적 박해를 피해 방글라데시로 피난 간 로힝야족이 세계에서 가장 심각하게 박해받는 민족으로 거론된다.

난민수용소는 보통 국가 간 영토 분계선 인근에 만들어진다. 때문에 역적 속성이 두드러진다. 여기서 역성(liminality, 閾性)이란 인류학자 빅터 터너의 The Ritual Process: Structure and Anti-Structure『의례의 과정』에서 거론된 개념으로, 통상의 일상적 문화와 사회의 상태가 있다고 가정하였을 때, 그러한 상태와 이를 만들기 위하여 시간을 보내고 법과 질서를 유지하며 구조적인 지위를 정해가는 과정 사이에 놓인 중간 상태, 즉 비결정(undecidability)과 무정체성의 상태를 의미한다(Turner, 1969, p.94-95). 어원인 limen이 문지방 또는 문간(threshold)을 뜻한다는 점을 감안하면, 역성이란 쉽게 말해 문턱에 있음, 즉 어정쩡한 임계 상태에 놓여 있음을 표한다고 보면 무리가 없겠다.

이러한 역성 개념을 난민캠프에 적용해 보면, 난민은 신분이 불안정하며 그 어떠한 국민국가의 영토에도 확실히 속해있지 아니하다. 끊임없는 공간의 전치(displacement)와 상시 대기, 시간의 방해를 경험한다. 이와 같은 특징에 주목한 이탈리아의 조르조 아감벤 같은 학자는 그래서 난민수용소를 영속과 무상 사이에 낀 불명의 지대(a zone of indistinction between permanence and transience), 즉 역공간(liminal space)에 위치해 있다고 하였다(Agamben, 1998, p.169).

역성이 두드러짐에도 불구하고 난민수용소에 지역성(locality, 地域性)이 없는 것은 아니다. 다만 독특한 방식으로 구현될 뿐이다. 이를 좀 더 구체적으로 설명하면, 난민수용소의 인원은 여러 국가나 민족 집단에서 충원되지 않고 보통 하나의 국가나 하나의 민족 집단에서 충당된다. 즉 수용민의 출신 배경은 대체로 획일적이며, 바로 이 획일성으로 말미암아 모국 또는 고향의 고유한 정치, 문화, 사회적 특성이 수용소 안에서 공간적으로 재생산되는 경향이 강하게 나타난다. 여기서 주안점은, 수용민의 정체성은 모국이나 고향의 그것을 그대로 재현한 복사판과 거리가 멀다는 점이다. 박해에 대한 집합적 기억(과거)과 망명 과정에서 겪은 트라우마(과거)가 수용소라는 극도로 제한되고 통제된 상황에서 겪는 일상화된 주변화(현재)와 조우하면서, 독특하면서도 강렬한 혼성적 정체성으로 발로된다. 난민수용소를 초국적 공동체의 유형으로 보는 것은 이 때문이다 (Ramadan, 2013, p.70).

이렇게 형성된 수용소 난민들의 혼성 정체성은 제약 없이 이산하거나 파종하는 디아스포라의 양상을 따르지 아니한다. 레바논 지역의 여러 시설을 돌아다니며 팔레스타인 난민의 생활상을 조사한 줄리 피티트에 따르면, 난민의 정체성은 대체로 하나의 목적, 즉 고국의 해방을 위한 저항운동에의 참여를 지향하며, 따라서 비교적 동질적이고 안정된 모습을 보인다고 한다(Peteet, 2000, p.200-203). 고국과는 미묘하게 다른 정체성을 발전시키면서도 추가 변이를 일으키지 않고 비교적 고정된 모습을 유지하는 까닭을, 행동과 생각에 상당한 제한이 가해지는 수용소라는 폐쇄적 공간 안에서 언젠가는 고향으로 돌아가야만 한다는 상실감, 그리고 그 상실감을 달래기 위해 멀리서라도 어떤 방식으로든 고국의 독립과 해방을 도와야 한다는 집단적 의무감이 수용소 내부에서 강하게 공유되기 때문이라고 피티트는 설명하였다.

어떠한 공동체를 살 것인가?

오늘날 사회는 급속히 변화하고 있다. 이에 따라 우리의 불안과 불확실도 나날이 커지고 있다. 공동체는 확증하는 불안과 불확실을 달래줄 대안이 되는가. 만약 그렇다면 대안적 공동체는 전통 사회의 공동체와 어떻게 다른가. 새로운 공동체는 예의 안전과 안정의 기능을 수행할 수 있는가. 다가올 미래에 우리는 어떠한 공동체에서 살 것인가. 제IV부에서는 이러한 질문들에 대한 답을 찾고 공동체의 미래를 전망한다.

제10장. 탈근대적 전환과 공동체

제3장에서 공동체에 대한 유형론적 관점을 살피면서 전근대적 조건에 상응하는 사회적 결속을 공동체(gemeinschaft), 근대적 조건에 상응하는 사회적 결속을 결사체(gesellschaft)로 명명하였다. 이때 근대적 조건을 거론하면서 점진적 합리화, 사회 분화, 개인주의, 자유주의, 기술 혁신, 세계화, 자본주의적 산업화, 이촌향도, 포디스트 축적체제, 대중사회, 인구학적 변화 등을 주요 요인으로 제시하였다.

근대의 거시적 구조와 환경 변화는 공동의 유대와 친숙한 관계맺음이 이루어지던 정주지로서의 전통적 공동체를 질적, 양적으로 다른 성질의 인간 조직으로 변모시켰다. 제3장의 고전사회학자, 제4장의 인간생태론자, 제5장의 체계이론가, 제6장의 갈등론자, 제7장의 계획이론가들은 각론에서는 다를지언정, 모두 공동체의 거시적 구조와 환경 변화를 통시적 관점에서 이분법적으로 바라보았다는 점에서 공통적이다.

그러나 20세기 후반에 들어서부터 상기 역사관을 바탕으로 한 공동체 접근 방식에 한계가 찾아왔다. 냉전의 해체, 자유주의의 잠정적 승리, 이데올로기적 동력의 약화, 환경, 소비, 인종, 문화, 종교 영역에서의 새로운 문제의 발생, 사생활 및 친밀성 영역에서의 새로운 문제의 발생, 복지국가(포디스트 축적체제)의 와해, 노동시장의 유연화, 다품종 소량생산과 차별화된 취향의 등장, 금융자본주의의 등장, 인터넷과 가상현실의 확산 등등 공동체를 둘러싼 거시 환경적 조건에 다시 한번 근본적 변화가 일어났기 때문이다(Hutchison & Gottdiener, 2010, p.188). 무엇보다, 이러한 거시 환경의 재구조화와 변화에 대한 성찰은 이성 중심주의에 대한 회의, 탈중심적 사고, 효율성, 기능성, 표준화, 보편성에 대한 비판 등 근대의 철저한 해체를 앞세운 탈근대주의(post-modernism)를 촉발하는 계기가 되었다(전경갑, 2004, p.352-358). 공동체를 이해하는 데 있어 새로운 관점에 대한 요구가 그 어느 때보다 높아진 것이다.

미래의 공동체를 모색하고 실천하기 위하여 최근 사회와 이론의 탈근대 흐름을 진단하고 그 의미를 짚어보는 일이 필요한 까닭은 바로 이러한 시대적 배경을 뒤로한다. 이에, 아래에서는 먼저 탈근대주의적 관점 형성에 기여한 학자들—데리다, 리오타르, 푸코, 보드리야르—의 업적물을 살펴보고, 탈근대 공동체의 개념 및 함의를 낭시의 무위공동체, 블랑쇼의 밝힐 수 없는 공동체, 마페졸리의 정감적 공동체, 델란티의 역적 공동체를 중심으로 점검하고자 한다.

1. 탈근대주의

20세기 후반 문화예술과 인문사회 영역 전반은 지난 수 세기간 인류 정신사를 지배해온 서구 근대성의 종말을 고하는 탈근대주의 도전에 직면하여 많은 사상적 혼돈을 경험하였다. 탈근대주의는

1960년대 초 미국의 대학가와 예술계에 등장한 예술 탈근대주의, 1970년대 중반 이후 프랑스를 중심으로 유럽학계에서 풍미하기 시작한 학술 탈근대주의로 나뉜다(김문조, 2013, p.172). "경계를 가로지르고 간극을 좁힌다(cross the border, close the gap)"라는 명제로 대변되는 예술 탈근대주의는 전통 양식에 집착하던 과거의 진지한 예술과 달리, 산업사회의 새로운 소재, 구성, 제재, 기법 등을 작품에 구사하여 예술을 대중의 광장으로 끌어내리려는 일련의 표현양식을 가리킨다. 이와 대조적으로 학술 탈근대주의는 근대적 가치의 시효만료를 고하는 새로운 지적 조류로서, 작금의 사회문화적 환경이 근대적 인식 패러다임으로는 이해되기 어려운 국면에 접어들었고, 따라서 당면한 사회적 위기와 모순을 통찰할 수 없는 낡은 근대적 인식 패러다임을 폐기하고 새로운 사회 현실에 상응하는 인식론과 방법론의 고안을 제안하는 것을 특징으로 한다. 아래에서는 학술 탈근대주의의 인식론적 기초를 제공하는 데 기여한 주요 학자들의 업적을 간략히 살펴본 후, 탈근대적 공동체의 특징과 함의를 진단하기로 한다.

1) 자크 데리다

보편적 진리와 가치를 추구해온 플라톤 이후의 철학적 전통인 이성 중심적 사고의 해체를 주장한 자크 데리다(1930~2004)는 서양철학사의 주류를 벗어난 이단아로, 탈근대주의 인식론의 기반을 확립한 인물로 손꼽힌다. 그는 말(음성언어)과 글(문자언어)의 관계에 내재한 모호성과 차이의 분석에 심혈을 기울였다. 이는 그가 서양철학의 뿌리에 박힌 이성 중심주의(logos-centrism)의 해체에 주된 관심을 둔 것과 직접적으로 관련된다(양운덕, 2006, p.345).

이성의 어원은 말, 즉 음성(logos)이다. 따라서 이성 중심주의는 음성 중심주의와 혼용되곤 하는데, 이 음성 중심주의의 시발점이 된 인물이 플라톤이다. 플라톤은 *Phaedrus*『파이드로스』에서 문자는 말을 기록하는 수단이지만 말을 완벽하게 기록하지 못하므로 읽는 이에 따라 그 의도가 왜곡, 변질할 수 있다고 하였다. 그리하여 문자는 필요악이자 독이며 진리(말)를 왜곡하는 방해물이라 하였다. 나아가 문자를 약과 독을 동시에 뜻하는 파르마콘(pharmakon)이라 칭하면서, 진리에 다가서기 위하여 이 약이면서 독인 물질을 최대한 조심스럽게 사용해야 함을 강조하였다(김동선, 1998, p.24).

이러한 음성 중심주의의 문제이자 특징은, 오로지 말에만 절대적 진리가 존재한다고 보고 그것을 최우선 가치로 추구하는 한편, 그와 같은 진리를 근본적으로 제대로 보여줄 수 없는 글을 폄하한다는 데 있다. 다시 말해, 음성언어는 절대적이고 순수하며 본질적 의미를 담는 데 반하여, 문자언어, 즉 텍스트는 그 음성을 보조하는 부차적 의사소통의 수단에 불과하고, 심지어 그마저도 제대로 보조하지 못하여 음성을 현전(presence, 現前, 지금 여기 있음)하지 못한다고 보는, 우월과 열등에 기반을 둔 이분법적 세계관을 저류에 깔고 있다는 것이다(양운덕, 2006, p.347).

말은 내면의 본질이자 진리요 순수(같음, 진짜)이자 절대의 현전(있음), 즉 생명인 데 반하여, 글은 겉껍데기 현상이요 진리에서 일탈한 차이(다름, 가짜)이자 부재(없음), 즉 죽음이라고 본 플라톤의 인식론은 이후 서양철학의 발달과 함께 음성 對 문자의 이항관계는 물론이거니와 차등적 대립 항을 그릴 수 있는 모든 상황에 적용되었다. 정신 對 물질, 의식 對 자연, 주관 對 객관, 기독교 對 이슬람 등이 그 예이다(Sarup, 1988/1993, p.23).

그런데 근대에 접어들면서부터 이와 같은 차등적 이항대립의 세계관이 이성 對 비이성의 영역으로 이어져 타자를 배제하는 폭력적 논리의 이론적 근거가 되기 시작하였다. 구체적으로, 인간의 이성(빛)을 통하여 중세의 야만(어둠)에서 벗어나 인간을 인간답게 만들겠다는 정복욕의 폭발로 나타났다. 물론 여기서 이성이란 근대 유럽의 정신세계를 의미한다. 근대 유럽의 시각에서 이성적이라고 생각된 것은 합리적이고 그렇지 않은 것은 비이성적인 것, 따라서 극복되어야 할 장애물로 판단되었다. 이에 따라 근대는 근대 유럽적 가치 및 시각과 다른 모든 것을 비이성적 야만으로 규정짓고 파괴, 교정, 억압하기에 이른다.

중세의 비합리적, 비과학적 사고관은 많은 인간을 위기 속에 몰아넣고 때로 재앙적 판단과 대학살을 낳았다. 따라서 이성을 통해 중세적 위협을 합리적으로 사정하고 과학적 해결책을 제시함으로써 문제를 극복한 것은 칭송받아 마땅하다. 그러나 비유럽적인 것=비이성적인 것=야만적인 것=극복되어야 할 질병으로 본 근대 유럽의 오랜 이성 중심주의는 노예제, 서구 우월주의, 제국주의, 식민주의 등 또 다른 심각한 위협을 초래함으로써 한계를 노출하였다.

왜 이러한 문제가 야기되었을까. 데리다는 이성 중심주의에서 답을 찾았다. 이성 중심주의 사고에 따르면 순수한 진리와 절대적 기준은 반드시 존재한다. 보편타당한 규칙, 규범, 문화, 방식도 반드시 존재한다. 이성적 사유를 통해 인간은 그러한 본질과 실체에 접근할 수 있고, 언제 어디서든 그것을 원형 그대로 현전할 수 있다고 여겨진다. 그런데 이러한 절대성과 보편타당성을 누가 정의하는가. 정의하는 자가 누구이냐에 따라 진리의 내용과 기준이 달라질 수 있지 아니한가. 그렇다면 보편타당한 가치란 것도 허구 아닌가. 만약 보편타당한 가치가 허구라면 본질이라는 것도 없고, 영원불멸의 기준이라는 것도 없으며, 진리의 현전도 가당치 않은 일이 되는 것 아닌가.

데리다는 이러한 의문을 한가득 안은 채, 근대 유럽인이 자신의 기준에 맞추어 유럽적 시각에서 모든 것을 재단하였고, 그 결과 노예제, 서구 우월주의, 제국주의, 식민주의 등의 재앙이 야기되었다고 분석하였다. 뿐만 아니라 서구 유럽에서 정상적으로 여겨진 특수한 요소들, 예컨대 이성애, 기독교, 남성, 백인 등만 절대적 진리의 범주에 집어넣고, 그와 차이가 나는 모든 또 다른 특수한 요소, 예컨대 동성애, 이슬람, 여성, 유색인종 등은 야만, 거짓의 범주에 집어넣음으로써 '비정상'에 대한 맹목적 파괴, 교정, 억압을 사회 전반에 걸쳐 광범위하게 자행해 왔음을 고발하였다(Kearney, 1986/2009, p.156).

요약하면, 문자언어를 폄하하고 음성언어에 특권을 부여한 음성중심의 철학 전통이 서구 유럽에서 이성을 통한 실체접근론, 즉 이성 중심주의로 환원되어 순수(진짜), 본질(같음), 현전(있음)만을 욕구하고 그에 대비되는 차이(가짜), 현상(다름), 부재(없음)를 억압, 배제하는 폭력적 통념 및 권력 구조가 사회 전반에 착근하였다는 게 데리다 인식론의 기초였다. 따라서 데리다는 절대성과 보편타당성을 전제로 논의를 진행해온 서양철학의 형이상학적 전통을 비판하고 그것의 해체를 주장하였다(Sarup, 1988/1993, p.27). 물론 여기서 해체란 기존의 것 일체의 소각이 아닌, 각질화된 전통을 분해하여 새로운 생명력을 불어넣는 작업을 뜻한다.

해체를 위하여 데리다는 문자언어, 즉 텍스트(text)를 비판적으로 독해하는 작업에 착수하였다. 그가 텍스트에 주목한 까닭은 그것이 기존 세계의 통념과 논리를 잘 반영하기 때문이기도 하지만, 무엇보다 텍스트의 해체를 통해 말과 글이 얼마나 상호 복잡하게 짜여 있는지(textured), 그 관계의 불확정성과 불투명성을 여실히 보여줄 수 있다고 생각하였기 때문이다. 말과 글의 불확정적, 불투명적 관계는 세계에 대한 우리의 인식 구조, 즉 이성으로 불리는 기존 통념과 논리의 허망함을 폭로해 주리라 생각하였다(김보현, 2011, p.176).

텍스트의 해체를 위하여 데리다는 반전(overturning, 反轉)과 혼유(metaphorization, 混喩)의 이중전략 사용을 제안하였다(ibid., p.219). 먼저 반전이란 기존에 우리가 잘 알고 있는 텍스트에 깔린 획일적 차등성을 의도적으로 뒤집는 시도를 뜻한다. "신선한 우유가 참 맛있구나!"가 아닌 "썩은 우유가 참 맛있구나!"에서처럼 문장의 배열이나 단어를 바꿔치기한다든지, 영상의 순서 및 편집 방식을 이전과 다르게 하는 것이 그 예이다. 이러한 반전을 통하여 우리는 기존 논리체계 내 대립된 이항체계의 상위 요소가 하위 요소에 의하여 언제든지 뒤집힐 수 있다는(맛있음=신선→맛있음=썩음) 생각을 할 수 있다.

그러나 반전은 이항대립의 원형 자체를 해체하는 수준에까지는 이르지 못하는 자리바꿈 놀이에 지나지 않을 수 있다. 이에 데리다는 혼유라는 또 하나의 해체전략을 추가하였다. "아기의 눈망울이 눈(雪)처럼 맑고 따습다"가 하나의 사례이다. 기존 문법 관점에서 보았을 때 아기의 눈이 맑은 것을 흰 눈에 비교한 것은 오히려 그 실제의 감동을 감소시킨다는 측면에서 비판받을 수 있다. 아기의 눈망울이 주는 맑은 빛은 흰 눈의 맑음과 색부터 다르고, 따스함도 눈(雪)이라는 실제의 사물이 오히려 차가운 느낌을 주므로 적절한 비유가 못 된다는 이유에서다. 그러나 이런 아기의 눈을 하늘에서 내리는 차가운 눈에 비유함으로써 우리는 아기의 눈에 파격적 의미를 덧붙일 수 있다. 혼유는 이처럼 기존 문법적 관점에서 보았을 때 부적당하게 쓰였거나 조잡한 비유를 일컫는다. 데리다는 혼유가 이항적 차등관계에 놓인 대당 요소 간 교호성을 부각하는 방식으로 기존 문법을 파괴할 수 있다는 점을 들어 해체의 좋은 전략이라 하였다.

기존의 통념과 논리로 짜인 텍스트의 해체를 통해 우리는 그간 우리가 알고 있던 특정 현상(예: 아기의 눈)이 어떤 단 하나의 절대적 진실이나 본질(예: 따스함, 맑음)을 현전하기보다 또 다른 무언가(예: 차가움, 혼탁함)를 담고 있을 수 있다는 가능성에 새롭게 눈 뜬다. 절대적이고 보편타당한 진리가 있다고 혹은 없다고 결정적으로 말할 수 없는 애매한 상태, 순수와 그 순수로부터 일탈한 차이를 구분하기 어려운 경계적 상황에 직면한다.

데리다는 이러한 애매한 상태 혹은 경계적 상황을 비확정성(undecidability)이라 불렀다(Zima, 1994/2001, p.211). 그는 이 비확정성 원리에 의거하여 텍스트를 읽으면 어떤 하나의 기원적인 중심(origin) 개념이란 없음을 곧 알게 된다고 하였다. 잘 짜인 직조물(textile)을 보면 어디가 바늘의 시작점이고 매듭점인지 알 수 없듯, 텍스트 역시 어디가 중심적 의미를 담고 있고 어디가 변방적 의미를 담는지, 무엇이 순수의 원형이고 무엇이 그로부터 일탈한 차이인지를 명확하게 가릴 방도가 없음을 알게 된다는 얘기이다.

이러한 탈중심적 사고는 어떤 중심적 개념을 다른 어딘가에 재현하거나 복제하는 일이 원천적으로 불가능하다는 생각으로 이어진다. 나아가 중심이 무엇이고 어디에 있는지조차 파악하기 어려우므로 우월과 열등의 구분 자체가 무의미한 일로 여겨지게 된다. 이는 말(본질, 순수, 현전)과 글(현상, 차이, 부재)의 관계가 매우 불확실, 불확정적이며, 따라서 우리가 본질, 순수, 현전이라 인식하는 모든 것이 사실 실체가 없다는 것을 논증한다(김보현, 2011, p.161).

우리는 이성적 사유를 통해 저 어딘가에 존재하는 실체에 접근하고 이를 그대로 구현할 수 있다고 믿는다. 그렇지만 데리다에 의하면 이는 가능하지 않다. 세계는 고정되어 있지 않고 끊임없이 변화하는 개방적 과정에 놓여있기 때문이다. 뿐만 아니라 본질과 배치되는 현상을 부정하고, 순수한 것과 차이 나는 것을 폄하하고, 부재하는 것을 무시하게 만든다는 측면에서 바람직하지도 않다.

데리다는 특정 현상을 본질, 순수, 현전과의 대조가 아닌, 또 다른 수많은 현상과의 관계 속에서 스스로 의미를 드러내도록 하는 것이 바람직하다고 하였다. 이를 위하여 그는 기존 통념과 우리의 낡은 인식 속에 각인된 차이에 의한 구분 문법을 차연에 대한 이해와 인정으로 바꿔야 한다고 강조하였다. 차연(différance)이란 데리다가 차이(difference) 그리고 의미의 연기(deferral of meaning)를 합성하여 만든 신조어이다(ibid., p.120).

어떤 현상을 이해하고자 할 때 우리는 보통 그것이 기인하는 순수의 원형을 떠올린다. 그다음, 직면한 현상이 그 원형과 어떻게 다른지 차이를 찾아내 대조하는 방식으로 의미를 부여한다. 그런데 순수한 원형이 실제로 세계에 존재하는가? 데리다는 그렇지 않다고 말한다. 숲속을 거닐다 발견한 땅바닥의 발자국을 보고 그 발자국의 주인이 호랑이라고 말할 수는 있다. 그렇지만 누구도 실제 호랑이가 지나간 것을 본 적은 없다. 우리는 호랑이로 추측되는 그 무언가의 흔적(traces)을 토대로 발자국의 주인공이 호랑이라 추정할 뿐이다. 그렇지만 그렇다고 하여 호랑이가 부재한다고 단언하기도 어렵다. 확실치는 않지만, 호랑이로 추정되는 무언가가 지나간 후 분명 그 흔적을 남겼기 때문이다.

이는 결국 순수한 원형이란 세계에 존재하는 것도 아니요 부재하는 것도 아닌, 양자 사이에 걸쳐 있음을 말해준다. 나아가 우리가 — 텍스트를 통해 — 세계를 이해하고자 할 때 판단의 기준으로 삼는 원형도 불멸의 절대 진리가 아니라 그저 흔적만을 통해 실체를 추정할 수 있으며, 따라서 우리는 원형과의 차이에 의거하여 — 텍스트를 읽고 — 현상을 이해하려는 교조적인 태도를 지양해야 함을 말해준다. 우리가 원형이라 생각하는 것은 최초의 기원을 알 수 없는 무한한 흔적들의 기록에 불과하다. 따라서 우리가 할 수 있는 일이란 원형에 대한 맹신을 거두고 특정 현상이 원형과 차이가 난다는 판정을 지연, 즉 의미의 부여를 연기(deferral of meaning)하는 것뿐이다. 이런 측면에서 데리다의 차연 개념은 시간의 그 어떠한 선차성도 부정하는 인식론적 표현이라 할 수 있다(Zima, 1994/2001, p.73).

본질은 현상의 흔적에 불과하다. 이 말인즉슨, 영원불멸의 진리 — 그렇게 믿어지는 것 — 란 결코 자기동일성을 획득할 수 없고 현전에 이를 수도 없다는 것, 따라서 있음과 없음, 같음과 다름, 나아가 우리와 그들의 이분법적 경계를 구분 짓는 것은 아무 의미가 없다는 것을 뜻한다(Kearney, 1986/2009, p.164). 데리다가 현대 사회의 모든 통념과 논리, 권위를 부정하였던 것은 바로 위와 같은 해체주의적 시각에 근거하였기 때문이다.

2) 장 보드리야르

데리다와 리오타르가 탈근대주의적 인식론 정립에 기여한 학자라면, 장 보드리야르(1929~2007)는 푸코와 더불어 탈근대주의 사회이론을 발전시킨 이론가이다. 그는 1990년 미국이 이라크를 상대로 벌인 걸프 전쟁이 사실은 일어나지 않았다는 충격적 발언으로써 많은 논란을 일으키기도 하였다(Baudrillard, 1991/1995).

Le Système des Objets(1968/2011) 『사물의 체계』에서부터 *Le Miroir de la Production*(1973/1994) 『생산의 거울』에 이르는 초기 저작에서 보드리야르는 소비가 사회 활동의 주요 측면으로 떠오르면서 기호가 차츰 소비 대상으로서의 가치를 확장하여 왔다는 데 주목하였다. 그는 오늘날과 같은 대량소비 사회에서 실제적 소비의 대상은 생산물

이 아니라 상품의 광고나 브랜드에 새겨진 기호이며, 그에 따라 상품의 교환가치가 기호가치(valeur-signe)로 이행되었다고 주장하였다. 나아가 기호는 궁극적으로 상품 자체와 분리되어 부유하기 시작하였고, 사회관계 역시 기호를 통해 맺어지는 경우가 빈번해졌다고 주장하였다(배영달, 2012).

이러한 주장은 마르크스의 가치이론 비판에서부터 시작되었다. 마르크스는 *Misère de la philosophie*『철학의 빈곤』에서 교환가치체계의 진화를 다음의 세 단계로 요약하였다(Marx, (1847/1989, p.28). 첫째, 사회의 방대한 분야가 상품교환의 영역에 속하지 않고 오직 특정 형태의 잉여물만이 교환 대상이 되는 전(前) 자본주의 단계, 둘째, 산업생산물 거의 전부가 교환의 장에 편입되는 자본주의 단계, 셋째, 과거에는 교환의 대상이 아니라고 여겨진 것(예: 덕성, 윤리, 교양, 애정 등) 일체가 교환가치 영역으로 편입되는 후기 자본주의의 단계. 마르크스는 거래를 통하여 무엇이든 돈벌이 대상이 되는 마지막 시기를 "보편적 매수의 단계"라 불렀다(ibid., p.31).

보드리야르는 이 가운데 두 번째에서 세 번째 단계로의 질적 전환에 주목하였다. 마르크스주의자들은 세 번째 단계를 두 번째의 외연 확대, 즉 자본주의 경쟁체계의 심화라는 측면에서 파악하였다. 따라서 도덕, 문화, 예술, 지식 등 비물질적 가치 차원에 대한 마르크스주의적 비판은 하부구조의 결정력에 의거한 경제적 착취 혹은 정치적 지배 논리라는 것으로 일관되었다. 이와 대조적으로 보드리야르는 후기 자본주의 단계에서 상품교환이 여전히 경제 활동의 중심을 이루는 것이 사실이나, 교환 대상으로서의 상품 형태는 점차 기호

형태로 전환되어 상품교환이 기호가치의 원리에 종속되어 전개되기 시작하였다고 분석하였다. 이는 마르크스주의자들이 미처 간파하지 못한 조용한 변혁으로서, 이러한 전환은 유형무형의 모든 상품이 궁극적으로 기호로 가치화되어 교환되기 시작하였음을 말해준다(최효찬, 2019, p.38).

마르크스의 가치체계이론을 재분석하며 현대 사회의 소비 문제를 비판한 보드리야르는 이후 마르크스주의와 결별하고 탈근대 시대의 대중매체와 사회 현상 분석에 천착하였다. 특히 자신의 대표작 *Simulacres et Simulation*『시뮬라시옹』에서 모사물이 실재를 대체하는 현대 사회의 허구성을 폭로하여 모사물의 세상에서 주체성을 빼앗긴 채 살아가는 현대인의 수동적 모습을 비관적으로 그려 내었다 (Baudrillard, 1981/2001).

보드리야르는 기호라는 상징적 요소가 지배하는 후기 자본주의에서는 자본주의 시대의 상품물 신화에 상응하는 기호물 신화가 촉진되어 상징 조작을 통하여 재현된 모사물(simulacres, 시뮬라크르)들과 원본의 경계가 와해하고, 나아가 정밀한 모사물들이 오히려 원본을 압도하며, 심지어는 원본이 모사물들을 모사함(simulation, 시뮬라시옹)으로써 재현과 실재의 관계가 역전된다고 주장하였다. 보드리야르는 이처럼 현실과 비현실의 구분이 소멸한 상태, 현실보다 더욱 현실적인 상태의 재현을 파생실재(hyperréel)라 불렀다(ibid., p.12).

존재하지 않지만 존재하는 것처럼, 때로는 존재하는 것보다 더 생생히 인식되는 파생실재는 사실성이 인위적으로 강화된 복제 현실로서, 보드리야르는 그 대표적 사례로 가상현실이되 현실 이상의 호소력을 발휘하는 디즈니랜드를 들었다. 행복과 즐거움이 상징인 꿈의 동산 디즈니랜드에서 피터 팬은 후크 선장에 맞서 싸우며 마치 진짜인 듯 사람들에게 꿈과 희망을 품고 용기를 내라고 소리친다. 그런데 피터 팬은 현존 인물이 아니다. 실재하는 인물은 오로지 피터 팬으로 분장한 모델이다. 그런데도 모사물을 접한 사람들은 모사물이 말한 대로 말하고 행동한 대로 행동한다. 집에 돌아와서는 후크 선장과 맞서 싸우는 시늉을 하며 심지어 모사물을 모사하면서 디즈니랜드 속 피터 팬을 현실과 혼동한다(ibid., p.40-41).

이와 비슷한 사례를 우리는 실제 사람보다 높은 가치를 갖고 사랑받는 수많은 만화, 게임, 드라마, 영화의 캐릭터들에서 쉽게 찾아볼 수 있다(예: 성공을 위하여 성적 매력을 강조하는 드라마 속 여성 캐릭터). 캐릭터들은 이미지요 현실의 복제품에 불과하다. 그렇지만 이내 새로운 현실(파생실재)을 창출하고 그 안에 사람들을 구속한다(예: 현실의 모든 여성은 성공을 위하여 자신의 성적 매력을 이용한다는 현실 남자들의 생각과 행동). 가짜가 진짜가 되는 것이다. 나아가 진짜가 된 가짜는 또 다른 새로운 현실(파생실재)을 창출하고 그 안에 사람들을 구속시킨다(예: 남자들의 생각과 행동에 맞추어 성적 매력을 강조하는 현실 여성들). 이 과정은 반복되며, 세상은 이내 모사물의 세계로 화한다. 보드리야르는 이러한 허구적 세계의 끊임없는 창출을 시뮬라크르들의 자기복제라 일컬었다(ibid., p.27).

시뮬라크르와 시뮬라시옹을 통하여 보드리야르가 단순히 현대 사회의 허구성만 비판한 것은 아니었다. 그는 여기에 그치지 않고 모사물이 스스로의 허구성을 부정적으로 드러냄으로써 사람들로 하여

금 마치 자신이 사는 현실은 진실하고 순수하며 실재라고 착각하게 만듦을 폭로하였다. 모사물이 스스로 만든 파생실재의 허구성을 극단적이고 부정적으로 강조함으로써 또 다른 파생실재의 허구성을 은폐하고, 그것이 현실인 것처럼 — 그래서 참 다행이라고 — 생각되게끔 사람들의 인식을 조종함으로써 파생실재에 대한 저항감을 억제하는 전략을 보드리야르는 저지기계(machine de dissuasion)라 일컬었다(ibid., p.43).

이를 디즈니랜드와 결부 지어 설명하면 다음과 같다. 디즈니랜드는 호들갑스럽고 유치하고 유아적인 어리석음이 지배한다. 그것은 괴이함, 광기, 유혹, 마술로 둘러싸인 거대한 성이다. 디즈니랜드 안에서는 이와 같은 비합리성이 용인된다. 그러나 디즈니랜드 바깥세상은 그렇게 유치하고 유아적이어서는 안 된다. 인간은 만물의 영장이기에 사회 또한 그에 합당하게 이성적이어야 한다. 이는 사람들의 머릿속에 디즈니랜드 안=비합리적인 곳, 디즈니랜드 밖=합리적인 곳이라는 논리로 굳어진다. 사람들은 디즈니랜드를 명백히 허구적인 장소, 그 바깥을 명백히 사실적인 장소라 믿는다.

그렇지만 보드리야르의 눈에 이와 같은 구분법은 말이 안 되는 것이었다. 그는 디즈니랜드가 자신의 바깥세상이 실재라 믿어지게끔 스스로 허구성을 극대화하였고, 많은 이가 이를 잘 알고 있지만, 바로 이러한 극단적 허구성 때문에 디즈니랜드를 둘러싼 로스앤젤레스와 미국 전체가 사실 디즈니랜드와 똑같이 유치하고 유아적이며 우스꽝스러운, 비합리성(예: 월트디즈니사와 마찬가지로 도시정부와 연방정부도 수익 창출을 위하여 수단과 방법을 가리지 않음)이 횡행하는 시뮬라크르임이 은폐되고 있다는 것을 지적하였다. 즉 디즈니 랜드 안이든 밖이든 말이 안 되는 일이 벌어지는 것은 매한가지인데 도, 사람들은 이를 간파하지 못한 채 그저 디즈니랜드만 허구적이고 자기가 있는 바깥세상은 진실이라 여기며 후자의 허구성을 간과하고 그 불합리성에 불만을 제기하지 않는다는 점을 비판한 것이다. 보드리 야르는 이처럼 자신만큼은 합리적이고 진실한 현실을 살고 있다고 착각하게 만듦으로써 사람들을 허구의 세계로 밀어 넣고 거기에서 빠져나오지 못하게 막는 시뮬라크르들의 전략을 저지전략(deterrence strategy)라 칭하였다(최효찬, 2019, p.141).

허상(파생실재)과 분리된 실재(또 다른 파생실재)를 살고 있다는 착각 속에 사람들을 밀어 넣음으로써 시뮬라크르는 스스로의 존재 를 은폐하고 저항을 억지한다. 이는 현대 사회의 대중이 마치 블랙 홀에 빨려 들어가듯 모사물의 세계에 흡수되어 그 속에서 주체로서 의 삶을 강탈당하고 통제와 감시를 받는 존재로 전락하였음을 시사 한다. 보드리야르는 현대 사회 대중의 이 같은 암울한 수동성을 함 열(implosion, 陷裂)이라는 개념을 통해 좀 더 세밀히 설명하였다 (Baudrillard, 1981/2001, p.116).

함열은 폭발의 반대 개념으로서, 갈라지고 쪼개진 것들이 분할 이 전의 상태로 응축되는 현상, 다시 말해 현상과 본질, 외양과 내면, 재생과 원본, 가짜와 진짜로 구분된 것들이 비구분 상태로 돌아가는 현상을 뜻한다. 함열이 일어나면—블랙홀 내부가 그러하듯—무엇 이 무엇인지 온전히 식별하기 어려운 혼란, 즉 의미의 내파가 일어 난다. 보드리야르는 시뮬라크르들의 세계가 바로 이러한 함열을 특징으로 한다고 하면서, 허상의 이미지와 이미지의 복제물, 나아가 복제물 따라 하기가 넘쳐나는 오늘날 세계에서 대중은 사물 본연의 의미나 역사성을 간파하지 못한 채 극도로 조작된, 혼돈의 모사적 장관(spectacle)에만 몰두하는 무기력한 존재, 주체적으로 자기 삶을 살지 못하고 시뮬라크르들에 의하여 통제되고 감시받는 수동적 존재로 전락한다고 지적하였다(ibid., p.128).

시뮬라크르 세계의 함열 그리고 이에 동반되는 대중 통제 및 감시를 보드리야르는 프랑스 보부르지역 내 문화박물관 퐁피두센터를 예로 들어 설명하였다. 그는 퐁피두센터를 원본의 생산이나 원래의 의미와 관련 없이, 짓이겨지고 비틀리고 잘리고 단순화된 요소들로 압축된 컬렉션으로 규정하였다. 문화의 진정한 의미가 사라진 전시장, 실재가 시뮬라크르로 대체된 혼돈의 장소로 본 것이다. 이런 측면에서 퐁피두센터를 찾는 관람객은 내파된 문화를 소비하는 영혼 없는 존재라 할 수 있다. 그렇지만 관람객은 자신이 얼마나 무력한지, 얼마나 통제되고 감시받는 존재인지를 깨닫지 못한다. 자신을 스스로 작품 개개의 특수성과 역사성을 온전히 식별하는 주체라고 착각한다.

보드리야르는 인위적으로 조성된 허구적 장관에 압도되어 그것이 제공하는 일련의 의미 없는 메시지, 기호, 형식만을 탐닉하는 오늘의 상황에 낙담하였다. 현대 사회의 대중을 수동적이고 허위의식에 사로잡힌 무력한 존재로 비관함으로써 허무주의에 빠진 것이다(최효찬, 2019, p.277). 그렇지만 모사적 질서가 강요하는 순응과 횡포를 초극할 가능성이 아예 없는 것은 아니라고 보았다. 하나의 전략으로, 그 어떠한 항거주의적 의미와 대안적 발언도 거부하고 현 시스템의 메커니즘을 과잉 순응하는 방식으로 흉내 내자고 제안하였다. 거울은 물건을 그대로 복사하여 비춘다. 그렇지만 복제품이 아니다. 거울은 그저 거울일 뿐이며, 복제품과 확연히 구분된다는 사실을 우리는 잘 알고 있다. 보드리야르는 마치 거울처럼 시스템의 논리를 흡수하지는 않으면서도 그것을 복사하고 의미를 절대적으로 반영함으로써, 역으로 시스템의 논리를 뒤집을 수 있다고 희망하였다(강준만, 2003, p.46).

예를 들면, 페미니스트들은 다이어트, 성형수술, 화장 등이 여자를 성적 대상화한다고 비판한다. 그렇지만 이에 대하여 보드리야르는 *De la Séduction*『유혹에 대하여』에서, 여성이 남성 권력에 도전하여 이길 수는 없다며, 여성의 힘은 유혹에 있다고 말하였다(Baudrillard, 1979/2002, p.125). 여성은 전투적 자세를 버리고 남성을 유혹해야 한다는 것이다. 남성의 힘을 부정하거나 대등한 힘을 가지려 하기보다 마초주의에 과잉 동조하여 다이어트, 성형수술, 화장 따위를 더 적극적으로 하고 분홍빛 옷만 입으면서 여성성을 과도하게 강조하면, 상대 남성뿐 아니라 남성이 주입한 허위의식에 조종되어 살아가는 수많은 여성에게도 무엇이 잘못되었는지를, 무엇이 가짜이고 무엇이 허구인지를 오히려 극적으로 깨닫게 하여 결국 남성 중심주의적 현실을 뒤집을 수 있다는 얘기이다.

3) 미셸 푸코

탈근대주의 정립에 기여한 또 다른 인물로 미셸 푸코(1926~ 1984)를 빼놓을 수 없다. 그는 주로 권력과 지식의 관계를 탐구하였다. 특히 권력에 의하여 굴절된 담론이 제도를 통하여 어떻게 사회 통제의 기제로 작동하는지 비평하였다. 참고로 여기서 담론이란 특정 대상이나 개념에 대한 지식을 생성함으로써 현실에 관한 설명을 산출하는 언표들의 응집력 있고 자기지시적인 집합체로서, 사고하고 인식하는 주체의 표현이라기보다는 '~라고 말해진다'와 같이 익명성의 층위에 존재하는 것으로 이해할 수 있다(Foucault, 1979/1998, p.158-159). 예컨대 어떤 현상에 대하여 개별 법률가나 의사가 아니라 그쪽 세계 사람들이 이야기하는 말과 쓰는 글의 총체를 법률적 담론, 의학적 담론이라 부르는 식이다.

푸코는 초기 저작에서 인간의 심리, 신체 및 지식의 문제가 서구 사회에서 정신분석학, 의학, 인문학으로 집대성된 과정을 집중적으로 분석하였다. 박사학위 논문을 엮어 출판한 *Folie et Déraison: Histoire de la Folie à l'âge Classique* 『광기의 역사』에서 푸코는 서구 사회에서 광기에 대한 담론이 이른바 이성의 시대를 전후하여 어떻게 변모하였는지 분석하였다(Foucault, 1961/2004).

고대에서부터 16세기 르네상스 시대 이전까지, 광기는 인간 경험의 통상적 일부로 자연스럽게 받아들여졌다. 질병으로 인식되지 않았으며 혐오나 배제의 대상도 아니었다. 그러다가 17세기 중엽 이성의 시대가 오고 자본주의적 노동윤리가 강조되면서 광기는 비이성적이고 반사회적인 비정상으로 낙인찍히기 시작하였다(ibid., p.157). 그리하여 광인들은 당시 새로 지어진 수용소에 감금되는 사회적 단절을 경험하기에 이르렀다. 이 단절은 이성과 도덕에 대한 복종을 목표로 하였고, 푸코는 당시의 수용소를 정신병원의 기원으로 보았다(ibid., p.119-120).

이어 18세기 말에 이르러서는 광인들을 다루는 새로운 합리적 방법, 즉 정신분석학이 발달하였다. 이때부터 인간의 두뇌는 여타 신체 기관과 구별되는 특수한 관찰 대상으로 취급되었다. 푸코에 따르면 광인을 학문적 탐구 대상으로 삼는 전문가집단, 즉 정신의학자와 심리학자가 등장하게 된 시기도 바로 이때부터였다. 과학으로 무장한 전문가집단은 절대적 권위를 갖고서 이성과 도덕의 입장에서 광기를 질병으로 규정하였고, 비정상을 정상으로 되돌리려는 의지를 보였다(ibid., p.711).

푸코의 초기 저작은 이처럼 정신병과 그것을 치료하는 의학의 발달에 주목하면서, 정신병에 대한 일반의 인식 그리고 정신병자에 대한 처우와 치료의 역사적 조건 및 그 전환을 밝히는 데 집중되었다. 이때 활용한 방법론을 푸코는 *Les Mots et les Choses: Une Archéologie des Sciences Humaines*(1966) 『말과 사물』에서 고고학(archéologie)이라 불렀다.

푸코는 인류의 지식이 상이한 시대에 흩어져 국지적으로 존재한다고 보았다. 따라서 기록물 보관소(archive)로부터의 복원이라는 특별한 인식 절차가 요청된다고 하였다. 푸코는 이 복원 작업의 목적이 파편화되고 분산된 담론체계와 그에 대응하는 여러 역사적 조건

간 정합성을 찾아내는 데 있다고 하였다. 이는 푸코의 고고학이 담론의 불완전성과 불연속성을 전제하되, 분산된 담론의 파편화된 조각들을 주워 모아 시대별로 재구성함을 목표로 하였다는 것을 뜻한다(Foucault, 1966/2012, p.527).

그런데 이러한 시대별 재구성 작업에서는 담론의 내용 및 담론 출현의 철학적, 경제적, 과학적, 정치적 조건만이 문제 될 뿐, 그러한 담론을 누가, 왜, 어떻게 만들었는가와 같은 담론의 주체 문제가 좀처럼 주목받지 않는다(김문조, 2013, p.177). 실제로 『광기의 역사』를 보면 광기에 대한 일반의 인식과 광인에 대한 처우 및 치료 문제가 시대별로 어떠하였고 이를 둘러싼 역사적 조건이 어떻게 이에 대응되어 당시의 담론이 결정되었는지에 대해서는 세세한 언급이 이루어지고 있으나, 광기와 광인에 관한 담론의 생산 주체, 즉 권력과 권력의 통제 전략에 대해서는 뚜렷한 언급이 없음을 알 수 있다. 이는 주체의 상실을 허용하는 것으로 볼 여지가 크기에 혹자는 초기의 푸코 저작을 구조주의로 분류하기도 한다. 물론 푸코는 이를 강하게 부정하며 자신에 대한 오독이라고 하였다(Foucault & Trombadori, 1991/2004, p.96).

1960년대 후반부터 푸코는 담론의 복원 대신 담론체계의 외각에서 담론에 영향을 미치는 권력 문제에 뚜렷한 관심을 나타내기 시작하였다. 그는 사회에서 담론이 형성되는 방식, 다시 말해 담론이 평가되고 할당되는 방식에 미치는 권력의 전략에 관심을 표명하면서, 자신의 연구가 이제 담론과 권력의 관계를 논하는 계보학(généalogie)이 될 것임을 선언하였다(Foucault, 1979/1998, p.41).

계보학이란 시대의 변화에 따른 특정 담론의 형성 및 변화를 가능하게 하는 여러 역사적 조건 가운데 특히 권력의 작동에 초점을 맞추어 권력 차원에서 담론을 설명하려는 방법론을 뜻한다. 계보학은 고고학과 마찬가지로 현상의 파편성, 국지성, 산재성을 강조한다. 그렇지만 수많은 파편화된 현상의 심층을 파고들어 본질과 기원을 탐사하는 고고학과 달리, 계보학은 사물이 어떠한 본질이나 기원도 갖고 있지 않다는 인식 아래 가시적으로 표출된 현상들 자체를 포착하고 그것이 권력에 의하여 어떻게 왜곡, 날조되었는가를 입증하는 데 집중한다. 담론 이면에 감추어진 권력의 개입과 작용을 파헤치는 것이다(ibid., p.157).

푸코는 이 입증 작업이 본질이나 기원의 탐사가 아닌, 수많은 현상의 서로 다른 출발점에 관한 연구에서부터 시작됨을 강조하였다. 즉 태초부터 어떤 정해진 본질 또는 원형이 있고 그로부터 시간이 흘러 미세한 일탈들이 생겼으며 그에 의하여 지금의 모습이 갖추어지게 되었다는 진화론적 설명 방식을 거부하고, 수많은 현상의 서로 다른 출발점을 찾아내 그것들이 서로 어떻게 다른지 이질성을 드러내며 원형이라 생각된 것들을 조각내는 방식을 취한 것이다. 푸코는 이처럼 개별성, 이질성, 단절성, 개방성에 방점을 찍는 계보학적 접근을 통하여 특정 시기 특정 담론이 권력에 의하여 어떻게 왜곡, 날조되었는지를 실증할 수 있다고 보았다.

감옥, 죄수복, 쇠사슬, 처형장, 범죄, 형벌, 재판, 법률 등의 문제를 통하여 권력이 인간의 신체와 정신을 어떻게 처벌하였고 이 과정에서 근대적 인간이 어떻게 재탄생되었는가를 기술한 *Surveiller et*

Punir: Naissance de la Prison 『감시와 처벌』은 이러한 계보학적 접근을 적용한 푸코의 대표작이다(Foucault, 1975/2003). 이 책에서 그는 서구 역사에 나타난 권력의 처벌 방식이 공개 고문, 인도주의적 개혁, 사법적 감금의 세 단계를 거치며 정교화하였다고 하였다. 먼저 공개 고문의 구체적 사례로 푸코는 1757년 3월 다미앙에서 진행된 국왕 살해범 처형 기록을 제시하였다. 살점을 태우고 사지를 가르는 당시의 처참한 처벌은 육체적이었고 직접적이었으며 공개적이었다(ibid., p.23). 그러나 18세기에 이르러 계몽사상이 자리 잡고 폭동 등 부작용이 생기며 공개 고문은 인도주의적 차원에서 개혁되었고, 차츰 감옥살이로 대체되었다.

푸코는 범죄자의 신체에 직접 위해를 가하는 대신 정신의 개조를 목표로 삼는 감옥살이의 이면에 주목하였다. 그는 감옥의 등장이 과거보다 인간화된 처벌 방식을 추구한 결과로 보일 수 있으나, 실은 자신이 저지른 죄에 대해 반성하고 사회에 복귀하였을 때 온순한 양으로 행동할 수 있게끔 보편적인 사회규범 아래 범죄자를 정신적으로 굴종시키는 효과를 발휘하였기 때문에 신체형보다 훨씬 더 세련되고 정교한 권력의 발전된 처벌 전략으로 볼 수 있다고 평가하였다. 푸코에 따르면, 감옥살이라는 인도주의적 전략의 구사를 통하여 권력은 이제 불법 행위를 처벌하고 규제하는 통제 기제를 사회 저변에 훨씬 더 공고하게 확립할 수 있게 되었다(ibid., p.134-136).

푸코가 가장 주목한 권력의 최신 통제 전략은 사법적 감금이었다. 그는 19세기 초부터 처벌의 주요 형태로 뿌리내린 사법적 감금의 가장 큰 특징을, 과거의 자의적 감금과 달리 범죄자에 대한 일련의 평가, 규정, 처방, 판단을 기록하고 분류하여 지식체계로서 정교하게 축적하는 합리성 및 과학성에서 찾았다. 즉 범죄를 통제하고 제어하는 수단으로서 범죄자에 대한 정보를 제도적으로 축적하고, 그 지식 기제를 범죄자를 교화하는 데 사용하는 것을 사법적 감금의 제일 특징으로 꼽았다.

사법적 감금의 시대에는 학문과 과학이 잇따라 발전하였다. 일망 감시 시설, 즉 교도관 한 명이 여러 죄수를 감시할 수 있는 파놉티콘 (panoptique)이 구축되는 와중에 건축학과 광학이 발전하였고(ibid., p.306), 죄수의 관리를 효율화하는 와중에 행정학과 교정학이 발전하였다. 재판 과정에서 죄인의 죄를 계량화하는 심리학과 병리학도 발전하였다(ibid., p.345). 이러한 학문과 과학의 만개는 지식이 권력에 의하여 적극적으로 동원되기 시작하였음을 예시한다.

푸코는 그 결과 근대 서구 사회가 비정상의 정상화라는 명목 아래 범죄에 대한 예방적, 교정적, 공리주의적 처벌로 요약되는 규율적 지배 아래 놓이게 되었다고 분석하였다(ibid., p.415). 여기서 사회란 감옥뿐 아니라 그와 전혀 관련이 없는 공간, 예컨대 공장, 학교, 병원, 군대 등 일체의 사회적 공간을 가리킨다. 푸코는 죄수가 있는 감옥과 일반인이 생활하는 공장, 학교, 병원, 군대 등을 동일한 효과를 내는 권력의 통제 기제로 봄으로써, 일망 감시 시설 내 교도관 같은 권력에 의하여 감시, 교화의 대상이 되면서 사법적으로 감금당하는 대상이 된 현대인들의 불행한 현실을 폭로하였다. 물론 일반인들은 자신이 통제의 대상이라는 점도 모른 채 스스로 자유로운 존재라 생각하며 적극적, 능동적으로 자기 삶을 영위하고 권능화를 만끽한다. 그렇지만 푸코의 눈에 이 모든 것은 권력이 깔아놓은 보이지 않는 규율의 충실한 복종, 즉 권력의 매우 문명화된 자기통치(self-government) 기법으로만 보였을 뿐이다(Foucault, 1991/2014, p.140).

이러한 분석을 통하여 푸코는 통제하고 금지하며 조절하는 권력이 국가, 민족, 정당 등을 기축으로 하는 거대한 형태 외에도 사회 기층을 형성하는 미시적 삶의 공간에까지 깊숙이 영향을 끼치고 있다는 점을 입증하였다(Foucault, 1978, p.92-93). 가정, 직장, 놀이 공간, 학교, 거리 등지에서 부모, 상사, 남성, 교사, 연장자 등에 의하여 일상 속에서 자연스럽게 작동하는 편재적 권력의 미시성을 폭로한 것이다. 푸코는 권력의 이와 같은 미시성, 비가시성, 편재성, 나아가 자기실현성을 온몸 곳곳에 퍼져있는 모세혈관에 비유하여 모세권력(capillary power)이라 불렀다(Foucault, 1980, p.90). 모세권력 이론은 거대 권력의 바탕이 되는 미시 권력의 일상적, 비가시적, 자기실현적 속성으로 인하여, 마치 정권이 바뀌어도 국가의 지배체제가 불변하는 것처럼, 상부 권력구조의 일부가 교체되더라도 인간의 몸과 정신에 대한 권력의 기본적인 지배 형태는 근본적으로 바뀌지 않을 것이며, 모습을 바꿔가며 이어질 것이라는 비관적 전망을 낳는다.

요컨대 규율적 지배양식 아래에서 세련되고 교묘하게 통제당하는 현대인은 사실상 자신이 구속받는 피조물임을 간파하지 못한 채 자유롭다는 착각에 빠져 살고 있다. 푸코 계보학의 핵심은, 이렇게 규율 사회의 허위의식이 사실 현대인의 몸과 마음을 통제하고 금지하며 조절하는 모세권력의 미시적 구현이라는 점, 즉 인간의 신체와 정신에 대한 권력의 집요하고 세련된 통치 기술의 결과라는 점을 지난날의 역사적 체험을 바탕으로 비판적으로 탐색할 수 있도록 해준 다는 점이다.

푸코의 작업은 지금껏 제대로 조명받지 못한 관념적 경계 반대편 의 '비정상적' 현상들, 예컨대 이성이 아닌 광기, 진실이 아닌 허위, 자유가 아닌 구속 등을 조명하고 그 안에 감추어진 권력의 전략을 폭로함으로써 근대의 이분법을 해체하는 데 기여한 것으로 평가받 는다. 또한 그가 계보학에서 강조한 바, 즉 역사 발전의 연속성이나 현상 이면의 본질 또는 기원을 발견하는 대신 역사의 단절성, 파편 성, 국지성을 강조하며 단독 사건을 집중적으로 진술하고 개별 사건 간 차이를 드러내는 방식의 연구 방법론은 고정적, 절대적, 인과적 사유체계를 거부하는 탈근대주의 의식의 구체적 증거에 해당한다. 이는 지금까지 다양한 담론 전략에 의하여 왜곡되어 온 권력 유착적 지식의 굴절을 넘어 열린 사회, 다름의 사회를 지향한 푸코의 탈근 대주의적 학문관을 반영한다(김문조, 2013, p.180).

4) 장 프랑수아 리오타르

마지막으로 소개할 학자는 형이상학적 일원론을 철저히 배격하며 인식의 복수성과 상대성을 주장한 장 프랑수아 리오타르(1924~ 1998)이다. 그는 탈근대주의라는 용어를 학계 안팎에 각인시킨 탈근 대주의 이론의 대표 주자로 거론된다.

리오타르의 탈근대주의적 인식론은 초기 저작 *Discours, Figure*『담 론, 형상』에 잘 나타나 있다(Lyotard, 1971). 여기서 담론이란 동일성의 원리 아래에 차이를 대립으로 환원시킴을 목표로 하는 사유 과정으로, 형상은 종전의 담론적 규제에서 벗어나 차이와 개방성을 지향하는 사유 과정으로 정의된다. 쉽게 말해 전자는 언어를, 후자는 이미지를 의미한다. 리오타르는 이러한 담론과 형상을 서로 이질적인 것으로 구분하고, 지금까지의 서구 역사가 담론을 절대시하고 형상을 억압하는 방식으로 전개되어 왔다고 주장하였다. 이는 담론의 우위에서 벗어나 형상을 복권해야 한다는 생각을 함축하는 것이었다(박영욱, 2015, p.162)

담론의 한계를 밝히고 형상의 세계를 복원하기 위하여 리오타르는 먼저 담론의 기초가 되는 언어를 분석하였다. 특히 그는 근대 언어학의 시조인 페르디난드 소쉬르의 구조주의 언어학을 비판적으로 검토하였다.

소쉬르는 언어를 기표(signifiant)와 기의(signifié)의 결합으로 보았다(김석근, 2018, p.51). 이때 기표란 말, 불, 자동차 등과 같은 소리 기호를, 기의란 이러한 기표가 나타내는 개념 혹은 뜻을 가리킨다. 소쉬르는 이러한 기표와 기의가 세상에 있는 실재 대상과 직접적으로 관련되지 않음을 주장하였다. 소쉬르는 자신의 주장을 두 가지 차원에서 해명하였다. 먼저, 가령 '말'이라는 기표의 경우 실재하는 말이라는 대상이 아닌 밀, 물, 몰 등 다른 기표들과 음운적으로 변별적 차이를 두기 위하여 만들어진 것에 불과하다고 하였다. 마찬가지로 기의의 경우도 실재 대상을 지칭하기보다 일종의 분류체계로서, 가령 '파랑'이라는 기표의 기의는 파란색 자체가 아닌 군청, 코발트블루, 네이비 등과의 변별적 차이에 의하여 만들어지는 것에 불과하다고 하였다. 이러한 설명, 즉 언어란 세계에 존재하는 실재 대상을 지칭하는 것이 아닌, 실재 세계와 관계없이 자족적 영역으로 자립화한 것에 불과하다는 논거를 바탕으로, 소쉬르는 우리가 경험하는 세계란 우리가 만들어낸 언어의 세계와 다름없다는 결론에 도달하였다. 이는 가령 코발트라는 단어가 없는 사람에게는 코발트색에 대한 경험이 없고, 그 반대의 경우 경험이 있다는 것을 함의한다.

리오타르에게 있어 이러한 소쉬르의 언어관은 세계의 진정한 모습을 도외시하는 것이었다(박영욱, 2015, p.168). 리오타르는 소쉬르의 언어학이 감각의 세계를 추방함으로써 세계를 추상화하고 투명하게 만들었다고 비판하였다. 그는, 가령 나무가 푸르다고 말하는 것은 가능할지 모르지만, 푸른색 자체를 말로 표현할 수는 없지 않느냐고 반문하면서, 담론의 의미화가 모든 감각을 포괄하지는 못한다고 역설하였다. 이 말인즉슨, 담론은 푸른 나무를 보고 푸르다고 말하고 이를 진리로 규정하면서 그에 반하는 "푸른 나무는 붉다"와 같은 명제를 비진리로 배격하지만, 푸름이라는 단어 자체 혹은 그에 대한 어떠한 담론도 정작 푸름 자체를 재현하거나 지시하지는 못하며 — 가령 "푸르다"가 파랗다, 퍼렇다, 시퍼렇다, 새파랗다, 푸르딩딩하다, 파릇파릇하다, 파리하다 중 무엇을 가리키는지 인간의 언어를 통해 진정 드러낼 수 있는가? — 따라서 담론이 세계의 진정한 모습을 담는다는 믿음은 틀렸다는 얘기이다.

리오타르는 푸름에 대한 경험은 언어적으로 표현될 수 있는 것 외에 또 다른 방식으로 획득될 수 있다고 주장하였다. 그는 이 또 다른 방식을, 형상을 통하여 바라보기 또는 보여주기라고 하였다(ibid., p.170). 그러면서 언어 혹은 담론은 그저 세계의 표피만을 드러낼 뿐, 정작 감각적으로 경험하는 우리의 세계 자체를 지시하거나 재현하지 못하는 한계를 지닌다고 비판하였다. 예를 들어 "코발트색"이라는 단어가 무엇을 의미하는지 알지 못하는 사람에게 코발트가 어떤 색인지 백 번 천 번 얘기해도 모를 수 있지만—그에게는 "코발트색"이라는 말과 관련된 경험이 없으므로—그 이미지를 한번 보여주면 대번에 알 수 있다. 어쩌면 이미 잘 알고 있는 색이었을 수 있다.

형상은 이처럼 언어로는 잘 드러나지 않고 잘 드러낼 수도 없는, 표면 아래 깊숙한 곳에 있는 또 다른 세계이다. 리오타르가 담론의 세계를 투명하고 자기동일적이라 본 것과 달리 형상의 세계를 불투명하고 파편적이라 본 까닭은 바로 이러한 맥락에서였다(ibid., p.172). 그렇지만 리오타르는 형상의 이와 같은 불투명성과 파편성이 이미지가 비체계적이거나 무능하기 때문이 아닌, 현실 자체가 투명하고 자기동일적으로 재현될 수 없기 때문에 발생하는 것임을 유념해야 한다고 강조하였다. 즉 이미지의 불투명성과 파편성은 무능함이 아닌 오로지 단편으로만 드러날 수 있다는 진리 자체의 역능(puissance)적 표현임을 알아채야 한다. 참고로 여기서 역능이란 지배적이고 초월적이며 매개된 중앙의 힘이 아닌, 국부적이고 개별적이며 직접적인 개별자의 힘을 의미한다(Negri, 1981/1997). 이와 같은 논증을 바탕으로, 리오타르는 만약 지금까지의 서구 역사가 형상, 즉 이미지를 억압하고 담론을 숭상하는 전통을 유지해 왔다면, 이는 곧 거짓의 진리를 숭배해온 것과 마찬가지라는 결론에 도달하였다.

형상의 복귀를 의도하였다고 해서 리오타르가 담론을 거부하거나 부정한 것은 아니었다. 그는 형상의 특징이 담론에도 적용되어야 함을 강조하였다. 리오타르에 따르면, 형상과 달리 담론의 생명은 진리의 주장에 있다. 가령 "이것은 책이다"라는 문장은 이것을 책 이외의 다른 것으로 언명하는 주장 혹은 책이 아니라는 주장과 배리(paralogy, 背理) 관계에 놓임으로써 성립한다. 즉, 위 문장은 특정 사물을 베개, 스케치북, 장난감 등등으로 사용하는 게 무의미하다는 일련의 배제 과정을 거쳐 우리가 책이라 부르는 사물의 의미를 특정하기 때문에 비로소 '참'으로 성립된다.

그런데 우리가 책이라고 부르는 사물은—마치 이미지로서의 '푸르다'가 파랗다, 퍼렇다, 시퍼렇다, 새파랗다, 푸르딩딩하다, 파릇파릇하다, 파리하다 등등으로 다양하게 보일 수 있듯—발화의 주체 및 맥락에 따라 얼마든지 다른 문장으로 의미화할 수 있다. 이는 하나의 문장으로 의미화하는 것은 다른 잠재적 가능성을 가진 의미화를 배제하는 과정이며, 따라서 차이를 대립화하여 특정 문장을 진리로 정당화하는 데에는 사실 많은 논전(différend, 論戰)의 가능성이 상존한다는 것을 함의한다. 리오타르는 형상의 특징을 적용한 담론 모델은 바로 이처럼 수많은 논전 가능성에 열려있는 담론이라 하였다(이철우, 2016).

그런데 리오타르에 따르면 지금까지의 담론은 이러한 논전 가능성에 문을 닫은 채 정당성을 주장해 왔다. 그리하여 오히려 기존의 인식체계에서 가장 이상적인 담론이란 어떠한 논전의 가능성도 남기지 않는 절대적, 보편적 진리로서 존재하는 것이었다. 대표적으로 과학적 지식을 거론할 수 있다. 우리는 이렇게도 해석될 수 있고 저렇게도 해석될 수 있는 불투명하고 파편화된 지식을 과학이라 생각하지 않는다. 리오타르는 논전 가능성이 없는 과학적 지식 같은 담론을 거대서사(grand récit)라 일컬으면서, 이 거대서사는 같음(자기동일성, 절대성, 보편성)을 추구하는 가운데 다름(파편성, 상대성, 특수성)을 인정하지 않고 오히려 적대하는 근대적 환상에서 비롯된, 허구적이고 폭력적인 이데올로기라 비판하였다.

소서사(petit récit)의 반대 개념인 거대서사는 본래 역사학에서 많이 쓰이는 용어이다. 역사학에서 거대서사는 모든 역사적 사건을 아울러 이해시켜 주는 커다란 이야기 틀을 가리킨다. 예컨대 고전적 마르크스주의자들에게 있어 지금까지 인류의 역사란 알고 보면 다 먹고사는 것, 즉 생산을 둘러싼 계급 간 투쟁의 역사이며, 궁극적으로 사회주의 혁명으로 귀결되어 공산주의로 나아가는 것으로 예측된다. 역사에 대하여 이렇게 큰 설명을 제공해 주는 것이 거대서사이다.

리오타르가 비판한 것은 바로 이러한 거대서사였다. 그는 기존 담론을 지배해온 거대서사로 말미암아 그와는 다른 작은 서사들의 다양한 목소리가 무시되고 음지의 타자로 추방되었으며, 허위와 이단으로 배척되는 불상사가 발생하였다고 비판하였다. 예컨대 마르크스주의자들은 사적 유물론이라는 거대서사를 앞세워 역사를 설명, 예측하였으나, 실제 역사적 경험은 그로부터 이탈한, 아니 오히려 역행하는 사건들이 적지 않음을 보여준다. 그런데도 마르크스주의자들은 사적 유물론을 역사의 필연적 발전 법칙으로 교조화하였고, 이로인해 그와 다른 경로를 가고자 한 수많은 크고 작은 움직임들이 반동이라는 이름 아래 처단받는 불상사가 곳곳에서 일어났다.

거대서사를 앞세워 소서사를 압제한 사례는 그저 마르크스주의에만 국한되지 않는다. 근대에 등장한 거의 모든 세간의 인식 및 일반적 견해들, 예컨대 합리주의, 민주주의, 자유주의, 민족주의, 종교근본주의 등등에서 흔히 찾아볼 수 있다. 이러한 인식과 견해들은 절대적 진리, 보편적 판단 규칙이라는 미명 아래 어떠한 이의(dissidence)의 가능성도 허용하지 않았다. 그리하여 정도의 차이는 있지만 종국에는 전체주의의 모습을 띰으로써 수많은 다양한 소서사를 억압하고 보이지 않게 만들었다. 나아가 개인적 상황이나 사적 공간을 무시하는 부정적 결과를 야기하였다(김문조, 2013, p.182).

La Condition Postmoderne. Rapport sur le Savoir『포스트모던의 조건』에서 리오타르는 근대주의를 세상을 하나의 거대한 원리 혹은 이야기(거대서사)에 의해서 수직적으로 통합하려는 시도로 간주하였다(Lyotard, 1979/2018, p.20-21). 즉 총체성을 추구하는 거대서사에 의거하여 정당화를 시도하려는 인식론적 태도와 접근을 근대주의라 일컫은 것이다. 리오타르는 이러한 근대주의를 더는 신뢰할 수 없다고 하였다(ibid., p.136). 거대서사의 정당화에 입각한 근대적 기획이 초래한 것은 결과적으로 학살(예: 1, 2차 세계대전)과 공포(예: 1930년대 경제대공황)였기 때문이다. 따라서 그는 거대서사가 지향하는 완전한 이상향에 대한 어떠한 종류의 전망도 거부하면서 새로운 인식론으로의 전환을 촉구하였다.

이 전환을 포스트모더니즘, 즉 탈근대로 명명한 리오타르는 탈근대적 전환에서 가장 중요한 것은 세계를 하나로 묶는 거대한 이야기를 포기하고 작은 이야기들이 서로 자신의 정당성을 주장함으로써 갈등의 상태에 놓이게끔 허락하는 것이라 하였다(ibid., p.212). 즉 개별자 간 배리와 차이(différence)를 그 자체로 인정하고 이들 간에 발생할 수 있는 갈등을 제거하려는 욕망을 소멸시키자고 주장한 것이다. 이는, 어느 하나의 특권적(거대) 담론이 절대적 진리이자 보편적 판단 규칙이라는 고정적 지위를 지니게 되면 다른 (작은) 담론들은 그 특권적 담론에 부합하는지 아닌지에 따라서 정당성이 결정될 뿐이며, 이러한 담론의 수직적 통합은 갈등과 분쟁, 즉 논전의 소지를 하등 남기지 않는 폭력적 전체주의로 귀결될 가능성이 크므로, 지금껏 거대서사에 의하여 자행된 불행을 종식하기 위하여 이제 주변부로 밀려난 작은 이야기들에 귀 기울이자는 리오타르의 탈근대주의적 인식론의 정수를 보여준다.

보편적, 절대적 진리를 상정하는 큰 이야기를 지양하고 국지적이고 반리적(反理的)인 작은 이야기들이 지배하는— 서로 자신의 정당성을 다투는— 다원적 사회를 만들자는 리오타르의 주장은 아마도 — 이성적 토론을 통해 합의에 여전히 도달할 수 있음을 역설한— 위르겐 하버마스를 염두에 둔 소고 "Response a la Question: Qu'est-ce que le Postmoderne?" 「질문에 대한 답변: 포스트모던이란 무엇인가?」에서 명백히 드러난다(Lyotard, 1982). 여기서 그는 하버마스가 주장한 것과 같은 통일성과 합의는 사변적이고 강요적이므로 바람직하지 않을뿐더러 현실적으로도 달성하기 어렵다고 비판하고, 탈근대 시대의 지식과 문화 발전을 가능케 하는 토양은 차이와 불일치, 그리고 기성의 권위에 대한 도전, 나아가 응전에 대한 관용적 수용의 풍토라고 역설하였다(전경갑, 2004, p.370). 파국(catastrophe)과 조정불가능성

(non-rectifiability)을 포함한 배리가 시대정신임을 강조한 리오타르는 그리하여 지금껏 사회를 지배해온 획일성과 전체성에 다음과 같이 전면전을 선포함으로써 근대와 단호한 작별을 고하였다.

> 19세기와 20세기는 우리에게 무수한 테러를 가하였다. 우리는 전체와 일치에 대한 향수, 개념과 조화에 대한 향수, 투명하고 의사소통적인 경험에 대한 향수를 위하여 충분한 대가를 치러왔다. 이완과 진정화라는 전반적인 요구 속에서 우리는 테러를 재개하려는 욕망, 현실을 포용하려는 환상을 실행하고자 하는 욕망의 소리를 너무나 또렷이 듣고 있다. 그러나 이에 대한 대답은 이것이다: 전체에 대항하여 전쟁을 하자. 표현할 수 없는 것의 증인이 되고 분쟁들을 활성화하고 그것의 명예를 지키자(Lyotard, 1982, p.358).

4) 탈근대주의의 의의와 한계

탈근대주의는 계몽적 발전관에 기초한 부르주아지 근대 사상이든 다른 형태의 역사 발전을 내세우는 마르크스주의든 모든 획일적이고 통합지향적인 주의들(isms)을 배격한다. 이는 전일적 관념을 강요해온 이성 중심주의와의 메별을 뜻하는 것으로, 탈근대주의 사유 체계에서는 어떠한 절대적 진리나 가치도 독점적 지위를 누리지 못함을 말해준다(Sarup, 1988/1993, p.151).

거대서사를 회의하고 소서사를 강조하는 탈근대주의는 다양한 국지적 담론이 각축하는 오늘날의 사상적 난립상에 특히 적합하며, 여러 측면에서 의의가 크다. 먼저 기존의 폐쇄적 인식과 실천의 개방화를 촉진함으로써 현실을 분석하고 삶의 의미를 탐색하는 우리의 좁은 시야를 확장한다. 또한 진리의 궁극적 토대를 의심하는 탈근대주의 생래의 반(反)근원주의는 인간 존재의 형식과 내용이 보편사의 정형으로 구획되는 것이 아니라 무한히 구성되고 또 재구성될 수 있음을 보여줌으로써, 열린 사회, 다름의 사회를 향한 논리의 진전에 기여하는 바가 크다. 나아가 차연, 모사, 고고학, 논전, 역능 등과 같은 기존 이론에서는 보지 못한 독특한 분석 개념과 방법론을 활용하여 오늘날의 복합적 위기 국면을 적절히 진단함으로써 학술적으로도 많은 진전을 이루어 내었다는 평가를 끌어낸다(ibid., p.155).

이렇듯 탈근대주의는 근대성의 신화를 탈신비화하는 역량을 상당량 축적해온 것이 사실이다. 그렇지만 과격한 해체주의로 인하여 다음과 같은 일련의 종언 명제(end theses)로 규정될 수 있는 한계점을 가진다(김문조, 2013, p.190-191; 전경갑, 2004, p.369). 첫째, 이론의 종언(end of theory)이다. 진위의 궁극적 판단 근거를 부인하는 반근원주의적 관점에서는 현상에 대한 보편적 진술을 목표로 하는 이론화가 원천적으로 불가능하다. 보편적 이론의 정립 불가능성은 현실에 대한 객관적 법칙이나 원리를 탐구하려는 과학의 종언(end of science)을 가져온다.

둘째, 역사의 종언(end of history)이다. 끝도 시작도 없는 무한한 차연의 운동으로 표현되는 탈근대적 세계에서는 시간의 선차성이 부정되며, 어떠한 편년 질서도 인정될 수 없다는 몰역사성이 부각된다. 단절적 역사관은 각양각색의 주장을 표방하는 무수한 사회 세력의 할거를 용인하는바, 이러한 상황에서는 최소정치를 통한 최대정치, 다시 말해 작디작은 목소리들의 무질서하고 배리적인 미시정치를 통하여 오늘날 막강한 영향력을 틀어쥐고 있는 국가권력이나 초국적 자본의 횡포에 어떻게 효과적으로 대응할 것인지가 미궁에 빠지고 만다. 이는 탈근대주의가 종국적으로 정치의 종언(end of politics)으로 귀결될 수밖에 없음을 말해준다.

셋째, 주체의 종언(end of subject)이다. 분화가 역진되는 함열 상황에서는 궁극적으로 주체와 객체의 구분마저 불명확해져 인식 주체로서의 개인이 완전히 소멸한다. 이처럼 주체가 고갈된 상태에서는 개인과 개인 간 간주관성마저 약화되어 공적 토론과 숙고를 바탕으로 한 실천적, 정서적 연대로서의 유의미한 집단이 조직화되기 어렵다. 이는 결국 사회적인 것의 종언(end of the social)을 뜻하는 것으로, 탈근대주의는 근대가 초래한 불안과 불확실성 속에서 공동체의 부활과 재건을 열망하는 현대 사회의 또 다른 이면과 충돌한다는 점을 시사한다.

이와 같은 한계는 탈근대주의가 애초 자신이 제기한 해체의 논리에 의하여 스스로 분해되는 상황, 즉 '해체의 이론'이 '이론의 해체'라는 수렁으로 전락할 수 있음을 예증한다(강영계, 2014, p.285). 탈근대주의가 건설적 대안을 제시하는 비판 이론이 아닌 비관주의 혹은 허무주의로 과적된 종언 이론이라는 지적은 이러한 맥락에서 이해할 수 있다. 그러나 이 같은 한계에도 불구하고 탈근대주의는 근대가 직면한 위기의 강도에 정비례하여 학문적 호소력을 키워 왔으며 다양한 파급효과를 낳아왔다. 따라서 오늘날 사회사상가와 이론가들은 탈근대주의라는 새로운 지적 도전에 직면하여 본래의 학문적 입장을 성찰하고 재정리하지 않으면 안 되는 시점에 이르렀다.

탈근대주의의 지적 도전은 공동체 관련 연구 분야에서도 예외가 아니다. 이성 중심주의에 대한 회의, 탈중심적 사고, 효율성, 기능성, 표준화, 보편성에 대한 비판 등 근대의 철저한 해체를 앞세운 탈근대주의의 부상은 공동체와 관련하여 기존 문헌에서 논의된 바 없는 참신한 주제, 예컨대 다양성, 상대성, 탈권위, 탈주체, 역성, 방랑성, 부작위, 부존재 같은 개념이 공동체 현상과 접목될 수 있다는 여지를 남겼다. 공동체 연구의 범위와 내용을 달리할 가능성을 높인 것이다. 아래에서는 이러한 변화를 탈근대적 공동체를 탐색한 주요 학자들의 업적을 중심으로 간략히 살펴보고 그 의의와 한계를 점검한다.

2. 탈근대주의 공동체

존재에 정당성을 부여하던 대서사와 그에 대한 믿음이 탈근대주의의 등장으로 형해화하면서, 사회질서와 구조의 경계를 구분 짓던 기존의 준거점, 예컨대 지역, 계급, 인종, 민족, 젠더, 고향, 종교와 같은 요소가 이제 더는 고정적, 항구적, 보편적, 절대적이지 않다는 생각이 확산하였다(Lyotard, 1979/2018). 유동성, 일시성, 상대성, 특수성, 타자성에 대한 민감도가 제고된 데 따른 하나의 파급효과는, 단일의 통일된, 동질적인 집단에 소속되어 그로부터 단일대오의 정체성을 획득하고 여타 구성원들과 정서적, 실천적 유대를 함께하면서 집합적 안전과 안정을 추구한다는 기존의 전통적 공동체 관념에 생채기가 났다는 점이다(Bauböck, 2010, p.853; Bradatan, Popan, & Melton, 2010, p.177). 즉 어떤 한 공동체에 소속된다는 것, 그리고 그 공동체의 목적과 기획에 따라 각자가 나름의 정체성을 확보하고 자신과 비슷한 정체성을 공유하는 사람들과 어울리며 안정감과 유대감을 함께한다는 것이 이제 더는 누군가의 삶에 결정적인 영향을 미친다거나 불안과 불확실에 대처하는 효과적인 대안이 되지 못할 수 있다는 생각이 퍼지기 시작하였다는 것이다(Delanty, 2010, p.103).

탈근대주의의 관점에서 공동체는 또 다른 거대서사로 여겨지지만, 그렇다고 하여 탈근대주의자들이 공동체 현상을 완전히 부정하거나 포기한 것은 아니었다. 탈근대주의자들은 탈이성 시대의 자아가 차이에 민감하고 개성을 중시하면서도, 다른 한편으로 경계를 초월하여 이질적인 것을 한데 모으는 데 관심을 가진 탈분화적인 존재라고 생각하였다. 또한 전통과 관습의 구심력을 거부하면서도, 다른 한편으로 모두에게 열려있고 모두에게 끌리는 개방적인 존재, 다시 말해 부단한 관계맺음 속에서 끊임없이 새로운 의미를 창출해 나가는 데 관심을 가진 탈주체화된 존재라고 보았다(전경갑, 2004, p.352). 이 말인즉슨, 탈근대적 세계에서도 실존적 만남과 어울림, 헤어짐은 멈추지 않고 계속된다는 얘기이다. 탈근대주의자들은 이 같은 실존적 접촉을 그 자체로 탈근대적 공동체로 이해함으로써, 탈근대주의와 공동체 개념의 근본적 충돌과 모순을 극복하는 길을 터주었다.

탈근대주의의 주요 내용은 학자마다 달라서 하나의 이론 틀로 아우를 수 없다. 마찬가지로 탈근대적 공동체의 형상을 제시한 학자들의 주장도 너무 다양하여 어떤 단일의 논지로 수렴되지 않는다. 그럼에도 불구하고 이들의 논의를 종합해 보면 탈근대적 공동체는 다음의 특징을 가진다는 것을 알 수 있다(Delanty, 2010, p.104). 첫째, 구성원들의 소속됨이 내용적으로 불완전하다. 구성원들을 하나로 아

우르는 고정된 준거점, 즉 공통된 유대감이나 목적의 기원을 찾을 수 없기 때문에—찾는 것 자체가 부당한 시도로 규정되기 때문에—탈근대 공동체의 구성원들은 부단히 만나고 어울림에도 불구하고 집단에 융합되거나 연합되지 않는다. 탈근대 공동체 구성원들은 그저 미완의 상태로 함께할 뿐이다. 둘째, 시간적으로 항구적이지 아니하고 열렸다 닫히기를 반복하거나, 순간적으로 등장하여 없어지는 단명의 특성을 보인다. 셋째, 공간적으로 관례적 활동이 벌어지는 통상적 공간(예: 일터, 가족, 교회, 지역사회 등)이 아닌 그와 정반대되는 비일상적 공간(예: 축제지, 운동경기장, 버스터미널, 공항, 관광지의 호텔 등) 혹은 주류 질서의 전복과 침범이 수시로 일어나는 일탈적 공간(예: 광신도들의 예배지, 붉은악마의 축구 응원지 광화문, 오타쿠(おたく)의 온·오프라인 모임 등)에서 주로 포착된다. 탈근대 공동체의 이와 같은 역성(liminality)은 그곳에서만큼은 기존 사회의 위계, 구획, 질서, 규범, 지위가 사라지고 일탈과 자유가 허용되며, 평상시에는 잘 볼 수 없는 평등, 동료애, 동질성이 일시적이나마 보장된다는 것을 의미한다.

1) 무위의 공동체

탈근대적 공동체의 가능성을 탐색한 학자 중 가장 먼저 살펴볼 인물은 프랑스의 철학자 장 뤽 낭시(1940~)이다. 대안적 상상력을 강조한 낭시의 공동체 이론—정확히 말하면 공동존재론—은 자연적인 혈족, 혹은 원리적이거나 기원적인 공동체의 논리와 무관하기 때문에 기존의 공동체 이론과 결을 전혀 달리하고, 따라서 현실에 좀처럼 적용하기가 어렵다. 그래서 우리나라에서는 데리다, 푸코, 들뢰즈 등에 비하면 상대적으로 덜 알려진 편이다. 그렇지만 낭시는 1980~1990년대 동유럽 사회주의의 몰락 이후 공산주의와 공동체의 문제를 급진적으로 다루었으며, 그의 저작은 대안적 공동체를 꿈꾸던 동시대 수많은 사상가에게 영감의 원천이 되었다는 평가를 끌어내고 있다.

공동체에 관한 낭시의 이론은 *La Communauté Désœuvrée* 『무위의 공동체』에 잘 나타나 있다(Nancy, 1986/2010). 여기서 그는 탈근대주의적 관점에서 공동체의 대안적 모습을 그려 내었다. 이는 낭시가 공동체를 상실로써 경험되어지는 것으로 보았다는 데서 확인된다(ibid., p.41).

우리는 보통 공동체를 무언가를 함께 가짐, 즉 공유함으로써 경험되고 존재하는 것으로 생각한다. 여기서 무언가란 어떤 공통된 목적과 원리, 즉 공동의 지향점을 가리킨다. 그런데 낭시는 공동체가 이처럼 공통되는 무언가를 나눌 때 존재하거나 경험되어지는 것이 아니라고 보았다(ibid., p.204). 그는 공동체란 각 자아가 그저 함께 있는 존재임을 깨닫고 그 함께 있음 자체를 또 다른 자아들과 나눌 때 비로소 나타나는(comparution, appearance) 것이라고 주장하였다. 즉 공동체를 함께 있음을 나누는 단수적 존재들의 접촉 결과로 이해하였다(Nancy, 2013, p.48).

낭시는 공동체의 존재론적 근거인 실존적 접촉이 상실을 경험할 때 극대화된다고 보았다. 그리고 그러한 상실의 대표적 사례로 죽음을 거론하였다(Nancy, 1986/2010, p.44-45). 우리는 일상에서 타인과 공통점으로 똘똘 뭉쳐 존재하든 타인과 아무 관련 없이 무관심하게 존재하든, 그저 그렇게 존재한다. 그런 우리는 타인의 죽음을 접할 때 우리가 타인과 분리되어 있다는 사실 또는 타인과 공통점으로 뭉쳐 있다는 사실을 비로소 경험한다. 즉 타인의 죽음을 통하여 우리는 절대적 외부인 '무'를 경험하고, 이로써 살아있는 '내'가 공동체 내부에 실존한다는 사실을 깨닫는다. 이 말인즉슨, 나는 살아있을 때 나의 죽음을 나의 것으로 인식하지 못하며, 오로지 타인의 죽음을 통해서만 나의 죽음을 인식한다는 것, 즉 공동체 내부에서, 공동체에 의해서만 비로소 나의 죽음을ー실존을ー직면한다는 얘기다.

　실제로 우리는 친밀한 관계였던 가족이나 친구의 죽음은 말할 것도 없고, 친밀하지 않던 누군가의 장례식장에서도 왠지 모를 숙연함과 허탈감을 느낀다. 이는 망자의 죽음이 나와 전혀 상관없는 개별 사태가 아니라 나와 망자, 그 밖의 타인 사이에 어떤 공동적 관계가 단절됨을 우리가 부지불식간에 경험하기 때문이다. 이처럼 망자의 죽음이라는 사건을 통하여 자아가 내재성ー타자를 자기화하는 동일성, 하나의 원리만을 고집하는 자아의 절대성, 고정성, 폐쇄성ー을 상실하고 타인과 고통을 나누어 가짐(分有)으로써 외부 환경으로 스스로를 활짝 열어 놓으면서 타인들을 향하여 나아가는 탈자화(脫自化) 현상을 낭시는 외존(exposition, 外存)이라 명명하였다. 그러면서 그는 이 외존이 일어날 때 관계성을 인식한 자아들이 함께 있음을 자각하고, 실존으로서 공동체를 경험한다고 주장하였다(ibid., p.72). 예를 들어 영국의 왕세자빈 다이애나가 36세의 나이로 요절하였을 때 수많은 영국인이 비탄에 빠지며 대대적인 추모 물결이 일었는데, 이때 영국 사회에서 감지되던 추도의 분위기를 우리는 낭시의 부정의 공동체 개념을 통해 적절히 이해할 수 있다.

외존에 주목한 낭시의 논리에 입각해서 보면, 공동체란 어떤 공통된 목적을 나누어 가짐으로써 존재하거나 경험될 수 있는 것이 아니라는 점을 알게 된다. 공동체는 자아가 주체가 되어 구성하거나 획득할 수 있는 대상이 못 될뿐더러, 공통된 목적이나 원리를 근거로 자아들이 의도적으로 기획할 수 있는 프로젝트도 못 된다(ibid., p.79). 왜냐하면 공동체는 고정되고 완결된 주체적 자아의 내재성이 파열될 때, 그리하여 탈자화된 자아들의 외존이 일어나 실존과 직면할 때 — 안이 아닌 바깥으로 활짝 열릴 때 — 저절로 나타나고 경험되어질 수 있는 것이기 때문이다. 공동체란 과거에 존재했던 무엇인가도 아니고 미래에 다가올 것도 아니며, 지금 바로 여기에서 타인을 통하여, 타인을 향하여 있는 것이다.

따라서 공동체는 결코 소유되거나 제작될 수 없다. 고정되거나 완결될 수도 없다. 공동체는 서로에게 끊임없이 열려있는 단수적 존재들이 그저 함께 있음을 자각할 때 비로소 존재하고 경험되어진다. 때문에 공동체는 부과되는 게 아니라 그저 도래할 뿐이다. 원래부터 존재하기 때문에 의도적으로 만들어낼 수 있거나 완성품으로 소유할 수 있는 것이 아니다. 심지어 언어로 발화하거나 개념적 차원에서 관념화할 수도 없다. 그렇게 하는 순간, 공동체라는 미명 아래 합일에 대한 신화적 의지가 작동되어 공동체는 공통된 목적을 나누어 가짐으로써 존재하고 경험되어지는 예전 형태로 되돌아가고 만다. 낭시가 과제 혹은 작업(œuvre, work)의 해체를 의미하는 프랑스어 désœuvrement

(무위, unworking, inoperation, 無爲)라는 말을 써가며 공동체를 부정형으로 표현한 까닭은 바로 이와 같은 사유, 즉 공동체의 존재(being of community)보다 존재의 공동체(community of beings)를, 공동체의 본질(essence of community)보다 실존의 공동체(community of existences)를 중시한 데 따른 결과라 할 수 있다(강대기, 1994, p.13). 이런 측면에서, 낭시의 무위란 결국 유한한 자아들이 서로 끝없이 새로운 관계 속에 놓이고 타자와의 관계로 열리면서 하나의 완결된 의미로 고정되는 것이 불가능하게 하는 어떤 움직임을 뜻한다고 이해할 수 있겠다(라시내, 2017, p.43)

공동체는 어떤 완전한 융합을 위한 기획 대상이 아니라는 견해, 그 자체의 기능이나 목적이 없으며 따라서 소유되거나 이루어져야 할 과제가 아니라는 낭시의 주장 이면에는, 낭시가 기본적으로 공동체를 기존의 개념적, 제도적, 구조적 구도, 즉 사회(la société)와 일치시키려는 일체의 시도를 거부하였다는 사실이 놓여있다. 실제로 낭시는 파시즘이 그러한 시도의 역사적 사례였다고 보고 이를 강하게 경계하였다(서현수, 2016, p.44). 낭시는 사회로 환원되지 않는 비고착적 무위를 중시하였으며, 평등한 존재 간 자연스러운 나눔(partage)을 중시하였다. 낭시는 사회가 가진 동일성 또는 동질성이라는 가치 기준에 의거하여 결코 지정되어서는 안 될 무위의 소통 공간, 즉 공동체를 침해해서는 안 된다는 점을 역설하였으며, 만약 이를 망각하고 작위적으로 개입한다면 사회는 필연적으로 파탄에 빠질 것임을 경고하였다.

2) 밝힐 수 없는 공동체

다음으로 소개할 인물은 프랑스의 작가이자 철학자인 모리스 블 랑쇼(1907~2003)이다. 앞서 언급했다시피 우리는 공동체를 통상 동일성의 원칙하에 구성원을 하나로 묶어내는 연합과 융합의 흐름 으로 이해한다. 공동체의 성격은 이 동일성의 원칙에 따라 결정되는 것이다. 그렇지만 일부 사람들은 동일성 원리에 따라 공동체에 연합 되거나 융합되지 못한 채 주변화한다. 블랑쇼가 관심을 가진 것은 바로 이러한 자들, 즉 단 한 번도 공동체를 이루어본 적 없이 배제된 존재들과 그들의 공동체였다.

낭시의 『무위의 공동체』에 대한 답변 격으로 쓴 *La Communauté Inavouable*『밝힐 수 없는 공동체』에서 블랑쇼는 어떠한 공동체에도 포 함되거나 귀속된 적이 없는 배제된 존재들이 형성하는 공동체를 부정 의 공동체(la communauté negativé)라 명명하고(Blanchot, 1983/2005, p.48), 그것의 사례로 AD 1~3세기에 암약하던 영지주의(gnosticism, 靈知主義) 같은 변방의 비밀스러운 종파들을 거론하였다. 영지주의는 영적 지식(gnosis)을 추종하는 동방종교와 희랍철학, 신지학 (theosophy), 그리고 그리스도교 신앙의 혼합으로서, AD 80년부터 150년 사이 초기 교회와 경쟁한 가장 강력하고 위협적인 종교 운동 이었다. 영지주의는 엄밀히 말해 종교도 철학도 아니었으며, 일종의 밀의적 민중 신앙의 성격을 강하게 띠었다. 따라서 동일성을 표방 하며 공동체와의 완전한 합일을 좇던 기존 정통파 기독교의 관점 에서 보면 영지주의는 사회의 불완전함, 즉 미완성을 드러내는 오점의 표현이었다. 정통 기독교는 그래서 영지주의를 세력을 얻지 못한 배교자들이 창시한 타락된 형태의 교의를 가진 이단으로 폄훼하고 부정, 파괴하고자 하였다.

박해와 탄압에도 불구하고 영지주의자들은 비밀스럽게 주류사회와 절대적이고 비가역적 거리를 유지하면서 자신들만의 세계를 꾸려 나갔다. 또한 주류사회의 규범을 위반하고 그 경계를 수시로 침범하여 자기 세상을 넓혀 나가고자 애썼다. 영지주의자들은 사회, 즉 동일성에 근거한 정통 기독교공동체를 억압과 차별로 이해하였고, 반대로 영지주의를 자유와 해방으로 받아들였다. 이러한 고대 영지주의와 그 추종자들은 물론 이제 더는 존재하지 않는다. 그러나 블랑쇼는 오늘날까지도 다양한 비밀스러운 종파(culte)의 형태로, 그와 유사한 부정의 공동체들이 우리 사회 변방에서 생겼다 없어지기를 반복하며 암약하고 있다는 사실에 주목하였다(Delanty, 2010, p.108).

블랑쇼의 부정의 공동체와 흡사한 현상을 지칭하는 개념으로 푸코의 헤테로토피아(hétérotopie) 개념이 있다. *Les Mots et les Choses: Une Archéologie des Sciences Humaines*『말과 사물』서문에서 푸코는 유토피아가 존재하지 않는 이상향을 의미한다면, 헤테로토피아는 실제로 존재하고 그 물리적 위치까지 특정할 수 있지만 주류사회의 지배적, 일상적 공간과는 구분되고 이질성과 차이가 돋보이는 문화적, 제도적, 담론적 공간을 의미한다고 하였다(Foucault, 1966/2012, p.13). 이러한 헤테로토피아의 실례를 우리는 종교적 광신도들의 예배지, 매춘굴, 감옥, 신혼여행지, 공동묘지, 정신병원, 퀴어 축제 같은 주류사회의 경계 바깥에 놓인 이른바 타자의 공간에서 쉽게 목격할 수 있다.

부정의 공동체와 관련된 블랑쇼의 사상에서 가장 중요한 아이디어는 타자, 특히 타자와의 절대적, 불가역적 거리이다. 공동체에 관한 기존의 이론은 타자와의 거리를 인정하지 않고 동일성의 원리에 따라 타자를 복속하려 들거나 혹은 배제함으로써 공동체의 결속을 강화하는 데 치중하였다. 이와 달리 블랑쇼의 공동체론은 타자와의 절대적, 불가역적 거리라는 존재론적 조건을 가정한 데에서부터 출발하였다(Blanchot, 1983/2005, p.23). 여기서 거리란 타자에게 내가, 그리고 내가 타자에게 어떤 융합과 연합의 힘을 행사하지 못하도록 하는 제한적 조건을 의미한다. 이러한 조건이 충족될 때, 우리는 나와 다른 원리에 따라 움직이고 생각하는 또 다른 존재를 인정하게 된다. 이러한 인정을 블랑쇼는 낭시와 마찬가지로 탈자화라 불렀는데, 탈자화가 일어날 때 내재성에서 벗어난 자아는 외부 — 다름, 차이 — 로 활짝 자신을 열어놓게 된다(ibid., p.33).

자아들의 존재론적 열림, 즉 함께 있음을 공동체로 이해한 블랑쇼는 따라서 타자와의 절대적, 불가역적 거리를 공동체를 방해하는 걸림돌이 아닌 그것을 가능케 하는 필수적 장치이자 조건이라고 여겼다. 나아가 그는 연합과 융합을 추구하고 차이와 다름 — 거리 — 을 거부하는 기존의 공동체를 신화적 공동체로 명명하고, 신화적 공동체에서는 같음이 강조되고 같음이 무엇인지가 선포된다고, 즉 밝혀진다고 하였다. 이와 대조적으로 존재론적 공동체에서는 같음이 강조되지 않고 무엇인지도 선포되지 않는다. 절대적, 불가역적 거리를 둔 탈자화된 존재들은 그저 함께할 뿐이며, 단절 속에서 관계성을 자각한다(이진경, 2010, p.103). 이 말인즉슨, 존재론적 공동체 개념에서는 어떤 하나의 기원과 본질이 있다는 생각이 부정되고, 공동체는 그저 도래할 뿐인 것으로 여겨진다는 뜻이다. 그런데도 만약 신화적 공동체를 소환하여 연합과 융합을 단행하고 같음이 무엇인지 선포하며 거리를 없애 버린다면, 공동체는 또다시 내재성과 동일성의 원리에 의하여 지배받는 신화적 공동체로 전락하고 말 것이다. 지난날 "감옥과도 같은 공동체"에서 "합일을 위한 공모의 희극"을 본 블랑쇼가(Blanchot, 1983/2005, p.79-80) 이제 다시는 공동체를 "밝힐 수 없다(inavouable, unavowable)"라고 강조한 것은 바로 이러한 까닭, 즉 내재성과 동일성의 원리에 의하여 의도적으로 기획된—같음을 절대적 가치로 선포한—수많은 공동체가 타자성을 억압하는 전체주의로 귀결되었다는 뼈아픈 각성 때문이었다.

3) 정감적 공동체

프랑스의 사회학자 미셸 마페졸리(1944~) 역시 탈근대 공동체 논의에서 중요하게 거론되는 학자이다. 그는 *Le Temps des Tribus: Le Déclin de L'individualisme dans les Sociétés Postmodernes*『부족의 시대』, *La Contemplation du Monde*『현대를 생각한다』 등에서 현대 사회를 신부족주의(néo-tribalisme) 시대로 규정하였다(Maffesoli, 1988/2017). 신부족주의란 식별될 수 없는 개인들의 덩어리인 대중이 감성을 공유하는 다수의 소집단으로 분화하여 부족화(部族化)하는 현상을 가리킨다.

마페졸리는 개인주의의 종언을 고하는 데에서부터 시작하였다(ibid., p.18). 그는 근대를 개인의 시대로 규정하면서, 특히 근대 사회의 근간이 합리적으로 사유하는 원자적 개인과 그들 사이에 체결되는 계약에 있다고 보았다. 마페졸리에 따르면, 근대의 정치란 이 계약이 제대로 실행될 수 있도록 요구하는 과정에서 발전한 것이고, 근대 정치의 산물인 국가는 따라서 개인들의 요구에 부응하기 위하여 공동의 목적을 설정하였다고 한다. 이 공동의 목적이란 근대적 불안정성에 대한 인식과 문제의 설정, 사람들이 함께 살아가는 공간으로서의 사회라는 시각, 개인의 삶에 대하여 사회가 공동으로 책임을 부담해야 한다는 유대 의식, 이를 구현하기 위한 사회적 조직화, 국가의 개입 형태와 범위에 대한 합의 등을 가리킨다. 이러한 공동의 목적과 그것을 달성하기 위한 과정 및 결과를 마페졸리는 사회적인 것(le social)이라 총칭하였다(ibid., p.20).

사회적인 것은 모래알 같은 개인들을 하나로 묶어 준다는 측면에서 뒤르켕적 의미의 도덕적 결속과 질서를 구축하는 데 기여하였다. 또한 사회의 전문화, 권력의 중앙집중화, 행정의 관료화, 사고의 합리화 등을 촉진함으로써 베버적 의미의 세계의 탈주술화를 달성하는 데에도 공헌하였다. 그렇지만 사회적인 것도 결국 개인주의에 입각한 것이고, 따라서 자아의 내재성에서 비롯되는 자기동일성, 절대성, 보편성, 고정성, 항구성, 폐쇄성, 합리성 등의 속성을 근본적으로 내포한다. 때문에 사회적인 것의 구현에 매몰된 근대는 다양성, 이질성, 유동성, 역동성, 개방성, 감수성 등을 인정하지 않고 그에 적대적 태도를 취할 수밖에 없다는 게 마페졸리의 분석이었다.

그렇지만 오늘날 대중이 과연 자기동일적이고 절대적이며 보편적, 고정적, 항구적, 폐쇄적, 합리적인가. 마페졸리는 그렇지 않다고 단언한다. 그는 오늘날 대중은 근대적 개인의 특성을 갖지 않을뿐더러, 그에 입각한 사회적인 것의 특성도 갖지 않는다고 보았다. 즉 원자적 자아로 완전히 고립되어 있지 않을 뿐 아니라 국가라는 거대한 목적에 의하여 통합된 조화와 질서 정연의 상태에 놓여 있지도 않다고 본 것이다(ibid., p.147).

마페졸리에 따르면 오늘날 대중을 특징짓는 것은, 다름 아닌 이들이 문화, 스포츠, 소비, 성적 취향, 종교 등 다양한 관심사에 따라 불규칙적으로 형성, 재편, 소멸을 반복하는 부정형, 불특정의 소집단들에 소속되어 있다는 점이다. 개인주의와 사회적인 것을 모두 내던지고, 자신이 좋아하는 소집단을 선택하여 자발적으로 가입하여 구성원이 된 후 어느 순간 관심이 줄면 탈퇴하는 식으로 다수의 집단에 소속되어 있는 것이 오늘날 대중의 가장 큰 특징이라는 것이다.

이러한 신부족은 오늘날 우리 사회 곳곳에서 그 사례를 쉽게 찾을 수 있는데, 몇 가지만 예를 들면 국가대표 축구경기가 있을 때마다 어디선가 나타나 붉은 티셔츠를 입고 깃발을 흔들어대는 붉은악마, 애플사에서 만든 전자기기에 맹목적 충성심을 보이는 이른바 앱등이, 일본 만화영화 도라에몽에 빠져 온·오프라인을 넘나들며 동호회 활동을 하는 오타쿠들이 있다. 마페졸리는 이러한 사례들을 근거로 오늘날 대중을 동일성, 절대성, 보편성, 고정성, 항구성, 폐쇄성, 합리성의 관점에서 바라보는 것은 틀렸으며, 정반대로 다양성, 이질성, 유동성, 역동성, 개방성, 감수성의 관점에서 바라봐야 한다고 주장하였다.

고대의 인간은 모두 부족의 구성원이었다. 당시 부족은 씨족 혹은 혈족을 근간으로 만들어졌다. 각 부족은 나름의 탄생 신화를 가졌고,

하나의 단일 역사로 통합될 수 없는 독자성을 띠었다. 공간적으로 근접한 장소에 몰려 살았으며, 규모적으로도 크지 않아 집단의 테두리 안에서만큼은 공통된 가치와 인지 틀을 공유하였다. 고대는 이러한 특성을 가진 부족들로 이루어진 원시공동체 사회였다.

마페졸리는 오늘날 대중사회를 살아가는 인류 역시 자신들의 조상과 비슷한 삶—독자성, 근접성, 공유성 등의 측면에서—을 살기 시작하였다고 보았다. 물론 차이점도 존재한다. 첫째, 오늘날 신부족 구성원들은 생존을 위하여 어쩔 수 없이 혹은 태어나면서부터 숙명적으로 특정 집단에 소속되지 아니한다. 이들은 그저 함께하는 것이 좋아서, 좀 더 구체적으로 말하면 무목적적 놀이와 무질서적 유희가 주는 즐거움 그 자체를 즐기기 위하여 자발적으로 집단에 소속된다 (ibid., p.117). 둘째, 신부족사회 구성원들은 하나의 집단에만 소속되지 아니한다. 이들은 다양한 관심사를 갖고 있고 각 관심사마다 서로 다른 수준의 열정과 공감대를 형성한다. 따라서 여러 집단에 중첩적, 다중적으로 소속되며, 마치 옷을 갈아입듯 다양한 정체성을 시시각각 필요에 따라 갈아 끼며 선택적으로 사회에 참여한다. 셋째, 텔레메트릭스의 비약적 발달에 힘입어 시간적, 공간적 제약에 상관없이 여러 장소에 동시다발적으로 출몰하여 활동을 이어가며, 이로써 근대의 원자적 공간 구획이 제거한 근접성(proxémie)을 재현한다. 소집단 구성원 간 제고된 근접성은 일상의 삶과 체험을 공유할 기회를 늘림으로써 공동의 작은 유대로 묶일 가능성을 높인다(ibid., p.219).

요컨대 오늘날 대중사회 신부족의 구성원들은 원자처럼 그저 홀로 존재하지 않는다. 거대한 국가의 힘에 휘둘리는 무력한 피사체도 아니다. 오늘날 대중은 다양한 관심사를 바탕으로 좁은 자아에서 벗어나 타인과 적극적으로 연결되려는 의지를 피력하고, 유연한 연결을 통하여 작은 유대를 수없이 많이 만들어 나가는 실존이다. 여기서 주안점은, 신부족 시대의 작고 유연한 유대는 사회적인 것(le social)에서 비롯된 근대의 절대적, 고정적, 위계적, 목적적 결속과는 그 양상을 완전히 달리하며, 주로 일상 속에서 각자의 관심사에 따라 놀고 즐기는 디오니소스적(Dionysien) 관능과 흥분 속에서 형성된다는 점이다(Maffesoli, 1982/2013, p.276). 쉽게 말해, 집단을 형성하고 그에 소속되어 활동하는 뭔가 거창한 이유가 있는 게 아니라, 설령 무익하고 덧없다 할지라도 재미만 있으면 모이고 뭉치며, 재미가 없으면 언제 그랬냐는 듯이 거품처럼 사라진다는 소리다. 이는 신부족 유대의 원천이 이성, 계획, 질서 정연함에 대한 추구가 아닌, 감정, 즉흥, 무질서에 있다는 것을 시사한다. 마페졸리가 신부족 집단을 정감적 공동체(la communaute emotionnelle)라 달리 부른 것은 바로 이 때문이다(Maffesoli, 1988/2017, p.47).

정감적 공동체의 구성원들은 감정에 충실해 특정 집단의 구성원이 되기로 스스로 결심한 자들이다. 이 말인즉슨, 보편적이고 추상적이며 절대적인, 중앙집중화되고 관료제화된 권력을 매개로 이들을 묶어 일렬로 정렬시키려 한다거나 어떤 공동의 목적 아래 하나로 결속시키려는 시도는 반드시 실패할 것임을 뜻한다. 이들을—잠시나마—묶을 수 있는 것은 일상의 흥분과 유희뿐이며, 이것이 충족되지 않는 한 이들은 어울릴 생각조차 하지 않는다. 이런 측면에서 마페졸리는 정감적 공동체의 구성원을 근대의 합리적 사유를 하는 성인이 아닌 '영원한 아이'로 보았고, 이를 드러내기 위하여 차용한 상징적 용어가 황홀경의 신 디오니소스였다.

한편 신부족 시대의 연대를 설명하는 데 이전의 사회적인 것(le social)이 더는 효과적이지 않다는 점을 간파한 마페졸리는 사회성(socialité élective)이라는 새로운 원리를 제시하고 이를 바탕으로 신부족 시대 정감적 공동체의 연대를 이해하고자 하였다(ibid., p.183). 새로운 사회성의 핵심은 '지금 여기', '내가 감정적으로 끌리는 것'을 둘러싼 '정서적 교감', 즉 '공유된 정감'에 대한 '자발적 선택'이라 할 수 있다. 이러한 새로운 사회성 개념은, 신부족 시대의 권력이 중심에서 변방 혹은 위에서 아래로 하달되는 것(중앙집중성, 위계성, 매개성)이 아니라 아래에서 위로 혹은 옆에서 옆으로 전달되는 분산성(지역화, 탈중심성, 탈권위, 직접성)을 특징으로 재편되고 있다는 점, 따라서 권력을 역능(puisance, empowerment)의 관점에서 재해석해야 한다는 점을 시사한다(ibid., p.329).

지금 바로 여기에서 내가 끌리는 것을 중심으로 나와 비슷한 감정을 공유하는 자들과 순식간에 모이고 열기가 식으면 다시 사라지는 거품 같은 모습에서 새로운 시대의 연대 방정식을 찾아낸 마페졸리는 따라서 자기동일성, 절대성, 보편성, 고정성, 항구성, 폐쇄성, 합리성의 관점에서 사회를 이해해서는 안 된다는 점을 역설하였다. 그는 탈근대 사회는 조화롭고 질서 정연한 이성의 사회가 아닌, 이질성과 다양성을 바탕으로 끊임없이 대립하고 갈등하는, 역동적이고 유동적이며 예측 불가능한 작은 집단들로 이루어진 개방적 사회를 지향하며, 그 정점에 감정에 있다고 보았다. 이는 탈주술화를 통해 이성을 발견하고 이를 이상시한 근대가 이미 포화 상태에 이르렀다는 것, 그리하여 탈주술화 과정에서 배제되고 억압된 감정이 부족화라는 새로운 사회성을 통해 재주술화(réenchantement)되어 회귀하고 있다는 점을 말해준다(김동윤, 2007, p.79).

4) 역적 공동체

마지막으로 검토할 용어는 영국의 사회학자 제라드 델란티(1960~)의 역적 공동체(liminal community)이다. 역적 공동체는 문화인류학자 빅터 터너의 역성(liminality, 閾性) 개념에 근거하여 만들어졌다.

터너에 따르면, 역성이란 이도 저도 아닌 상황이나 물체, 어중간한 장소나 순간, 긴장감이 감도는 상태에서 발견되는 임계적, 비결정적, 무정체적 속성을 의미한다(Turner, 1969, p.94-95). 두 개의 구조화된 세계 혹은 제도 사이에 존재하는, 그래서 아무것도 결정되지 않고 정체성을 찾을 수 없는 비정형의 상태를 가리킨다. 예컨대 회사를 벗어나 마음 내키는 대로 여가를 즐기는 상황, 익숙한 집을 떠나 낯선 관광지에서 미친 듯이 노는 상황, 일상을 접고 축제에 참여하여 일탈을 즐기는 상황 등이 모두 역성을 드러내는 사례라 할 수 있다. 이러한 측면에서 역성은 사고와 자기 이해, 행동양식 측면에서 평상시 제약이 이완, 해체되며, 참신한 생각과 상상으로 가는 길이 열리는 변화의 순간 또는 전환기를 뜻하기도 한다.

기존의 위계, 구획, 질서, 규범, 위치가 사라지고 그 자리에 평상시였으면 금기시되었을 일탈, 흥분, 위험이 용인되는 만큼, 역성은 자유, 평등, 동료애, 동질성 등의 현상을 동반한다. 예컨대, 다양한 형태의 사회적 구속에서 벗어나 평상시에는 입어볼 수 없는 옷을 입거나 모든 옷을 다 벗어 버리기도 하고, 요란한 치장과 화장, 분장을 할 수 있는 자유를 만끽하는 식이다. 기존 사회의 종적 지위 관계에서 벗어나 동등한 입장에서 횡적으로 평등한 관계를 맺을 수도 있다. 이런 가운데 자신과 어떠한 친밀한 관계도 갖지 않던 이방인과도 단번에 진한 동료애를 느끼며, 이를 통해 모든 이가 동질성 속에 합일되기도 한다. 그렇지만 역성이 동반하는 자유와 일탈, 평등과 동료애는 영원히 혹은 장기간 지속하지 않는다. 앞서 말했다시피, 역성은 두 개의 구조화된 세계 혹은 제도 사이에서만 어정쩡하게 잠깐 나타났다가 사라지는 그 무엇이기 때문이다. 역성의 또 다른 특징은 따라서 일시적이고 임시적이라는 점이다.

터너의 역성 개념에 근거하여 델란티는 역적 공동체 개념을 구성하였다(Delanty, 2010, p.112). 역성 개념 자체가 비정형성을 가정하기 때문에, 역적 공동체 개념 역시 그와 비슷한 비결정성과 무정체성, 즉 어정쩡한 임계 상황을 가정한다. 이 말인즉슨, 역적 공동체는 기존 질서나 인식 구조에 의하여 간과되거나 잊힌 공간에 주로 존재한다는 얘기다.

구체적으로, 델란티는 역적 공동체가 공항 라운지, 통근 기차, 피트니스 클럽, 카페, 백화점, 호텔처럼 통상적이거나 일상적인 것과는 거리가 먼 '붕 뜬' 장소에서 주로 포착된다고 하였다. 이와 같은 장소들은 오늘날 사회에서 우리가 중요한 어떤 활동(예: 일)의 수행을 완료하고 다른 활동(예: 휴식)을 수행하기 위하여 잠시 지나가는, 공간(예: 일터)과 공간(예: 집) 사이의 보류 혹은 일시 정지의 공간으로 개념화될 수 있다. 따라서 근대의 이성 중심주의 사고에서 보았을 때 역적 공간은 별다른 의미를 지니지 않으며, 전통적인 공동체 개념에서 보았을 때도 공동체의 속성을 가진다고 볼 수 없는 실로 무의미한 공간 — 인류학자 마흐크 오제의 비장소(non-lieux) 개념과 흡사한 곳(Augé, 1995/2017, p.58) — 이라 할 수 있다.

그런데 델란티에 따르면, 근대적 의미에서 이처럼 무의미한 보류 혹은 일시 정지의 공간이 탈근대 사회에서 점차 그 의미가 중요해지고 있으며, 그 자체로 중요한 현실을 구성한다고 한다(Delanty, 2010, p.113). 특히 역적 공동체에 속한 개인들은 서로를 사적으로 알지 못하며 언어적 상호작용을 하지 않을 뿐 아니라 서로 다른 목적을 가진 개별적인 존재들로 보인다. 그래서 이들을 어떤 단일의 통합적 공동체의 구성원으로 보는 것은 근대의 이성 중심주의적 사고에서는 매우 이상하게 비칠 수 있다. 그렇지만 어떤 특별한 계기가 생기면 일시적 집단화(temporary grouping)를 거치면서 자체의 자기의식을 가진 군집(sociation)으로 발전할 가능성을 상시 내포한다. 이런 측면에서 역적 공동체는 부재하는 것 같지만 사실상 실재하는 현실임을 델란티는 역설하였다.

보류 혹은 일시 정지의 공간에 놓인 실현되지 않은 공동체가 어떻게 실재하는 현실이 될 수 있는가? 이 질문에 답하고자 델란티는 이탈리아의 철학자 조르조 아감벤의 도래하는 공동체(la comunita che viene, the coming community) 개념을 차용하였다. 이 개념에서는, 공동체 구성원들은 지금 당장 피부로 느껴지는 실재뿐 아니라 앞으로 다가올 미래의 사건들까지 하나의 공동체적 현상으로서 연속선상에서 수용하고 인식한다. 때문에 공동체는 과거와 현재, 미래의 전체적인 줄기 속에서 이해되어야 한다는 점이 강조된다(Agamben, 1993). 델란티는 역적 공동체가 보류 혹은 일시 정지의 공간에 놓여 있어 그 실체가 애매하고, 그런 이유로 그 존재를 잘 인정받지 못하지만, 다가올 사건들의 연속선상에 단단히 얽매여 있다는 측면에서 얼마든지 역적 공동체도 현실에서 구체화할 수 있고, 따라서 하나의 의미를 지닌 엄연한 공동체로 인정받아야 함을 주장하였다.

실체가 애매한 역적 공동체가 현실에서 구체화한 사례로 델란티는 지난 2000년 영국 런던의 해필드 교차로에서 발생한 기차 철로 이탈 사건을 거론하였다(Delanty, 2010, p.113). 이 사건으로 출근 시간대에 집에서 일터로 향하던 수많은 평범한 직장인이 죽거나 다쳤다. 사건 이후, 많은 생존자가 언론 인터뷰를 통해 사고 당시의 상황을 복기하며 같은 칸에 탔던 승객들의 죽음의 찰나를 묘사하였고, 같은 칸에서 벌어진 상실의 고통스러운 트라우마가 전국적으로 퍼져 공유되면서 사건 당시의 기차 칸 안에 순간적으로 존재하였던 역적 공동체가 부활하여 현실에서 구체화하기에 이르렀다. 델란티의 말을 빌려서 표현하면, 사건 당시 통근 기차 안의 공간은 역적 공동체였고, 그 당시에는 누구도 그것이 공동체인 줄 몰랐지만 우연한 기회에 특별한 사건(철로 이탈)이 발단되어 우리는 그곳에 공동체가 존재하였음을 알게 된 것이다.

제11장. 후기 근대적 전환과 공동체

　탈근대주의는 공동체를 이해하는 데 있어 다양성, 상대성, 탈권위, 역성, 방랑성, 부족성, 무위, 부재와 같은 참신한 주제를 던져 관련 논의를 풍부하게 해주었다는 점에서 의미가 있다. 그렇지만 탈근대 공동체는 경험적 실체가 모호하고, 무엇보다 실천적 유의성이 떨어진다는 비판에서 자유롭지 못하다. 정서적 유대와 감정적 위안의 안식처로서 일백 퍼센트 기능해도 모자랄 불안과 불확실성의 시국에, 다양성, 상대성, 탈권위, 역성, 방랑성, 부족성, 무위, 부재를 논하는 탈근대적 공동체가 도대체 어떠한 정치적 함의를 갖느냐는 비판에 좀처럼 뚜렷한 답을 제시하지 못하는 것이다(김문조, 2013, p.191).

　예컨대 낭시는 각기 다른 개인이 공유하는 존재의 공통성을 공동체라 칭하였는데, 이러한 관점에서는 공동체의 존재보다 존재의 공동체가 중요하게 여겨지고, 공동체의 본질보다는 실존의 공동체가 관심의 대상이 된다. 공동체에 대한 이와 같은 탈근대적 시각은 새로운 사회적 결합을 의도하는 것으로 유의미한 시도라 할 수 있지만, 급진적이기 때문에 현실적으로 구현하기가 어려운 것이 사실이다(손영창, 2015). 탈근대적 공동체의 이러한 비현실성, 비실천성은 '함께함'이라는 거대서사를 해체하고 등장한 탈근대주의와, '함께함'

이라는 거대서사를 지향하고 이를 토대로 모든 에너지를 끌어모으는 공동체가 본질적으로 상충되고 모순된 관계에 놓여있기 때문에 비롯된 결과로 해석할 수 있다(Blackshow, 2010, p.40).

탈근대적 공동체 개념에 대한 비판은 좀 더 큰 차원에서 사회와 이론의 탈근대적 전환에 대한 근본적인 의문으로 이어진다. 과연 우리는 탈근대론자들이 주장하듯 근대를 떨쳐내고 그와는 단절된 새로운 탈근대의 시대에 살고 있는가. 이에 대해 부정적인 입장을 가진 일단의 학자들은 지금은 탈근대를 논하기보다 근대성이라는 주제로 회귀하여 그것이 왜 실패하였고 어떻게 회복될 수 있을지 고민해야 할 때임을 주장한다(김홍중, 2013, p.153).

탈근대성 개념에 의문을 표시한 대표적인 인물은 위르겐 하버마스이다. 하버머스는 근대성과 단절을 선언하는 탈근대론을 반박하면서, 서구 근대의 계몽 기획은 실패하지 않았으며 그저 미완의 단계에 머물고 있을 뿐임을, 즉 여전히 근대적 프로젝트는 현재진행형임을 역설하였다(Habermas, 1981/1990). 그가 미완의 근대성 속에서 구제하고자 한 것은 의사소통적 합리성(kommunikative rationalität)이었다. 하버마스는 생활세계(lebenswelt)에 잠재된 소통적 합리성을 복원함으로써 근대의 지배적 합리성 유형인 도구적 합리성의 한계를 극복할 수 있다고 믿었다. 즉 이성 개념을 폐기하지 않은 채 그것을 확장함으로써 근대성을 연장할 수 있다고 낙관하였다(Habermas, 1981/2006).

이러한 관점에서 보면, 근대는 완전하지 않지만 그렇다고 일거에 폐기해야 할 과거의 유습으로만 치부될 수 없다. 근대성은 오늘날 사회에서도 여전히 유효한 가능성을 내포하고 있으며, 따라서 근대성의 부정적 측면만을 부각하며 이를 탈근대라는 성급한 개념으로 극복하고자 하는 시도는 현실 속에서—앞서 언급한 각종 종언 논제에서 볼 수 있듯—예기치 못한 보수적 효과를 낳을 수 있어 경계할 필요가 있다.

하버마스로 대표되는 사회이론 경향과 앞서 살펴본 탈근대 사회이론 사이에는 이처럼 근본적인 차이가 존재한다. 이는 근대성의 전개 과정에 단절을 설정할 것이냐 아니면 연속성을 설정할 것이냐 하는 사회변동론적 기본 테제와 깊은 관련성을 가진다. 전자에 따르면 서구의 근대성 이념은 한계에도 불구하고 여전히 생산적인 잠재력을 간직하고 있는 것으로 여겨진다. 반대로 후자에 따르면 사회이론은 새로운 시대, 새로운 현실을 새로운 언어, 관점, 가치, 방법을 통하여 규명해야 하는 것으로 여겨진다. 두 관점은 20세기 후반의 사회이론 저변을 구성하는 가장 기초적인 차이점을 중심으로 1990년대까지 첨예하게 대치하였다(김홍중, 2013, p.154).

그런데 1990년대 이후 연속론과 단절론 양자를 모두 비판하는 일련의 이론적 흐름이 등장하였다. 이들은 탈근대적 전환에 의문을 품고 근대성이라는 주제로 회귀하는 양상을 보이면서도, 근대의 가능성을 긍정하지 않는 양비론적 입장을 취하였다. 이와 같은 흐름은 탈근대로서의 문명적 선언을 구체적 사회 현실과 대질하며 그 실천성을 비판하는 동시에, 근대성에 대한 낙관을 비관적으로 해체하는 쪽으로 집중되었다. 이 새로운 이론적 흐름을 학자들은 후기 근대적 전환(late modern turn)이라 부른다(ibid., p.155).

후기 근대적 전환을 지지하는 이론가들은 대표적으로 울리히 벡, 앤서니 기든스, 지그문트 바우만 등이 있다. 이들은 국적, 세대, 주요 연구 분야, 방법론 등 여러 측면에서 큰 차이를 보인다. 그렇지만 20세기 후반부터 21세기 초에 이르는 작금의 세계가 19세기 후반부터 20세기 초중반까지의 세계와는 질적으로 매우 다른 원리를 바탕으로 구성, 운영되고 있다는 데 동의하였다는 점에서 공통적이다.

후기 근대주의자들은 탈근대주의자들과 마찬가지로 20세기 후반에 찾아온 거시적 사회구조와 환경 변화, 구체적으로 냉전의 해체, 자유주의의 잠정적 승리, 이데올로기적 동력의 약화, 환경, 소비, 인종, 문화, 종교 영역에서의 새로운 문제의 발생, 사생활 및 친밀성 영역에서의 새로운 문제의 발생, 복지국가(포디스트 축적체제)의 와해, 노동시장의 유연화, 다품종 소량생산과 차별화된 취향의 등장, 금융자본주의의 등장, 인터넷과 가상현실의 확산 등에 주목하였다 (Hutchison & Gottdiener, 2010, p.188). 그렇지만 이들은 이러한 변화를 탈근대라는 형용사로 수식하는 데 동의하지 않았다. 근대와 탈근대 사이에 결정적인 역사적 단절을 설정한 후, 마치 근대가 극복, 지양된 전대미문의 시기를 우리가 현재 살아가고 있다는 진단에 동의하지 않았다는 얘기이다.

이들은 왜 단절론에 동의하지 않았을까. 19세기적 근대성과 20세기 후반부터 찾아온 시대적 특성 사이에는 모종의 연속성 혹은 최소한의 재귀성(reflexivity, 再歸性)이 놓여있는 것으로 생각하였기 때문이다. 즉 20세기 후반부터 현재까지 선진 사회들이 직면하는 심각한 사회문제의 뿌리에 근대적 삶, 사고, 조직, 역사의 구조가 그대로 존재하는 것으로 여겼기 때문이다.

이를 좀 더 구체적으로 설명하면, 후기 근대주의자들은 20세기 후반부터 펼쳐진 다양한 사회 변화의 문제적 현상이 과거의 근대성에 내재한 합리성의 구제를 통하여 극복될 수 있는 성격의 것이 아니라고 보았다. 왜냐하면, 20세기 후반 이후의 사회 현실은 근대성에 고유한 이성과 합리성의 만개가 역설적으로 가져온 부정적 상황들에 의하여 특징지어지기 때문이다. 이런 측면에서, 후기 근대주의자들은 새로운 시대의 변화와 상대성을 긍정한 일부 탈근대주의자들과 달리 비관적이고 냉정한 입장을 취함과 동시에, 합리성의 구제를 통하여 근대성의 확장을 시도한 하버마스의 낙관주의와도 명시적으로 거리를 두었다고 말할 수 있다.

아무튼 다소 도식적일 수 있지만, 후기 근대주의자들의 핵심 주장을 간추리면 다음과 같다(김홍중, 2013, p.156-157). 첫째, 후기 근대는 초기 근대성이 단절되고 등장한 완전히 다른 시대가 아니다. 그것은 초기 근대가 성숙, 발전, 심화하여 나타난 초기 근대의 재귀적 형태로서 연속성을 띤다. 둘째, 후기 근대는 초기 근대에서 자명한 것으로 여겨졌던 수많은 가치, 이념, 제도, 이상의 붕괴와 파산의 결과이다. 셋째, 후기 근대는 탈근대주의자들이 주장하듯 순수하게 긍정적인 새로움을 상징하기보다 해결해야 할 문제들의 집합을 드러낸다.

울리히 벡과 앤서니 기든스는 이러한 후기 근대주의의 흐름을 대표하는 이론가들이다. 이들은 20세기 후반 이후의 당대 사회를 후기 근대, 재귀적 근대(reflexive modern), 이차 근대(second modern), 혹은 고도 근대(high modern) 등으로 명명하면서 근대성을 이원화하였고, 이로써 20세기 중반까지와 20세기 후반 이후를 상이한 시대로 파악하였다. 나아가 근대성과 탈근대성 사이에 모종의 재귀성이 놓여 있음을 설정함으로써 두 시대를 구분하면서도 연속적 과정으로 보는 시각을 확보하였다. 이 같은 분석틀 아래에서, 벡과 기든스는 20세기 후반 당대 사회의 문제들을 각기 위험사회(risikogesellschaft), 탈전통사회(post-traditional society)라는 용어로 포착하였다. 그리고 이를 통해 근대 對 탈근대라는 양자택일의 이론적 궁지에 갇히는 대신 시대적 과제를 새로운 각도에서 조망하고, 후기 근대의 문제적 상황이 다름 아닌 근대성에 기인한다는 논리를 확립하는 데 성공하였다(ibid., p.157).

지그문트 바우만은 벡이나 기든스보다 조금 더 탈근대주의자들과 견해를 공유하였다. 그렇지만 새로운 시대의 변화와 다양성을 긍정적으로 본 일부 탈근대주의자들과 달리, 현대 사회의 액체성(liquidity)과 가치의 휘발이 가져온 혼돈과 고통을 비판적으로 응시하였다는 점에서, 즉 근대성과 탈근대성 가운데 어느 하나를 택하기보다 양자 모두로부터 거리를 두면서 새로운 이론을 확보하고자 노력하였다는 측면에서 바우만 역시 벡, 기든스와 유사한 입장을 가졌다고 볼 수 있다(김용규, 2012, p.90).

아래에서는 현대 사회의 불안과 불확실성을 후기 근대의 특징적 성격으로 규정짓고 근대성을 비판적으로 응시한 바우만의 액체 근대 개념을 중심으로 후기 근대주의자들의 핵심 논지를 살펴보고자 한다. 더불어, 후기 근대 사회에서 공동체가 어떠한 기능과 역할을 담당할 수 있는지 그 가능성을 모색하도록 한다.

1. 지그문트 바우만 ― 액체근대 공동체

1) 지그문트 바우만

폴란드 출신의 유대인 사회학자 지그문트 바우만(1925∼2017)은 대학교수로서 은퇴를 얼마 앞두지 않은 비교적 늦은 나이에 근대성 주제에 관심을 보이기 시작하였다. *Modernity and The Holocaust*(1989) 『모더니티와 홀로코스트』를 통해 나치의 인종학살이 근대성과 맺는 근원적 관계를 탐구한 바우만은 1990년대 접어들어 *Postmodern Ethics*(1993) 『탈근대적 윤리』, *Postmodernity and its Discontents*(1997) 『탈근대 비평』 등을 통해 본격적으로 탈근대주의에 대한 성찰을 시도하였다. 이런 측면에서 혹자는 바우만을 탈근대의 예언가로 칭하기도 하였다(Smith, 2013).

그러던 중 바우만은 *Liquid Modernity*(2000/2009) 『액체 근대』를 출판하여 근대성에 대하여 과거와는 상이한 접근을 취하기 시작하였다. 여기서 액체적인 것(the liquid)은 바우만 사회이론의 고유한 은유로서(ibid., p.8-9), 마르크스와 엥겔스가 『공산당 선언』에서 언명한 유명한 구절, "견고한 모든 것이 대기 중으로 사라진다(Alles Ständische und Stehende verdampft; All that is solid melts into the air)"에서 영감을 얻어 차용하였다.

액체적인 것의 대척에는 또 다른 은유로서 고체적인 것(the solid)이 있다. 바우만은 벡과 기든스가 초기 근대라 부른 것을 고체 근대(solid modern)라 칭하였다(ibid., p.11). 고체 근대는 근대성이 근원적 혼란에도 불구하고 사회적인 것(the social)에 기초한 계급 연대와 다양한 제도적 장치를 통하여 개인들의 삶을 예측 가능하고 통제 가능한 틀에 포섭하는 데 성공하였음에 초점을 맞춘 개념이다. 이와 대조적으로 액체 근대 개념에서는 탈근대주의 사회이론이 언급하는 세계의 해체적 속성이 부각된다. 모든 것은 불안정적이고 휘발적이며 가볍고 단명하는 것으로 간주된다. 바우만은 액체성의 이 같은 확산이 단순히 문화와 예술 혹은 기호의 영역이 아닌, 삶과 사회 전체에 걸쳐 진행되는 하나의 거대한 사회변동임을 강조하였다(ibid., p.256).

바우만은 액체 근대성이 다음과 같은 특징을 갖는다고 보았다(Bauman, 2006/2010, p.7-12). 첫째, 견고한 사회적 형식이 소멸한다. 그리하여 사람들은 장기적인 삶의 전략을 세우지 못하고 부유한다. 둘째, 국민국가의 기능과 권력이 위축된다. 국가의 기능은 민영화되고 외주화된다. 셋째, 공동체가 해체된다. 친숙한 사회적 관계가 기존의 견고한 구조에서 유연하고 개별화된 연결망 형태로 전환된다. 넷째, 장기적 계획에 따라 진행되던, 목적이 분명하던 과업들의 수행이 불가능해지고, 사회적이고 개인적인 삶이 무수한 프로젝트와 다양한 일화(episodes)로 분할되어 파편적으로 수행된다. 다섯째, 개인은 이 모든 불안정과 불확실성을 책임지는 주체로 지목된다.

이러한 액체 근대성 아래, 1초에서 2초, 1일에서 2일, 한 달에서 두 달, 1년에서 2년으로 흐르는 근대의 기계적 시간 체계는 붕괴한다(Bauman, 2006a). 집은 쉬는 곳, 공장은 일하는 곳, 휴가지는 쉬는 곳이라는 근대적 공간 도식도 의미를 잃는다. 시간과 공간의 강고한 결합이 해리하고 각자 고유의 경로를 걷게 된다. 사랑과 그것의 결실인 결혼제도 역시 예의 의미를 잃고 다양한 가족 형태로 액화한다. 친밀성을 나타내는 모든 관계적 유형, 예컨대 우정, 연대도 견고함을 잃어버리고 사라진다(Bauman, 2000/2009, p.237). 전통적 관점에서 공동체의 가장 기본적 요소인 함께함(togetherness) 자체가 불확실해져 버린다(Bauman, 2003).

이뿐만이 아니다. 액체 근대성 아래에서는 자본과 노동마저 액화한다. 자본과 노동이 고체성을 잃어버린다는 것은 곧 둘 간의 명확한 경계가 사라진다는 것, 나아가 기능적 필요에 따라 형성된 강고한 상호의존 관계가 깨진다는 것, 그리하여 자본가와 노동자는 경제적 형편이 좋든 나쁘든 병이 들든 건강하든 간에 죽음이 그들을 갈라놓을 때까지 — 대립하는 와중에도 — 강하게 결속되어 있던 이전의 고체 근대적 상태에서 벗어나게 된다는 것을 뜻한다. 그 결과는 노동의 고용 불안정성 폭증이요, 노동의 감시와 요구에서 벗어나 마음껏 이윤을 추구하는 자본의 사악한 폭주이다(Bauman, 2000/2009, p.233-234).

자본과 노동의 경계가 사라짐에 따라 액체 근대 사회에서 개인의 정체성을 형성하는 데 결정적으로 기여하는 요인은 이제 자본가나 노동자로서의 계급적 위치가 아닌, 소비자로서의 라이프스타일이 된다. 이는 자본이 축적체제의 안정을 도모하기 위하여 노동자가 아닌 구매자, 즉 고객을 주요 결속 대상으로 삼기 시작한 데 따른 변화라 할 수 있다. 고체 근대에서 규율되던 금욕 윤리가 소비의 미학으로 대체되면서, 이제 액체 근대 아래에서 인간의 다양한 욕망은 소비를 통해 얼마든지 충족될 수 있는 것으로 여겨지고, 또 다른 욕망을 자극하는 소비의 대상이 생기면 이를 또 소비하기 위하여 질주하는 과정이 무한히 반복된다. 고체 근대의 합리성이 사라진 자리에 오로지 소비로 집중되는 욕망만이 남는 셈이다(Bauman, 2007).

이처럼 액체 근대의 시대에서는 고체 근대 시대의 안정적이고 확실성 높은 삶의 서사를 가능케 한 모든 견고한 계급적 연대와 계급 간 타협 그리고 제도적 장치들이 무너져 내린다. 시간과 공간이 무너지고, 사랑과 우정, 연대가 무너지며, 자본과 노동의 합의 및 이를 둘러싼 각종 계약이 무력화된다. 모든 확실하고 안정적이었던 것이 비결정화하고 비정형화한다.

사회적이고 제도적인 것의 모든 근거와 기초가 녹아 흘러 없어져 버린다는 것은 일견 그것이 부과하던 구속과 억압으로부터 도피, 즉 개인 자유의 확장으로 보일 수 있다. 그렇지만 바우만은 이에 완전히 동의하지 않았다. 그는 액체 근대가 가져오는 개인 자유의 확장을 부정하지 않았으나, 바로 그 자유로움이 무한정의 불안과 불확실성 속으로 개인들을 몰아넣었다는 측면에서 문제적이라는 입장을 분명히 나타냈다(Bauman, 2000/2009, ibid., p.32). 총체적 액화 과정에서 개인은 자유를 만끽하지만, 그에 대한 대가로 불안과 불확실성을 지불하는 현상, 그러면서도 왜 그러한 불확정성에 시달리는지 잘 깨닫지 못한 채 두려움에 떠는 현상을 바우만은 *Liquid Fear*『유동하는 공포』에서 공포의 유동성 확산 혹은 약화된 공포의 확산이라 명명하고, 이를 액체 근대의 주요 특징으로 지목하였다(Bauman, 2006b).

요컨대 현대인은 자유를 얻은 대신 공포로 점철된 삶을 살게 되었다. 이러한 주장은, 바우만이 후기 근대성을 한편으로는 긍정적으로,

다른 한편으로는 부정적으로 양가적으로 바라보았다는 것을 말해준다. 나아가 여타 후기 근대주의자들과 마찬가지로 근대성을 확장하거나 구제할 수는 없지만, 제도적 안정성과 확실성이라는 근대의 핵심 테제를 다시 한번 논의의 한가운데에 위치시킴으로써 후기 근대의 문제적 상황을 타개할 가능성을 비판적으로 모색하고자 노력하였음을 보여준다(김홍중, 2013, p.167).

그렇지만 전대미문의 고통과 위기를 야기하며 인간의 삶을 취약하게 만드는 액체 근대성 문제를 실제로 어떻게 해결할 것인지에 대하여 바우만은 뚜렷한 해답을 제시하지 않았다(김용규, 2012, p.86). 그는 이론가로서 성급한 실천적 해결법을 제시하기보다 사회에 대한 근본적 질문을 지속적으로 던지는 편에 섰다. 그는 삶의 고통의 원리를 이해한다고 해서 그 원리를 무력화할 실제적 힘을 갖게 되는 것은 아니라는 부르디외의 말을 인용하면서, 액체 근대성에 대한 자신의 이론과 성찰이 불행하지 않은 삶을 살 수 있는 가능성을 발견하는 데 활용될 수 있다면 그것으로 족하다고 하였다(Bauman, 2000/2009, p.343-344).

2) 액체공동체

전통적 공동체에서 사람들은 단조롭지만 안정적이고 연속적이며 확실한 인간관계를 맺고 살았다. 그러다가 근대에 접어들면서부터 사람들은 그러한 공동체의 해체, 소멸을 목격하였고, 이는 그것의 부활과 재생에 대한 열망을 불 지피는 계기가 되었다. 근원을 되뇌

게 하고 소속감을 다지도록 하며, 어울림의 기회와 안락함의 감정을 제공하는 전통적 공동체를 잃어버렸으니 이를 되찾자는 주장이 힘을 얻게 된 것이다.

그러나 근대성이 폭주하면서 기존의 모든 사회적이고 제도적인 것의 불확실성과 불안정성이 커졌고, 이에 전통적 공동체에서 볼 수 있었던 끈끈하고 탄탄한 인간관계는 회복되기는커녕 그 상실을 우려하였을 때보다 더 빠르게 해체되어 녹아 없어지기 시작하였다. 안정적이고 연속적이며 확실함을 추구한 기존의 사회적 결속이 이른바 액체 근대성의 등장과 함께 불안정적이고 불연속적이며 불확실한, 단명하는 인간관계로 급속히 대체된 것이다(ibid., p.290). 여기서 주안점은, 이 같은 변화가 어느 순간 액체 근대성 아래 나타난 공동체들의 새로운 특징으로 자리 잡기 시작하였다는 사실이다.

액체근대 공동체에서 볼 수 있는 인간관계의 새로운 양상을 바우만은 점묘주의(pointillism, 點描主義)에 빗대어 묘사하였다(Bauman, 2008, p.172). 여기서 점묘주의란 액체 근대인이 과거와 같이 끈끈하고 탄탄하며 서사가 돋보이는 인간관계를 맺기보다, 수많은 작은 일화를 중심으로 점을 찍듯 여기저기서 인간관계를 짧게 맺고, 필요한 경우 깜짝 이벤트를 통해 잠시 어울리기를 좋아한다는 것을 비유한다.

수많은 짧은 일화와 굵직굵직한 간헐적 이벤트 중심의 인간관계가 액체근대 공동체의 실체를 설명해 준다는 것은 액체 근대인의 정체성이 이질성과 다양성을 지향한다는 것을 시사한다. 전근대인은 성, 연령, 인종, 계급, 출신지, 거주지 등 전통적 기준과 근거에 의거하여 단조롭고 동질적인 정체성을 가졌다. 그리고 그 정체성이 지시하는 바에 따라 소속 집단의 규범과 윤리를 묵묵히 지키고 따랐다. 고체 근대인 역시 마찬가지였다. 비록 기술 발전, 이동성 증대, 노동 분화와 전문화 등 여러 거시사회적 구조와 환경 변화로 인하여 단일의 정체성과 전일적 귀속감을 가질 수 없는 상황에 맞닥뜨렸지만, 공동체 해체를 위협으로 받아들이고 고유의 정체성과 소속감을 수호하고자 노력하는 움직임이 있었던 것만은 사실이다.

이와 달리 액체 근대성 아래에서는 정체성의 전통적 기준이나 근거 따위는 더는 중요한 고려 대상이 되지 못한다. 인간관계에서 전일성이라든가 통합, 화합, 조화, 전통 따위의 공동체적 가치 역시 액체 근대성 아래에서는 녹아 없어진다. 때문에 액체 근대인은 특정 집단에 소속되어 그로부터 단조롭고 동질적인 정체성을 수동적으로 부여받기보다, 여러 이질적 집단에 유동적으로 소속되어 다양한 정체성을 '쇼핑'하고, 그 가운데 자신의 개성을 가장 잘 돋보이게 해줄 수 있는 것을 취사선택, 즉 '구매'하는 주체성을 발휘한다(Bauman, 2007).

정체성을 수동적으로 부여받지 않고 주체적으로 선택하기 때문에 액체 근대인에게 중요한 것은 집단의 규범과 윤리가 아닌 개성과 라이프스타일이다. 개성을 드러내길 좋아하고 추구하는 라이프스타일이 뚜렷한 액체 근대인은 따라서 구속적이고 진부하며 동질성이 부각되는 공동체적 사회 결속에서 인간관계를 맺기보다, 유동성, 확산성, 비정형성이 부각되는 느슨한 사회연결망에서 — 쇼핑하듯 — 인간관계 맺기를 — 관계를 맺고 이를 과시하기를 — 선호한다(Bauman & Lyon, 2013, p.38-42).

액체 근대성 아래 인간관계의 양상을 가장 잘 확인할 수 있는 것이 바로 인터넷의 수많은 소셜네트워크 서비스(SNS)이다. 사람들은 개방형 SNS에서 자신의 라이프스타일을 과시하고 개성을 뽐내며, 비슷한 정체성을 공유하는 이방인들과 우연한 만남(hookup)을 기대하며 끊임없이 근처를 서성인다. 그러면서 SNS에서 만든 모임을 공동체라 일컫는다.

바우만은 SNS의 가상공동체가 액체근대 공동체의 전형을 보여준다고 하였다. 그는, 개성과 라이프스타일에 따라 정체성을 선택(구매)하고, 비슷한 정체성을 공유하는 낯선 이들과 깊은 관계를 맺기보다 필요에 따라 선택적으로 피상적으로 어울리며, 그 효용이 다하면 기존의 정체성을 과감하게 갈아 치우는 한편, 자신의 개성과 라이프스타일에 보다 적합한 새로운 정체성을 발견하는 데 집착하는 모습이 액체근대 공동체의 특징적 모습이라고 보았다. 이는 액체근대 공동체란 결국 자기동일시의 개별 행위들(individual acts of self-identification)의 합으로서, 개인적으로 정의되어(self-defined) 개별적으로 표출된 것(individual expression)의 집합체에 불과하다는 점을 시사한다(Bauman, 1992, p.136).

동일시의 밑바탕에는 불안과 불확실을 야기하는 외부 위협에 집단적으로 대응해야 한다는 정서가 깔려있지 않다. 그 기저에는 자유를 만끽 중인 자아의 외로움과 권태가 깔려있고, 이를 해결하기 위하여 끊임없이 새로운 욕망을 만들어 내고 또 이를 충족하기 위하여 라이프스타일과 개성의 추구라는 미명 아래 '매장'에 전시된 정체성을 구매한 후 '이것이 바로 나다, 나를 드러내 준다'라고 단정 짓는 개별적인 인지 과정이 놓여있다. 이런 측면에서, 바우만은 공동체가 부여하는 정체성이나 귀속감과 관련하여 액체 근대인에게서 기대할 수 있는 것은 그저 소비에 대한 억누를 수 없는 개인적 욕망뿐이라고 보았다. 소비를 통해 개성을 뽐내고 좋아하는 라이프스타일을 추구하고자 하는 수많은 개인적 욕망이 모여 이루어진 게 액체 근대성 아래의 공동체라 주장한 것이다(Bauman & Lyon, 2013, p.34).

그렇지만 아무리 개성을 뽐내고 독창적 라이프스타일을 과시한들, 그리하여 여러 정체성을 시험하고 참신함을 장착한들, 자유로운 자아의 욕망은 궁극적으로 해소될 수 없다. 돌아갈 곳, 소속될 곳, 안정적이고 확실하며 연속적인 인간관계 맺음을 통한 안락함과 친숙한 자연스러운 감정을 느끼게 해줄 그 어떤 곳을 확보하지 못하는 한, 부유하는 자아의 갈증이 풀릴 리 만무하다. 그리하여 액체 근대인은 '공동체'를 갖고 있음에도 '공동체'를 열망하는 교착상태에 빠지게 된다(Bauman, 2000/2009, p.305).

여기서 전자의 공동체는 앞서 언급한 SNS의 가상공동체 같은 개별화된 연결망(individualized networks)으로서, 개인은 그 안에서 자유를 만끽하고 행복감을 경험하면서 독립적 주체로서 외부의 간섭을 피해 은밀한 사생활을 누릴 수 있다. 간혹 외로움과 권태를 느낄 수 있지만 개별화된 연결망에 접속하여 비슷한 라이프스타일을 가진 이방인들과 만나 이따금 어울리면(hookup) 부정적 감정을 해소할 수 있다(Bauman, 2003, p.65). 그렇지만 자유와 행복, 독립성과 사생활의 수준이 늘어난 만큼 개개인의 불안과 불확실성의 정도도 근원적으로 늘어난다. 이따금 비슷한 사람들과 어울리고 파격과 일탈을 시험함으로써 해방을 경험할 수는 있지만, 근본적으로 액체 근대인은 자유롭기 때문에 부유하고, 부유하기 때문에 불안과 불확실성에 시달리며, 불안하고 불확실하기 때문에 미지의 환경에 맞닥뜨려 홀로 두려움에 떠는 숙명을 피할 수 없다(Bauman, 2001).

바우만에 따르면, 액체 근대인은 그래서 '공동체'에 속해 있음에도 불구하고 '공동체'를 열망한다고 한다(Buamn, 2000/2009, p.305). 후자의 공동체는 소속감과 정체성의 근원으로 기능하는 전통적인 사회 결합 양상을 예시한다. 이러한 공동체는 단조롭고 고정적이지만, 안정적이고 연속적이며 확실한 인간관계를 보증함으로써 감정적, 사회적 유대를 촉진하고 사람들 사이에 신뢰와 호혜의 가치를 확산시키는 힘을 발휘한다. 공동체의 테두리 안에 들어가 있는 사람들은 미지의 낯선 환경에 놓이게 될 때도 불가예측의 공포에 사로잡히지 않고 자신과 비슷한 사람들이 나의 뒤를 봐주고 있다는 굳은 믿음을 바탕으로 흔들림 없이 전진하며, 이질적 집단의 미지의 타자와 두려움 없이 조우할 용기를 가진다. 선천적으로 개인은 나약할 수 있다. 그렇지만 나약한 개인은 또 다른 나약한 개인들과 연대하여 공동체를 형성하고, 그 안에서 삶의 이정표와 든든한 후원자를 제공받아 안전하고 안정적인 생활을 영위할 수 있다.

공동체의 전형은 이처럼 불안과 불확실성을 해소할 수 있는 훌륭한 대안이 될 수 있다. 고체 근대인들이 공동체를 잃어버렸다고 한탄하며 이를 회복, 재생시키고자 한 것은 바로 이러한 이유 때문이었다. 그런데 액체 근대인들은 공동체의 전형을 희구하면서도 막상 그렇게 할 수 있는 기회가 주어지면 이를 부정하고 회피하는 모순적 행태를 보인다(Bauman, 2006b, p.21). 바우만에 따르면, 이 같은 모순은 액체 근대인들이 액체 근대성의 장비(예: 스마트폰 등)와 태도 (예: 세상은 나를 중심으로 돌아가야 한다는 생각 등)를 결코 버리지 못하기 때문에 발생한다고 한다. 공동체가 제공하는 정서적 유대와 감정적 위안을 갈구하면서도, 공동체 찾기를 포기하고 불안과 불확실성 속에서 방황하고 두려움에 떠는 것은 바로 이 때문, 즉 근대성이 제공하는 자유와 편의 때문이다.

액체 근대인의 공동체는 따라서 진득하게 지속하는 성질의 것과는 거리가 멀다. 필요에 따라 선택적으로 만들어졌다가 그에 참여한 개인들의 욕망이 해소되면 없어지기를 반복하는 양상을 나타낸다. 바우만은 이렇게 나타났다 사라지기를 반복하는 액체근대 공동체를 호텔 또는 극장에 설치된 짐 보관소(cloakroom)에 빗대어 묘사하였다(Bauman, 2000/2009, p.316). 짐 보관소는 필요할 때는 방문자가 많아서 북적이고, 필요가 없을 때는 찾는 이가 없어 한산하다. 물론 이곳에서도 일정 수준의 인간관계가 발생하고 참여자 간에 친밀성이 형성되어 교환된다. 그렇지만 전통적 공동체에서 흔한 지속적 상호작용과 공통의 유대, 그에 동반되는 구성원 간 신뢰와 상호 호혜의 가치규범은 액체근대 공동체에서 좀처럼 발견되지 않는다.

사회학자 토니 블랙쇼는 1980~1990년대 영국을 강타한 레이브 문화(rave culture)를 이러한 액체공동체의 한 가지 사례로 규정하였다. 당시 많은 영국 청년 사이에서는 빠르고 현란한 비트의 음악에 맞춰 좁은 클럽 안에서 함께 춤추며 광란의 파티를 벌이는 문화가 인기를 끌었다. 파티에서는 불법 마약인 엑스터시가 공공연하게 거래되고 투약되었는데, 이때 클럽 안은 환각 상태에서 서로를 부둥켜

안고 육체적 쾌락에 떠는 젊은이들로 가득 찼다. 특히 파티가 한창일 때에는 서로 껴안고 뒹굴다가 파티가 끝나면 누구와 함께 있었는지 기억조차 못 하는 사람들이 수두룩하였는데, 블랙쇼는 바로 이러한 모습에서 바우만이 언급한 액체근대 공동체의 전형을 찾았다. 파티는 쾌락을 즐기기 위하여 모인 젊은이들에 의해 임의로 시작되었다가 빠르게 전개된 후 금세 정점을 찍고 종료되어 이내 그 안의 강렬하고 끈적한 경험이 흔적도 없이 사라지는 패턴을 보였는데, 블랙쇼는 이것이 액체근대 공동체에 관한 바우만의 설명과 꼭 닮았다고 보았다(Blackshaw, 2010, p.37).

레이브 파티의 참석자는 파티가 끝나면 언제 그랬냐는 듯 현장에서 취한 가면적 태도와 행동을 벗어던지고 일상으로 돌아간다. 바우만은 액체 근대인 역시 비슷한 모습을 나타낸다고 하였다. 차이가 있다면 레이브 파티 참여자는 현장에서만 가면을 쓰는 데 반하여, 액체 근대인은 일상에서도 항시 가면을 쓴다는 점이다. 그렇지만 둘 다 단일의 정체성을 안정적으로 가져가기보다, 복수의 정체성을 가진 상태에서 필요에 따라 특정 정체성으로 갈아 끼우면서 사람들과 접촉한다는 점에서 공통적이다. 여기서 주목할 부분은, 정체성을 계속 갈아 치우기 때문에 집단 내부의 구성원을 나와 운명을 함께하는 '우리', 나와 생각, 감정, 행동을 같이하는 '우리'로 받아들이는 정서가 좀처럼 싹틀 수 없다는 점이다.

공동체에서 조우하는 사람들을 '우리'로 보지 못한다는 것은 액체 근대인들이 기본적으로 외부의 공동체와 그 구성원들을 정서적 유대와 감정적 위안의 항구적 휴식처로 보기보다, 언제든 취소될 수 있고 증발해 없어질 수 있는, 그런 만큼 모호하고 확산된 위협을 가할 가능성을 지닌 '위험한 타자'로 인식한다는 것을 함의한다(Bauman, 2006b, p.68). 액체근대 공동체에서의 만남은 따라서 일회성으로 끝나는 것이 보통이며, 그 이상의 만남은 '그들'이 언제 또 어떻게 변해 버릴지 모른다는 두려움 때문에 잘 이루어지지 않게 된다. 만남은 특별한 욕구를 가진 사람들이 특별한 연결망을 통해 특별한 기회에 노출될 때에만 잠깐 이루어질 뿐이며, 지속적 만남과 어울림은 예측 불가능한 타자에 대한 공포 때문에 잘 성사되지 않고, 설령 성사된다 해도 쉬 권태를 가져오므로 좀처럼 흥미의 대상이 못 된다.

요컨대 액체 근대성 아래에서는 그 어떠한 것도 견고함을 유지하지 못한 채 흘러내린다. 공동체 역시 예의 단단함을 잃고 액화한다. 사람들은 필요에 따라 자신이 원하는 정체성을 구매하여 비슷한 상황에 놓여있는 사람들과 함께 소비할 뿐, 욕구가 충족되면 뿔뿔이 흩어져 없어져 버리는 개별화된 집단 양상을 나타낸다. 물론 이러한 상황에서 개인은 극한의 자유를 맛볼 수 있다. 그렇지만 자유를 얻은 대가로, 나와 비슷한 사람들이 이해득실과 상관없이 나를 보듬어 줄 것으로 예상되는 평안한 안식처를 잃게 되며, 이에 따라 끊임없이 무엇인가를 욕망하고 이를 해결하기 위하여 또 끊임없이 부유하는 불확실성과 불안정성 속에 놓이고 만다. 액체 근대인이 예의 단단한 공동체, 즉 확실하고 안정적인 생활 기반이 되어 주면서 동시에 튼튼한 삶의 이정표를 제공하던 공동체를 갈망하는 것은 바로 이 때문이다. 그렇지만 공동체를 잃어버렸다는 후회와 절망은 그것을 갈망하는 정서로 표출될지언정, 실제 안정적이고 연속적이며 확실한 인간관계로 가득 찬 공동체를 회복하고 재생시켜야 한다는 실천적 움직임으로 구체화하지는 않는다. 액체 근대인은 불확실과 불안정에 부유하고 공포감을 느껴도 개인적 삶에 동력을 제공하는 자유와 그것이 동반하는 편의를 포기하려 들지 않기 때문이다.

이처럼 바우만은 후기 근대 공동체를 개별적으로 현시된 욕망의 덩어리로 보고, 후기 근대 공동체 속에서 개인은 큰 자유를 맛보지만, 불안감과 불확실성에 따른 공포심으로 인하여 오히려 전근대적 공동체 —혹은 초기 근대인들이 재현하고자 했고 일부 실제로 재현에 성공한 공동체 —에 대한 강한 열망을 갖는다고 주장하였다. 이런 측면에서, 후기 근대인에게 있어 공동체란 사치재가 아닌 필수재이며, 인간의 존재론적 본질과 맞닿아 있다고 할 수 있다.

그러나 후기 근대의 역설은 자신의 존재론적 근거이자 이유인 공동체에 대한 갈망을 달랠 마땅한 방법이 없다는 데 있다. 문제의 뿌리에 근대적 삶, 사고, 조직, 역사의 구조가 그대로 놓여있기 때문이다. 근대성의 만개는 자신이 쌓아 올린 모든 견고한 사회적 타협과 제도적 장치를 스스로 파괴하는 것으로 귀결하기 때문에, 후기 근대인을 불안과 불확실성의 공포에서 구제할 방법은 근대성을 포기하지 않는 한 근본적으로 없다고 할 수 있다. 바우만은 이를 근대성에 내포된 근원적 역설로 보았다(Bauman & Lyon, p.38, p.91).

바우만의 공동체 이론에 가해지는 가장 큰 비판은, 그의 액체근대 공동체 개념이 공동체의 소비자와 생산자를 구분하지 않고 공동체의 소비자 측면에서만 현실을 분석하는 편협함을 보였다는 점이다(Brown, 2008). 공동체를 신의, 헌신, 책임, 상호 호혜, 연대 의식 등의 차원에서 잘라 보았을 때, 각 항목에서 전반적으로 매우 높은 점수를 기록하는 자들이 현실적으로 아예 없지만은 않다. 현대 사회의 모든 공동체가 무임승차자, 무관심자, 비관여자들로만 가득 찬 것은 아니며, 숫자는 적을지언정 공동체 안에는 언제든 소수의 열성적 참여자, 충성심 강한 헌신자들이 반드시 있기 마련이다. 이들에게 공동체란 슈퍼마켓에서 쇼핑하듯 구매하여 소비하는 상품이 아니다. 공동체는 수많은 시간과 노력, 정성을 투자해야만 비로소 가질 수 있는 생산물이며, 이렇게 생산된 공동체는 사회적, 정치적, 문화적으로 구성원 개개인의 삶을 결정짓는 핵심 인자로 기능한다. 실례로, 아담 브라운은 영국의 맨체스터 유나이티드 축구단의 팬클럽을 예로 들며, 이 팬클럽의 구성원은 대부분 어중이떠중이지만 극소수는 열성분자들이고, 이 열성적 지지자들에게 있어 맨체스터 유나이티드의 축구경기란 그들 삶의 거의 전부를 결정짓는 중심적 힘으로 기능한다고 분석하였다(ibid., p.353). 이는 공동체의 열성적 생산자들에게 있어 공동체란 자신을 돌아보고 남을 보살피며 세상을 이해하는 근거이자 삶을 사는 목적 그 자체로 받아들여진다는 것을 시사한다. 바우만의 공동체 이론은 이처럼 현대 사회에서도 엄연히 존재하는 공동체의 열성분자들을 도외시한다는 비판을 받는다.

한계에도 불구하고 바우만의 이론은 불안과 불확실성을 후기 근대의 특징으로 규정짓고 근대성을 비판적으로 응시하였다는 점에서 큰 의의가 있다. 특히 공동체의 액화에 따라 현대인의 존재 기반이자 존재 그 자체라 할 수 있는 공동체에 대한 열망이 그 어느 때보다 커졌지만, 액체 근대성 아래에서 우리가 알던 기존 공동체를 회복하는 것은 요원한 일이 되었음을 폭로하고, 이로써 근대성의 만개가 가져온 역설을 드러내는 한편, 근대성에 대한 재성찰을 요구하였다는 점은 후기 근대주의자로서 바우만 이론이 갖는 특별한 장점이라 할 수 있다.

제12장. 전망과 과제

1. 요약

현대 사회는 급속히 변화하고 있다. 그런 만큼 우리가 느끼는 불안과 불확실 그리고 불가예측적 미래에 대한 두려움도 나날이 커지고 있다. 무한경쟁이 당연시되고 각자도생이 권장되는 오늘날 사회에서 사람들은 나름의 생존 방식을 심각히 고민하고 있다. 다양하고 혁신적인 방법들이 낡은 것과 뒤엉켜 제안되고 있고, 차례차례 현실에서 시도되고 있다. 이러한 혼돈 속에 일각에서는 위험에 대처하는 방안으로 — 이미 한물갔다고 생각된 — 공동체를 통한 집단적 대응을 진지하게 모색 중이다.

이 책은 확증하는 불안과 불확실성의 시대에 개인으로서 무력감을 절감하는 우리 인간이 왜 공동체를 이루어 그 안에서 힘을 합쳐 대응해야 하는지, 공동체를 어떻게 활용해야 하고 또 그 의미를 어떻게 찾아야 우리네 삶을 안정적이고 연속적으로 확신을 갖고 이어갈 수 있을지, 궁극적으로 공동체는 위기에 대처할 근원적 힘을 갖는지 등의 질문을 던지고 그에 대한 답을 찾기 위한 목적으로 기획되고 쓰였다. 이를 위해 이 책에서는 문헌에 존재하는 거의 모든 공동체 관련 이론과 방법론을 찾아 소개하는 데 지면을 할애하였다. 지금까지의 문헌 검토 결과를 요약하면 아래와 같다.

서론에서는 공동체의 필요성을 존재론적 차원에서 짚어 보았다. 인간은 홀로 세상을 헤쳐 살아가는 태생적으로 고독한 존재이다. 그렇지만 그와 동시에 자신과 비슷한 특징을 공유하는 이들과 친숙한 관계를 형성하고 이를 일상화하여 집단을 구성하며, 그렇게 만든 집단 동료들을 동반자 삼아 험난한 세상을 탐험하고 미지의 낯선 타자와 조우하는 공동체적 존재이기도 하다. 이런 측면에서 공동체는 사치재가 아닌 필수재이며, 인간 본성 그 자체라 할 수 있다.

제1장에서는 공동체를 경험적으로 정의하기 위하여 지리적 영역, 공동의 유대, 사회적 상호작용이라는 세 가지 요소를 중심으로 공동체를 살펴보았다. 이와 함께, 전근대 사회에서 근대 사회로 넘어가면서 이러한 경험적 3요소가 해리되었고, 그에 따라 공동체에 대한 개념적, 경험적 혼란이 빚어졌음을 각종 파생 용어(예: 유한책임의 공동체, 포개진 공동체 등등)와 더불어 살펴보았다.

제2장에서는 공동체의 규범적 정의를 살펴보았다. 공동체는 통상 책임, 희생, 헌신, 통합, 일치, 조화, 전통, 권위의 가치규범 체계와 관련성을 갖는데, 왜 이와 같은 속성이 공동체 개념과 연상되는지를 주요 철학의 사상적 맥락에서 짚어 보았다. 구체적으로, 공리주의, 고전적 자유주의, 사회주의를 살펴보았고, 특히 자유주의와 공동체주의 간 철학적 논쟁의 맥락에서 공동체의 규범적 정의를 내리는 데 집중하였다.

제3장부터 제7장까지는 공동체에 관한 다양한 사회과학 이론과

연구를 접근 방식에 따라 유형론, 생태론, 체계론, 갈등론, 계획론 등 총 다섯 가지 유형으로 나누고 각 유형에서 공동체가 어떻게 이해되는지를 살펴보았다.

제3장 유형론적 접근에서는 전근대 사회에서 근대 사회로 이행하는 과정에서 고전 사회학자들이 사회변동론적 관점에서 자신들이 사는 시대를 어떻게 이전 시기와 다르게 구분하였는지를 중심으로 공동체에 관한 이분법적 인식론을 살펴보았다. 퇴니스, 베버, 뒤르켕, 짐멜 등 사회학의 초기 대가들은 모두 전근대 사회에서 근대 사회로 접어들면서 이전의 공동체가 해체되고 새로운 질서가 등장하였다는 데 동의하였다. 그러나 이것이 비관적 미래의 전조인지 아니면 낙관적 미래를 약속하는 변화인지에 관해서는 각자 생각을 달리하였다.

제4장에서는 생태론을 살펴보았다. 인간생태론자들은 인간의 도시와 지역사회를 동식물 세계와 똑같은 논리가 적용되는 서식지로 파악하고, 생존경쟁에 대한 본능적 욕구 그리고 비슷한 종 간 전략적 협력이 도시 및 지역사회의 흥망성쇠를 좌우하는 결정요인이 된다고 설명하였다. 경쟁적 협력은 도시와 지역사회에 생물적 공동체를 들어서게 하는 계기가 된다. 그렇지만 시간이 지나 차츰 생물적 공동체 위에 가치와 규범, 전통과 권위, 정치적 협의 등에 지배받는 도덕적 공동체가 들어서게 되고, 이에 따라 도시와 지역사회는 인간 세계(이성)와 생물 세계(본능)가 균형을 이루며, 그러다가 다시 생물적 욕구에 따라 그 균형이 깨지기를 반복한다는 것이 공동체, 지역사회, 도시에 관한 인간생태론의 주요 논지이다.

제5장에서는 체계론의 관점에서 공동체를 살펴보았다. 체계를 다

수의 부분으로 이루어진 상호작용의 연결망으로 정의하는 체계이론가들은 삼라만상이 투입, 처리, 산출, 환류, 분화, 전문화, 경계 유지 등 체계이론의 용어를 통해 설명될 수 있다고 보았다. 이는 공동체에도 마찬가지로 적용되는 것으로, 체계이론가들은 이러한 기본 입장을 바탕으로 공동체를 물리적, 지리적 차원에서 근거리 요인(미시-중간체계)과 원거리 요인(외-거시체계)로 나누는 한편, 현대 사회 공동체가 직면하는 문제의 상당 부분이 근거리 요인에 대한 원거리 요인의 과잉 간섭에 기인함을 지적함으로써 토착 리더십의 육성, 지역 내부자원의 개발과 같은 지역사회 독립성 및 정체성 강화 논리에 힘을 실어 주었다.

제6장에서는 현대 사회의 불평등한 사회적 관계가 현시화한 결과로서 도시를 규정하고 자본주의 체제 아래에서 공동체는 필연적으로 해체, 분열될 수밖에 없음을 주장한 갈등론을 살펴보았다. 구체적으로, 마르크스는 도시를 계급의식의 배태지로, 카스텔은 집합적 소비의 중심지로, 하비는 자본주의 위기의 공간적 돌파구로, 사센은 세계 경제의 주변화된 전략적 요충지로, 스미스는 불균등발전의 공간으로, 데이비스는 무장화한 자본의 성곽으로 각기 조금씩 달리 자본주의적 도시를 묘사하였다. 그렇지만 모두 자본주의가 심화 발전함에 따라 연대, 협동, 장소성을 강조하는 약자들의 공동체가 필연적으로 파괴됨을 지적하였다는 점에서 갈등론자들은 공통적이었다.

제7장에서는 계획론을 살펴보았다. 도시계획론자들은 공동체가 자연발생적으로 만들어진다는 기존의 논리를 부정하고, 이상적 공동체, 특히 전통 사회에서 존재했다고 여겨진 바로 그 공동체를 현대

사회에서 물리적 환경(예: 녹색정원, 공용공간 등) 조성을 통해 인위적으로 구현하고자 노력하였다. 물리적 환경만 조성해 주면 공동체가 들어설 것이라 낙관한 도시계획론자들의 역사적 실험은 그러나 대체로 실패로 끝났다. 그렇지만 이들의 실패한 실험은—의도치 않게—공동체란 다수 구성원의 각고의 노력, 특히 수많은 갈등과 협상, 소수의 비상한 리더십이 뒤따라야만 비로소 어렵사리 만들어질 수 있는 결정체라는 교훈을 다시금 가르쳐주는 계기가 되었다.

제8장과 제9장에서는 공동체의 실재 여부에 관한 엇갈리는 견해를 살펴보았다. 제8장에서는 공동체를 잃어버린 과거로 규정하고 낭만적으로 묘사하며 향수에 젖는 상실론과, 공동체를 잃어버린 적이 없으며 설령 과거의 어느 시점에서 잃어버렸다손 치더라도 현재 그대로 복원해낼 수 있다고 보는 보존론을 살펴보았다. 다음으로 제9장에서는 공동체를 잃어버린 적이 없고 오히려 역사적으로 단 한 번도 달성한 적이 없다고 보는 이상론과, 오늘날 공동체는 시간과 공간의 복잡한 교차 속에서 다양한 형태, 과정, 차원 속에 존재하며 형성과 재구성을 반복하기 때문에 실체를 뚜렷하게 파악하기 힘들다고 보는 확장론을 살펴보았다.

마지막 제10장에서는 20세기 후반 공동체를 둘러싼 거시적 구조 및 환경의 단절적 변화를 탈근대적 전환으로 명명하고, 탈근대주의 공동체의 특징에 대해 살펴보았다. 탈근대성은 사회질서와 구조의 경계를 구분 짓던 기존의 준거점들을 해체함으로써 유동성, 일시성, 상대성, 특수성, 타자성에 대한 민감도를 고조하였다. 그 결과 탈근대 공동체는 소속됨의 불완전성, 시간적 초월성, 공간적 역성 등으로 특징지어지는, 기존의 전통적 공동체와는 완전히 결을 달리하는 개인 간 접촉을 의미하는 것으로 이해되기 시작하였다.

그렇지만 비판자들은 오늘날 사회가 근대와 완전히 결별하였다는 탈근대주의자들의 주장을 반박하고, 근대성의 만개가 오히려 역설적으로 작금의 문제적 상황을 초래하였음에 주목하면서, 오늘날 사회의 혼돈을 후기 근대적 전환에 따른 결과 차원에서 이해해야 한다고 주장하였다. 후기 근대주의자들은 현재 우리가 겪는 위기의 근원이 근대성 자체에 내재한 모순에 기인함을 지적하고, 불안과 불안전성으로 점철된 현대 사회의 인간은 공동체를 항시 고민하고 갈망하는 운명에서 벗어날 수 없을 것으로 예측하였다.

이상의 요약을 바탕으로 아래에서는 간략하게 향후 공동체에 대한 전망을 존재론적, 규범적, 경험적 차원으로 나누어 살펴보고자 한다.

2. 존재론적 전망

인간은 어울림과 참여에 대한 본능적 열망에 지배받는 관계적인 동물이다. 홀로 외로이 남겨지기보다 자신과 유사한 무리 속에서 사람들과 어울리고 영향을 주고받으면서 친밀감과 애착을 다지는 사회적인 존재이다. 자신이 소속된 집단의 근원과 유산, 전통을 알고 그것을 지켜 나가는 가운데 소속감을 찾고 정체성을 얻는 역사적인 존재이기도 하다.

공동체는 이와 같은 인간의 본성을 실현해 주는 통로이자 하나로 모으는 연결고리, 구심점 역할을 한다. 어디가 시작이고 어디가 끝인지 모를 복잡다단한 혼돈의 세계에서 공동체는 구성원들에게 심리적 안정을 바탕으로 흔들림 없이 전진할 원동력을 제공하고, 이질적 집단의 미지의 타자와 두려움 없이 조우할 용기를 심어준다. 선천적으로 나약한 인간이 생존할 수 있는 최고의 방법은 그래서 공동체를 만들고 그에 소속되어 삶의 이정표를 제시받으며 안전과 안정을 집단적으로 도모하는 데 있다.

이런 측면에서 인간에게 공동체란 사치재가 아닌 필수재이다. 나아가 인간 본성 그 자체라 할 수 있다. 이는 공동체가 좌절되었을 때 사람들이 흔히 외로움, 공허함, 낯섦, 불안전의 감정을 경험하며, 만인에 대한 만인의 투쟁 속에서 강한 사회적, 심리적 압박감을 받는다는 사실을 통해 잘 알 수 있다. 외부의 적대적 환경으로부터 보호막 역할을 해주던 울타리가 사라짐에 따라 '나는 누구인가', '나는 어디에서 비롯되는가'와 같은 정체성 관련 문제에 답하기 곤란해지고, 무엇이 옳고 바람직한 가치이며 무엇이 도덕적 삶을 의미하는지 답을 알지 못한 채 불확실의 세계에서 표류하고 만다는 데에서도 잘 알 수 있다.

요컨대 '공동체에서 살아감'은 인간 존재에 있어 본질이자 필수이다. 그런데 이러한 공동체가 전근대에서 근대로 넘어가던 시기에 급속히 해체되었다. 합리화, 분업화, 개인주의, 자유주의, 기술 혁신, 세계화, 자본주의적 산업화, 이촌향도, 포디스트 축적체제, 대중사회, 인구학적 변화 등 공동체를 둘러싼 거시 구조적 환경 변화가 기존에 우리가 잘 알던 안정적이고 연속적인 인간관계를 파편화하였다. 이 파편화는 구체적으로, 이웃과 지역에 대한 무관심, 무관여, 도시 속

익명성에 기댄 인간 소외와 고독, 친밀한 관계의 소멸과 대면적 소통의 증발, 이기주의 등으로 요약되는 공동체 파괴, 즉 인간성 상실과 훼손을 의미하는 것이었다.

존재에 위협을 느낀 근대인들은 파편화된 인간관계를 회복하고 공동체를 재건하고자 노력하였다. 상실론자들은 공동체를 더는 회복할 수 없는 과거지사로 보았다. 그렇지만 공동체 회복과 재생을 포기하지 않고 이를 끊임없이 시도한 낙관론자들도 적지 않았다. 공적 담론의 장으로 불려 나온 공동체는 그리하여 막중한 역할을 부여받았다. 여기서 역할이란, 공동체 소실에 따라 존재론적 위기에 처한 근대인을 구해내는 것, 다시 말해 나와 비슷한 특징을 공유하는 우리와의 긴밀한 어울림을 통하여 소속감과 정체성을 확인하고 이를 바탕으로 불확실한 세계에서 안전과 안정을 추구하는 인간 본연의 성질 회복을 의미하는 것이었다.

그러나 근대의 공동체 재건 프로젝트는 생각만큼 성공하지 못하였다. 성공에 부정적 영향을 미친 요인은 여러 가지가 있겠으나(예: 국가의 중앙집중화, 대중문화의 등장, 도시의 확산과 거대화, 레드콤플렉스 등) 가장 큰 요인은 아무래도 근대에 만개한 자유주의에 있었다고 할 수 있다. 자유주의는 집단보다 개인을, 총체보다 원자를, 통합보다 다양을, 특수주의보다 보편주의를, 객관주의보다 주관주의를, 가치판단적 담론보다 가치중립적 원칙을 중시한다.

자유와 자유가 주는 편익, 그러한 편익을 수호하기 위한 각종 근대적 법제도와 장치가 속속 들어서고 개인주의 문화가 형성되어 주류를 이룸에 따라, 나와 비슷한 특징을 공유하는 이들과 어울리고 소통하며 그들과 유의한 관계를 맺음으로써 인간 본성 회복의 문제를 풀고자 한 공동체주의자들의 시도는—많은 사람이 필요하고 중요하다고 인정하였음에도 불구하고—성공하지 못하였다. 반대로 20세기 중반까지 자유주의는 승승장구하였다. 자유주의는 한편으로 자본주의적 시장체제를 만들어 내어 자원의 효율적 배분을 이루어 냈고, 다른 한편으로 근대적 복지국가 형성에 일조하여 안정과 확실을 희구하는 사람들의 열망을 사회적인 것(the social)의 틀 속에서 풀어내었다. 심지어 사랑, 우정, 존경의 가치 대신 자유를 빙자한 이기주의라든지, 희생, 헌신, 책임의 미덕 대신 공동선을 앞세운 전체주의가 기승을 부릴 때조차 공동체주의는 강력한 실천적 대안으로 자리 잡지 못하였다.

그렇지만 이러한 근대의 자유주의는 20세기 중반을 넘어서면서 역설적으로 시장실패와 국가실패를 야기하는 요인으로 지목되어 비판의 대상이 되기 시작하였다. 자유시장은 무한경쟁, 승자독식, 효율 지상주의, 과잉 개별화를 앞세움으로써, 자유주의 복지국가는 부정부패, 관료주의, 비효율, 중앙집중화, 그리고 최악의 경우 자유주의와 대척관계에 놓인 전체주의 혹은 국가주의의 늪에 빠짐으로써 더는 안정적이고 확실성 높은 세계를 구축하는 데 실효성이 떨어짐을 스스로 입증하였다.

이러한 와중에, 20세기 후반에 접어들면서부터 냉전의 해체, 이데올로기적 동력의 약화, 환경, 소비, 인종, 문화, 종교, 사생활 영역에서의 신사회문제 발생, 복지국의 재정위기, 노동시장 유연화, 포스트포디스트 축적체제의 성립, 금융자본주의 등장, 인터넷 대중화 등

이전에는 경험하지 못한 새로운 거시 사회적 환경 변화가 촉발되었다. 미증유의 변화는 자유주의가 추구하는 보편성에 대한 비판을 포함하여 이성 중심주의에 대한 회의, 탈중심적 사고, 효율성, 기능성, 표준화 등 근대성의 해체 담론으로 이어졌고, 유동성, 일시성, 상대성, 특수성, 타자성 같은 이전에는 주목받지 못한 가치를 부각하는 추세를 만들어 냈다.

이러한 변화들은 사회적인 것에 기초하여 만들어진 계급 연대, 그리고 개인의 삶을 예측 가능하고 통제 가능한 틀 안에 위치시킨 — 국가와 시장을 포함한 — 기존의 제도적 장치들을 흔드는 결과로 이어졌다. 그리하여 계류를 잃고 난파한 배의 선원들처럼, 후기 근대인은 다시 한번 갈피를 잃고 헤매었고, 그 어느 때보다 큰 불안과 불확실성 속에 내동댕이쳐지게 되었다. 사회 전반에 '내가 어떤 상황에 부닥치든 내 운명을 책임져 줄 든든한 방패막이로서의 우리 편이 없다'라는 불안이 확산하였고, '결국 나도 나락으로 한 번 떨어지면 회복할 수 없다'라는 두려움이 광범위하게 퍼졌다. 이러한 공포감을 우리는 N포 세대, 헬조선 같은 근래 시시때때로 등장하는 자조 어린 신조어에서 쉽게 감지할 수 있다.

존재의 위기에 대한 공포심은 위협을 끼칠 수 있는 복잡한 인간관계로부터의 도피, 그리고 세상사에 대한 관심과 관여의 철회로 나타났다. 우리는 이를 최근 유행하는 나 홀로 문화나 욜로라이프 같은 개인주의적 생활방식, 가치관, 소비 행태에 대한 집착과 탐닉에서 잘 관찰할 수 있다. 그렇지만 또 다른 일각에서 작금의 위기 상황은 공동체에 대한 열망을 지피는 계기가 되었다. 실제로 21세기에 접어들면서부터 우리나라만이 아니라 전 세계적으로 새로운 공동의 유대를 논의하고 친숙한 연결이 갖는 의미를 규명하며 나와 비슷한 특징을 공유하는 무리와의 긴밀한 어울림을 통해 소속감과 정체성을 확인하는 한편, 이를 기반으로 불확실한 세계에서 안전과 안정을 집단적으로 확보하자는 움직임이 크게 주목받기 시작하였다. 점증하는 불안과 불확실 속에서 타인과 결사, 협력, 연대함으로써 위기에 공동 대처하자는 목소리가 힘을 받고 있는 것이다. 이는 주민조직, 마을기업, 사회적 기업, 협동조합과 같이 지역에 기반을 둔 공동체 강화에 대한 현장 활동가들의 관심에서 특히 명료하게 확인되듯, 여전히 지속되고 있다.

인간은 고독한 존재이다. 홀로 세상을 헤쳐 나가는 것은 인간의 숙명이며 본성이다. 그렇지만 인간은 홀로 됨에 따른 불안과 불확실을 극복할 힘을 갖고 있다. 자신과 비슷한 특징을 공유하는 이들과 친숙한 관계를 형성하고 이를 일상화하여 집단을 구성하며, 그렇게 만든 요 집단 동료들을 동반자 삼아 지난한 세상을 탐험하고 미지의 낯선 타자와 조우할 사회적, 역사적 힘, 즉 공동체를 조직, 운영, 전승할 힘을 갖고 있다. 물론 이러한 힘은 때로 주변 상황과 여건에 따라 위축되기도 한다.

바우만 같은 후기 근대주의자들은 공동체에 대한 열망이 그저 열망으로만 남아있고 실천으로 이어지기는 힘들 것으로 비관하였다. 그렇지만 공동체를 조직하고 운영하며 후세대에 전승할 힘 자체는 인간 본성의 심연에 깊숙이 자리 잡고 있다. 유사 이래 인류 역사에서 존재론적 위기 때마다 튕겨나온 공동체에 대한 강한 열망 ― 실천으로 이어지든 그렇지 않든 간에 ─ 은 공동체가 인간의 본성 그 자체이며, 따라서 인간이 존재하는 한 앞으로도 언제든 지속할 것임을 입증한다. 지금 당장, 그리고 앞으로 다가올 위기의 고비마다, 개인으로서 무력한 인간은 힘을 합쳐 공동으로 대응할 것이고, 그로부터 전진할 태세를 갖출 것이다. 공동체가 인간 사회에서 사그라지지 않을 것은 자명하다.

3. 규범적 전망

공동체에 소속된 개인은 집단의 존속과 번영을 위하여 희생, 헌신하고, 다른 구성원들과 협력하여 조화롭고 통합된 '우리'를 만드는 데 일조할 것으로 기대된다. 또한 선대로부터 물려받은 집단의 권위를 존중하고, 그 전통을 이어갈 의무를 지는 존재로 기대된다. 이러한 기대에 부응한 개인에게 공동체는 안락한 보호막을 제공하여 포용하고, 위험에 대처할 수 있는 여러 도구적, 정서적, 정보적, 평가적 수단을 제공함으로써 보상한다.

그런데 여기서 한 가지 문제가 되는 부분이 있다. 공동체는 연대, 협력, 희생, 헌신, 책임, 의무, 전통과 권위의 존중과 같은 도덕적 가치규범의 실천에 따른 혜택을 내부 성원에게만 허락한다는 점이 바로 그것이다. 내집단 성원 자격을 갖추지 못한 자, 즉 '우리'의 공동선 관념을 공유하지 않는 외집단 이방인이라든지, 내집단 구성원이지만 '우리'의 공동선을 불완전하게 공유한 불순분자에게 공동체는 포용과 보상이 아닌 정반대의 배제, 차별, 박해의 논리를 적용한다.

'우리'의 특수한 가치를 수용하고 구현하는 데 동참하지 않는 '너'를 '그들'로 규정하고, 때로 여기서 한 걸음 더 나아가 우리의 융합에 도움이 안 되니 사라져 버리라는 적대적 태도조차 공공연하게 드러낸다.

더 큰 문제는, 공동체적 유대를 저해하는 자, 집단의 융합을 반대하는 자, 공동체의 특수한 선 관념에 반대하는 자를 분열주의자로 몰아 공격하고, 같은 생각과 의견을 가진 내집단 성원들끼리만 합일하며 '그들'을 공격하는 행태가 지속하는 가운데, 개인은 사라지고 집단만이 유일한 목적으로 남는 전체주의 ─ 완곡한 표현으로, 온정주의 ─ 가 등장할 수 있다는 점이다. 오로지 하나의 원리만이 허락되고 타자성이 부정되는 전체주의적 상황에서 개인의 사생활 부정과 권리 탈취는 일상화한다.

공동체는 포용적이고 통합적이다. 그렇지만 배타성과 분열성 역시 공동체의 일부를 이룬다. 사회학자 니스벳은 공동체의 이와 같은 폭력성을 절대공동체라는 용어로 담아내었다. 그에 따르면, 절대공동체에서는 공동체가 추구하는 ─ 단지 여러 관념 중 하나에 불과한 ─ 특수한 선(the good)이 절대적으로 올바른 것(the right)으로 교조화하고, 그로부터 벗어난 모든 올바르지 못한 것이 부인되는 비극이 야기된다. 획일성, 흑백논리, 적대감을 자양분으로 삼아 크는 절대공동체에서는 따라서 오로지 '우리'가 지목한 그 가치에만 이목이 집중되고, 그에 대한 충성만이 칭송받으며, 여기서 벗어난 이종 혹은 잡종은 비하되고 청소의 대상으로 전락한다.

배타적이고 분열적인 공동체는 통합과 조화의 중심이 아닌, 갈등과 충돌의 공급처 역할을 한다. 우리는 공동체의 이러한 폭력적 모습을 역사적으로 파시즘으로 대변되는 국가주의에서 가장 극적으로 확인하였다. 물론 그 이후에도 크게는 정파, 종교, 인종, 민족, 성별, 성적 지향 등 각종 동질화 요인에 근거를 둔 수많은 근본주의적 흐름, 작게는 님비즘으로 대변되는 배타적 지역이기주의가 사회 곳곳에서 분출되어 온 만큼, 공동체의 폭력성을 목격하는 것은 그리 어려운 일이라 할 수 없다.

내부적으로 포용적이고 통합적이며 공공성을 지향하지만 외부적으로 배타적이고 분열적이며 심지어 반사회성을 공공연하게 드러내는 공동체의 규범적 딜레마는 미래 사회에서도 계속될 것이다. 이 딜레마는 공동체 형성과 운용에 적대적 환경을 조성할 것이므로 경계해야 한다. 미래 사회는 특히 문화 다원주의, 상대주의와 같은 자유주의의 도덕적 주관주의에서 파생된 가치가 여전히 큰 영향력을 발휘할 것이다. 이는 공동체가 전제하는 도덕적 객관주의와 격렬하게 대립할 것이고, 공동체를 통한 집단적 대응으로 작금의 위기 상황을 타개해 나가고자 하는 공동체주의자들의 논리에 타격을 입힐 것이다.

또한 미래 사회에서는 비표준화, 비정형성, 시공간 압축, 가상현실 등으로 특징지어지는 탈근대성이 만개할 것이다. 이는 공동체라는 이름 아래 공통된 목적을 나누어 가지며 완전한 융합을 꿈꾸는 그 어떠한 절대주의적 시도도 좌절시킬 것이다. 탈근대인은 미완적 관계 그 자체, 즉 평등한 존재 간 자연스러운 소통을 중시한다. 때문에 만나고 어울리는 데 거리낌이 없지만, 집단에 융합되어야 한다는 메시지, 즉 하나의 원리만이 인정되고 그 이외의 것은 부정되는 ― 자아의 내재성이라 일컬어지는 ─ 절대성, 고정성, 폐쇄성이 감지되면 이를 깨부수는 데에도 주저함이 없다. 시공간의 분리, 가상현실의 대두 등 탈근대 시대의 사회적 조건 역시 공동체가 지향하는 동일성의 원리와 원천적으로 대립한다. 이는 모두 공동체를 형성하고 운영하는 데 부정적 영향을 미칠 것이다.

요컨대 미래 사회 공동체를 둘러싼 환경은 낙관적이지 않다. "너희들이 뭔데 나에게 이래라저래라 하느냐", "이 세상에 이미 결정된 바는 없다"라는 주장이 지금까지 그래왔던 것처럼 앞으로도 주류 담론의 위치를 잃지 않을 것이라고 가정하면, 전망은 더욱 비관적이다. 따라서 책임, 희생, 헌신, 통합, 일치, 조화, 전통, 권위의 가치규범 체계를 기계적으로 공동체와 연동 짓는 기존의 규범적 개념 정의에 수정을 가하는 일이 요구된다. 특히 문화 다원주의와 상대주의 등 자유주의에 기반을 둔 도덕적 주관주의를 수용하고, 동일성 원리에서 탈피하여 탈중심주의로 노선 변경을 시도할 필요가 있다. 이러한 수정 노력이 없는 한, 미래 사회의 공동체는 '같음'만 추구하고 '다름'은 억압, 차별하는 기제로 오해받을 수 있다. 사람들은 공동체주의를 이념적으로 전체주의나 온정주의의 아류로 치부할 수 있고, 일상에서는 '오지랖 넓은 사람들의 불편한 간섭' 정도로 비하하는 시각조차 대두될 수 있다.

공동체의 규범적 딜레마를 극복하기 위하여 최근 일부 공동체주의자들은 이른바 반응적 공동체주의라는 이론을 제창하여 돌파구를 찾는 양상이다. 제2장에서 이미 설명하였지만, 반응적 공동체주의는 개인주의와 집단주의의 대립을 강조하기보다 양자의 조화와 융합,

상호 보완성을 강조한다. 구체적으로, 지나치게 개인의 권리를 강조하여 공동선을 소홀히 여긴 자유주의의 편협성을 극복하는 한편, 지나치게 공동체의 가치를 강조하여 개인의 선호를 소홀히 한 공동체주의의 배타성을 거부하는 절충적 태도를 보인다. 즉 반응적 공동체주의는 개인의 가치와 공동체의 가치를 별개의 것으로 구분하기보다, 함께 수용하여 자율성과 공동선의 균형을 강조하는 양시론적 입장을 취한다. 이는 반응적 공동체주의가 인간의 존엄성을 타자와의 만남 속에서 드러나는 것으로, 다시 말해 공동체 속에서 비로소 개인 존재의 의미가 발현될 수 있는 것으로 이해한다는 것, 개인과 공동체를 독자적으로 다루지 않고 개인-공동체의 연속선상에서 이해한다는 것을 의미한다.

따라서 반응적 공동체주의는 기본적으로 비양립적 가치와 규범, 욕구를 가진 문화적으로 다양한 복수의 집단으로 구성된 특수주의 사회를 전제하되, 이러한 특수주의적 사회관에 대한 무분별한 옹호를 경계하는 신중함을 보인다. 기계적 공동체주의는 우리만이 옳다는 권위주의, 우리의 이해관계가 너희의 이해관계보다 우선시한다는 집단이기주의, 나아가 우리를 위한 너희의 희생이 정당화된다는 전체주의로 비화할 가능성을 다분히 내포하기 때문이다. 물론 반응적 공동체주의는 기계적 자유주의도 경계한다. 기계적 자유주의는 이기주의를 조장하고 무한경쟁 속에 나약한 개인을 몰아넣기 때문이다. 반응적 공동체주의가 질서, 통합, 책임, 사회, 전체의 맥락 속에서 자유, 다양, 권리, 자아, 부분을 고려할 것을 주장하는 것은 바로 이러한 맥락에서 이해될 수 있다.

반응적 공동체주의의 논리를 받아들여, 미래의 공동체는 개인적 가치와 공동체적 가치 사이에 균형을 맞추는 개방적 사회를 지향해야 할 것이다. 무조건적으로 희생과 헌신, 통합과 조화, 전통과 권위만 강조할 것이 아니라, 주어진 상황과 맥락에 따라 융통성 있게 자유와 권리, 개성과 다양성을 인정하면서 공동체의 선 관념을 탄력적으로 편집, 수정, 혁신하고, 이를 바탕으로 공동체의 포용성과 통합성의 범위를 지속적으로 넓혀 나가는 수많은 반응적 공동체를 만들어 내는 노력을 기해야 한다는 뜻이다.

수많은 반응적 공동체는 내외부의 숙고와 환류를 권장함으로써 공동체의 특정 선 관념을 강요하지 않는 개방성을 띨 것이다. 그리고 이는 공동체를 통한 구성원 참여와 혜택의 공유 촉진에도 긍정적 영향을 미칠 것이다. 공동체는 이로써 특정한 목적에 계류하지 않고 주어진 상황과 맥락에 따라 애초의 선 관념을 변화시켜 나갈 수 있는 규범적 가변성과 탄력성을 지니게 될 것이다. 이는 다시 공동체의 통합성과 포용성을 높이는 계기로 작용할 것이고, 궁극적으로 수많은 반응적 공동체로 구성된 이른바 공동체들의 공동체(a community of communities)의 저류를 형성하는 데 이바지할 것이다.

4. 경험적 전망

공동체를 경험적으로 포착하는 일은 현실 세계에서 무엇이 공동체이고 무엇이 공동체가 아닌지 구분할 수 있다는 측면에서 이론적으로 중요하다. 뿐만 아니라 공동체를 통한 삶의 질 향상, 복지와 안

념의 추구와 같은 현실적인 목적 달성의 선결 조건을 이룬다는 측면에서 실천적, 정책적으로도 의미하는 바가 크다. 예컨대 무엇이 공동체이고 무엇이 공동체가 아닌지 확실한 합의가 이루어지지 않은 상황에서, 가령, 마을만들기와 같은 국가 정책이 성공하였는지를 판단할 길은 없다고 할 수 있다. 마을만들기 정책의 성공 여부는 마을공동체가 실제로 만들어졌는지 여부를 경험적으로 입증할 수 있을 때 비로소 판단할 수 있는 것이며, 이를 위해서는 공동체의 경험적 개념 정의에 대한 합의가 먼저 이루어져야 한다.

그런데 전근대에서 근대로 넘어가면서, 그리고 다시 근대에서 탈근대로 넘어가면서 공동체를 경험적으로 포착할 수 있는 방법은 상당히 난해해졌다. 이 책에서는 이를 공동체의 경험적 3요소, 즉 지리적 영역성, 공동의 유대, 사회적 상호작용의 해리라는 말로써 설명하였다. 문제는, 앞으로 공동체의 경험적 3요소의 해리는 더욱 가속화할 것이고, 그만큼 공동체를 실증적으로 측정하고 포착해서 가시적으로 제시하는 일은 어려워질 것이라는 점이다. 따라서 이 책에서는 끊임없이 변화하는 사회적 환경과 구조 속에서 공동체를 실증적으로 개념 정의하는 일은 쉽지 않다는 현실적 한계를 감안하여, 공동체는 이러이러한 모습을 띠고 있다고 단언하기보다, 그것을 실천적, 정책적 목적에서 규정하는 데 활용할 수 있는 몇 가지 원칙을 논의하는 선에서 향후 공동체 현상에 대한 경험적 전망을 제시하고자 한다.

첫째, 장소성의 원칙이다. 미래 사회에서 공동체를 특정 장소와 불가분의 관계로 엮어두는 것은 억지이다. 공동체=지역사회라는 일대일 등식은 이미 오래전에 깨졌기 때문이다. 그럼에도 불구하고 물리적, 지리적 기반을 갖지 않는 공동체의 장기적 생명력은 역사적으로 입증된 바 없다. 이론적으로도 2000년대 이후 수행된 최신 선행연구들은 구성원들에게 물질적, 정서적, 정보적, 평가적 지지를 효과적으로 제공할 수 있으려면 공동체가 반드시 대면소통이 가능한 정도의 소규모 국지적 장소에 현시화할 수 있어야 하고, 설령 현시화하지 않고 있다고 할지라도 그럴 수 있는 잠재력을 지녀야 함을 공통적으로 지적하고 있다. 이러한 연구들은 아무리 세계화다, 사이버화다, 4차 산업혁명이다 해도 사람들이 사는 거주지를 중심으로 여전히 상당량의 생산활동과 소비활동이 이루어지고 있고, 보건, 의료, 교육, 복지 서비스가 제공되고 있으며, 정치, 종교, 환경의 이슈가 논의되고 있다는 일상적 현실에 주목한다.

물론 공동체가 영속적으로 혹은 장기적으로 특정 장소에 정박할 필요는 없다. 지리적 경계가 확실해야 한다거나 그 안의 구성원들이 대면접촉을 해야 한다는 따위의 요건은 향후 공동체를 정의하는 데 핵심적 요소가 되지 못한다. 그렇지만 필요한 상황에서 가시적 장소로 구성원들을 집결시키지 못한다거나, 구성원 간 대면접촉이 아예 없이 만들어졌다거나, 대면접촉을 할 수 있는 역량 자체를 결여한 공동체는 장기적으로 존속하거나 발전할 수 없음이 명백하며, 현실적 유의성이 떨어지므로 실천적, 정책적 목적의 공동체로 인정하기 어렵다는 것이 이 책의 기본 입장이다. 향후 공동체를 정의할 때는 따라서 "장소는 여전히 중요하다(place still matters)"라는 관점에서, 소규모의 국지적 장소로 이미 현시화되어 있거나, 그렇지 않다면 최소한 잠재적으로 현시화할 수 있는 가능성을 지닌 집단적 상호작용을 중심으로 공동체를 포착하는 것이 바람직하겠다.

둘째, 연결성의 원칙이다. 오늘날 공동체는 소규모의 국지적 장소와 밀접한 관련성을 가지면서도 동시에 공간과 시간이 부과하는 제약에서 벗어나 다양한 형태, 과정, 차원 속에서 존재하는 점(node)과 선(link)의 결합체, 즉 네트워크로서 속성을 강하게 나타낸다. 이는 공동체가 지리적, 사회적, 심리적으로 지엽적이면서 확산적이라는 이중성을 내포한다는 것을 시사한다. 공동체의 확산성은 교통과 정보통신 기술의 발달에 따라 시공간이 압축, 왜곡되면서 전 지구적인 것(the global), 전국적인 것(the national), 지역적인 것(the local) 간의 위계가 무너지고 중앙과 지방, 지방과 지역, 중심과 변두리의 구획이 희미해졌으며, 여기에 가상공간마저 추가됨으로써 온라인과 오프라인 간 구분이 사라지는 등 공동체의 경계를 둘러싼 환경이 매우 복잡하고 개방적으로 변화하였다는 점을 시사한다. 이 같은 현상은 앞으로 더욱 가속화할 것인 바, 향후 공동체를 실천적, 정책적 목적에서 규정하는 데 있어 장소성이 여전히 중요하지만 그것이 다가 아니므로 장소에 과도하게 집착할 필요는 없으며, 연결성의 원칙에 입각하여 공동체의 지리적, 사회적, 심리적 경계가 다층적이고 유동적일 수 있음을 인식하는 태도를 지니는 것이 바람직하겠다.

셋째, 다양성과 개방성의 원칙이다. 오늘날 공동체는 특정 장소에 정박하지 않고 여러 공간적 단위를 넘나들며 존재한다. 따라서 지리적 경계뿐 아니라 사회적, 심리적 경계 역시 상당히 이완되어 있고, 새로운 경계를 창출하는 데 있어서도 매우 개방적이라는 특징을 갖는다. 이는 어떤 특정 공동체의 구성원이라 해서 그가 단일 정체성과 소속감만 가질 것이라 기대하는 것은 이제 신화가 되었다는 것을 의미한다. 집단의 구성원 자격을 획득할 수 있는 기회는 이방인에게도 얼마든지 주어지며, 일단 획득한 구성원 자격을 포기하고 집단에서 탈퇴하는 것 역시 보통의 일이 되었다. 복수의 정체성과 소속감은 이제 기준값이 되었으며, 혼종을 인정해 달라는 요청은 공동체 내부로부터 더욱 거세질 것이다. 이러한 요청에 응하지 않고, 즉 다름(타자성)을 인정하지 않고 같음(내재성)만 고집하는 공동체는 배제, 억압, 차별의 기제로 인식될 것이고, 구성원들은 탈퇴(이주, 회피, 모라토리엄 선언 등등)의 옵션을 선택함으로써 그러한 배타적, 분열적 공동체를 처벌, 소멸시킬 것이다. 따라서 향후 공동체를 실천적, 정책적 목적에서 규정하는 데 있어 다양성과 개방성의 원칙에 입각하여 공동체의 개별 구성원이 복수의 정체성과 소속감을 가질 수 있다는 점, 다시 말해 하나의 공동체 안에 복수의 경합하는 목적이 들어설 수 있음을 융통성 있게 인정하는 것이 바람직하겠다.

넷째, 안정성의 원칙이다. 연결성과 다양성에 대한 지나친 강조는 일시적 군집 현상까지 공동체로 규정할 수 있는 급진성을 내포한다. 탈근대주의자들은 현대 공동체가 단기적이고 과도기적이며 변덕스럽다고 규정하였다. 그렇지만 이 같은 규정은 인식론적 차원에서는 유익할 수 있어도 실천적, 정책적 측면에서는 실익이 없다. 예컨대 탈근대주의적 접근법에서는 인터넷 신문 기사에 달린 댓글, 광장에서 축구경기를 응원하는 붉은악마, 망자에 대한 대중의 추모 행렬 등이 모두 공동체로 규정되는데, 이것이 현실적으로 어떠한 도구적 의미가 있을지는 의문이다. 따라서 아무리 미래 사회의 공동체가 시공간적 제약에서 벗어나 비결정성과 비정형성을 특징으로 삼는다 할지라도, 공동체를 경험적으로 포착해서 이를 수단적으로 활용하기를 바라는 한, 공동체의 상호작용은 시간적, 공간적으로 어느 정도 안정적이어야 한다는 조건을 충족시켜야 할 것이다. 어느 정도가 되어야 안정적이라고 말할 수 있는가에 대해서는 합의를 이루지 못할 수 있다. 그렇지만 최소한 순간적으로 특정 장소에 모였다가 이후 한없이 풀어진다든지, 한두 차례의 회합 이후 기약 없이 아무 상호작용을 하지 않는 집단이라면 그것을 공동체라 부를 수 없다는 데 대부분 동의할 것이며, 이 책의 기본적인 입장 역시 마찬가지다. 이런 측면에서, 인터넷 신문 기사에 달린 댓글, 광장의 붉은악마 응원단, 망자에 대한 대중의 추모 행렬 같은 일시적 군집 현상은 공동체의 경험적 범주에서 마땅히 제외되어야 할 것이다. 지역사회에 거주하되 공동의 유대를 바탕으로 상시적으로 상호작용하지 않는 부류인(浮流人) 역시 '지역사회 거주민'으로 인정은 해주더라도 지역사회의 '공동체 구성원'으로 인정해 주어서는 아니 될 것이다. 부류민이 다수를 차지하는 마을은 지역공동체라 할 수 없으며, 그저 지역사회로 간주하는 것이 마땅하다. 비슷한 맥락에서 주기적인 젠트리피케이션으로 인하여 지역사회의 물적 토대가 안정화되기 힘든 자본주의 도시에서는 경험적 공동체가 들어서기 곤란하다고 말할 수 있겠다.

다섯째, 자발성의 원칙이다. 가족이나 혈연공동체를 제외한 그 밖의 공동체들은 대개 자연발생적으로 만들어진다기보다 한두 명의 리더와 그를 따르는 소수의 열성적 참여자들에 의하여 만들어지고 유지되는 것이 일반적이다. 그렇지만 이와는 별개로, 일단 만들어진 공동체는 다수 구성원의 자발적 관심과 참여가 뒷받침되지 않는 한 쉽게 형해화할 수 있다. 다수 구성원의 자발적 관심과 참여가 시간적으로 연속성을 띠어야 한다거나 공간적으로 특정한 장소에서만 일어날 필요는 없다. 현장에 있지 않고 멀찍이 떨어져서 관심을 보인다거나 시간적으로도 띄엄띄엄 참여한다 해서 그를 공동체의 구성원이 아니라고 할 근거는 없다. 문제가 되는 것은, 강요에 따라 집단의 구성원이 되었다거나 집단에서 탈퇴하고 싶은데 허락을 받지 못함으로써 공동체의 공동선 달성 활동에 억지로 관여하는 경우이다. 구성원 대다수가 이렇게 비자발성을 띨 때 우리는 그러한 개인들로 이루어진 집단을 공동체라 부를 수 없다. 장기적으로 유지될 수 없고 발전할 수 없기 때문이다. 무엇보다 공동의 유대와 사회적 상호작용이 협박과 강요로 이루어진다면 그것은 정서적 위안이나 사회적 지지 같은 공동체로서의 순기능을 다하지 못하고 집단 내 특정 분파의 이해관계 증진을 목표로 한다는 측면에서, 공동체라기보다 공동체가 아닌 것, 즉 결사체(gesellschaft), 그것도 위계와 착취로 특징지어지는 분절적 계급사회에 성격적으로 더 가깝다고 볼 수 있다.

여섯째, 유한성의 원칙이다. 공동체는 어려운 시기를 헤쳐갈 수 있게끔 도와주는 집단적 방어막 역할을 한다. 그렇지만 현대 사회의 구조적 모순에서 기인하는 각종 난제, 예컨대 전 지구화된 자본주의라든가 종교적 근본주의, 인종주의, 가부장제, 관료제 등을 해결하는 데 있어 그 역량은 제한적이다. 공동체는 국지적 현상을 특수주의적으로 다루기 때문에 불평등, 착취, 억압, 수탈 등의 문제를 재생산하는 구조적, 거시적, 중앙적, 전 지구적 모순에 대해서는 크게 관심을 두지 않는 경향이 있다. 나아가 이러한 모순을 해결하는 데 필요한 전 사회적(공동체 간) 연대라든지 권력의 중앙집중화 같은 조치를 태생적으로 거부하고 배타적으로 '우리끼리'를 외치는 속성 때문에 '거대한 악'에 대항할 '거대한 운동'의 역량을 저해하는 역효과도 쉬 낳는다. 다시 말해 우리끼리 잘 먹고 잘사는 데 골몰한 나머지 밖에서 무엇이 일어나는지 별 상관을 안 하는 사사성(私事性)을 보일 수 있다는 얘기이다. 심지어 밖의 문제가 안으로 침투해 들어와도 내부 결속이 깨질 수 있다면 그에 침묵하는 경향을 보이는 것이 공동체이 기도 하다. 요는, 공동체가 어려운 시기에 안전과 확실, 통합된 일치감과 소속감의 원천이 되어줄 수 있는 것은 맞지만, 세상의 모든 문제에 대한 해결책이 되어줄 수는 없다는 사실이다. 공동체가 공공성을 실현해줄 만병통치약이라는 생각은 그 자체로 하나의 만용이자 폭력이며 무책임한 약속이다. 현실의 공동체는 유토피아의 실사판이 될 수가 없음을 명심하고, 향후 공동체를 실천적, 정책적 목적에서 규정하고 실행에 옮기는 데 있어 공동체 이외의 부차적 대안을 거시적, 구조적, 중앙적 차원에서도 함께 찾는 노력을 게을리해서는 안 될 것이다.

참고문헌

강대기 (1994). 공동체 개념 혼란의 배경과 그 시사점. 『사회과학연구』, 12(1), 1-22.

강대석 (2018). 『사회주의 사상가들이 꿈꾼 유토피아』. 한길사.

강영계 (2014). 『아티스트 니체 - 니체와 그의 예술 철학』. 텍스트.

강재구 (2015). 『MICE 산업의 이해』. 한올.

강준만 (2003). '시뮬라시옹'란 무엇인가. 『대중문화의 겉과 속 2』 (pp.40-49). 인물과사상사.

강준만 (2004). 『한국인을 위한 교양사전』. 인물과사상사.

강준만 (2019). 『바벨탑 공화국: 욕망이 들끓는 한국 사회의 민낯』. 인물과사상사.

강준호 (2019). 『제러미 벤담과 현대』. 성균관대학교출판부.

공석기 (2016). 서울 시민사회단체 역량 돌아보기. 『신학과 사회』, 30(2), 135-176.

곽영근 (2018). 자유주의와 공동체주의의 변증법적 논의에 비추어 본 도덕과 교육의 의미. 『초등도덕교육』, 59, 137-163.

구동회, 이정록, 노혜정, 임수진 (2010). 『세계의 분쟁 - 지도로 보는 지구촌의 분쟁과 갈등』. 푸른길.

구자혁 (2020). 『한국인의 에너지, 집단주의』. 피어나.

권희완 (1993). 『현대 사회학의 이해』. 이화여자대학교출판문화원.

김기탁 (2016). 『게오르그 짐멜의 문화철학』. 석사학위논문, 경희대학교.

김덕영 (2012). 『막스 베버, 통합과학적 인식의 패러다임을 찾아서』. 길.

김동선 (1998). 『데리다의 『파이드로스』 읽기』. 석사학위논문, 연세대학교.

김동윤 (2007). 포스트모던 시대의 일상성과 사회적 공간에 대한 상상력. 『에피스테메』, 1, 62-83.

김동완, 김보명, 김재인, 김종수, 문석윤, 박정원, 서윤호, 정혜실 (2020). 『공동체 없는 공동체』. 알렙.

김만권 (2001). 『자유주의에 관한 짧은 에세이들』. 동명사.

김문조 (2013). 포스트모던 전환. 강정한, 김문조, 김종길, 김홍중, 유승호, 하홍규 (공저), 『현대사회학이론』(pp.172-189). 다산.

김미영 (2015). 현대사회에 존재하는 공동체의 여러 형식. 『사회와이론』, 27, 181-218.

김보현 (2011). 『데리다 입문』. 문예.

김상돈 (2014). 자유주의와 공동체주의의 논쟁에 나타난 권리중심 정치의 한계와 아리스토텔레스의 '친애'에 근거한 덕(德) 정치의 가능성. 『인문학논총』, 34, 459-492.

김석근 (2018). 『기호학 원론』. 경상대학교출판부.

김선민, 오기철, 강향숙 (2013). 노숙을 경험한 알코올 의존자의 치료공동체를 통한 회복체험 연구. 『사회복지연구』, 44(1), 5-31.

김수자, 송태현 (2010). 맥도날드화를 통해 본 세계화와 지구지역화. 『탈경계인문학』, 3(3), 63-84.

김수현, 윤재은 (2017). 헤르만 헤르츠버거 집합주택에 나타나는 공성과 사성 특성 연구, 『한국공간디자인학회 논문집』, 12(32), 99-108.

김영 (2014). 우리나라 도시 관리의 패러다임 변화와 도시재생. 『건축』, 58(6), 12-17.

김영기 (2005). 자유주의와 공동체주의 - 국가의 중립성을 중심으로. 『철학연구』, 95, 21-50.

김영일, 서영조 (2006). '꿈'인가 '지향점'인가 - 란다우어(G. Landauer)의 유토피아 이해와 의미. 『21세기 정치학회보』, 16(3). 25-44.

김영정 (2006). 지역사회 공동체의 재발견. 『한국사회학회 심포지움 논문집』(pp.2-21). 한국사회학회.

김영정 (2007, 7). 현대 사회에서 지역공동체의 의미와 지역문화 활성화 방안. 최병석 (편), 『지역문화발전과 지역공동체 형성전략 모색』(pp.1-26). 국토연구원 토론회.

김용규 (2012). 고통의 지구화와 서발턴의 연대 - 지그문트 바우만의 유동적 모더니티에 대한 트랜스모던적 비판. 『비평과 이론』, 17(2), 73-102.

김용학 (2016). 『사회 연결망 분석』(제4판). 박영사

김욱진 (2013). 지역사회의 참여적 속성이 사회적 고립과 식품미보장 사이의 관계에 미치는 영향에 관한 다층분석. 『한국사회보장』, 29(1), 1-32.

김욱진 (2014). 여성결혼이민자의 사회참여와 건강. 『한국지역사회복지학』, 48, 77-103.

김욱진 (2015). 『자원봉사 - 영향요인과 파급효과』. 청목.

김욱진 (2019, 12). 자원봉사센터와 자원봉사단체의 공공성. 이금룡 (편), 『위대한 협력, 자원봉사의 공공성을 말하다』(pp.97-99). 2019년 12월 6일. 한국자원봉사학회 추계학술대회. 한국자원봉사학회. 미간행.

김주영, 허선영, 문태헌 (2017). 전주 한옥마을의 도시재생사업이 지역변화에 미친 영향. 『한국지역지리학회지』, 23(1), 106-117.

김진석, 유동철 (2013). 『서울시 마을지향복지관 역할강화 방안 연구』. 서울시복지재단.

김진열, 조예신 (2017). 재한조선족 집단거주지의 '분절동화' 현상에 대한 함의. 『다문화와 평화』, 11(1), 110-131.

김천권 (2017). 『현대도시개발』. 대영문화사.

김태경, 정진규 (2010). New Urbanism의 인간중심적 계획이념에 관한 연구. 『GRI 연구논총』, 12(1), 135-154.

김태수 (2008). 뒤르케임과 민주주의. 『사회이론』, 34, 289-312.

김태영 (2006). 인터넷 가상공동체와 사회적 자본. 『한국행정논집』, 18(4), 959-980.

김태형, 권세원, 이윤진 (2012). 서울시민의 개인 및 지역 효과에 의한 건강불평등. 『서울도시연구』, 13(3), 15-35.

김형용 (2010). 지역사회 건강불평등에 대한 고찰. 『한국사회학』, 44(2), 59-92.

김형용 (2016). 복지와 마을, 접합시도에 대한 시론. 『비판사회정책』, 50, 38-75.

김홍중 (2013). 후기근대적 전환. 강정한, 김문조, 김종길, 김홍중, 유승호, 하홍규 (공저), 『현대사회학이론』(pp.152-171). 다산.

김희강 (2007). 존 아담스의 Defence에 나타난 미국의 공화주의. 『한국정치학회보』, 41(1), 211-234.

김희경 (2016). 노년의 장소와 장소상실. 『비교문화연구』, 22(2), 259-289.

김희석, 이영성 (2020). 서울의 빗장주거단지가 근린의 사회적 지속가능성에 미치는 영향 평가. 『지역연구』, 36(1), 3-16.

김희연, 김군수, 빈미영, 신기동 (2013). 무연사회(無緣社會), 우리의 미래인가?. 『이슈&진단』, 113, 1-25.

김희영, 도상윤 (2018). 『한민족 디아스포라의 역사』. 바른숲.

김홍순, 이명훈 (2006). 미국 도시미화 운동의 현대적 이해. 『서울도시연구』, 7(3), 87-106.

나은경 (2007). 온라인과 오프라인 세계의 상호작용. 『한국언론학보』, 51(4), 385-406.

남기범 (2012, 5). 사스키아 사센의 도시연구. 이찬 (편), 『지리학연구의 유산과 과제』(pp.279-284). 2012년 대한지리학회 학술대회논문집.

남영우 (2015).『도시공간구조론』. 법문사.

노세호, 김한배, 이태겸 (2019). 도시미화운동의 형성과 전개양상으로 살펴본 계획적 특성 고찰.『도시인문학연구』, 11(2), 169-207.

노순규 (2010).『지역 갈등, 주민 갈등, 사회 갈등』. 한국기업경영연구원.

라시내 (2017).『포스트드라마 연극의 공동체성 연구 - 낭시 공동체론을 중심으로』. 석사학위논문, 서울대학교.

류동민 (2012).『마르크스가 내게 아프냐고 물었다』. 위즈덤하우스.

목광수 (2017). 좋음에 대한 철학적 이해: 옳음과 좋음의 관계를 중심으로.『윤리학』, 6(1), 1-32.

민문홍 (2012). 한국사회의 이념적 정체성과 자유민주주의.『사회이론』, 42, 241-276.

민현기 (2019).『초연결시대, 어떻게 소통할 것인가』. 메이트북스.

민현석, 여혜진 (2012). 차 없는 거리 사업의 평가 및 개선방안.『정책리포트』, 131, 1-18.

박경서 (2012). 전복적 상상력: 아나키즘적 유토피아에서 전체주의적 디스토피아로.『영미어문학』, 104, 53-76.

박근현, 배정한 (2012). 도시미화운동의 조경사적 의의와 현대 도시재생에 대한 함의.『한국경관학회지』, 4(1), 41-60.

박만준 (2004). 인간은 왜 사회적인가?.『철학논총』, 35, 215-237.

박배균 (2005). 세계도시 형성의 다규모적 과정에 대한 연구.『지리학논집』, 45, 347-373.

박신영 (2018). 도시재개발과 젠트리피케이션: 한국적 배경과 특성. 최병두 (편),『도시재생과 젠트리피케이션』(pp.103-139). 한울아카데미.

박영균 (2009). 욕망의 정치경제학과 현대 도시의 위기.『마르크스주의 연구』, 6(2), 152-186.

박영신 (2008). 뒤르케임과 지성인.『사회이론』, 34, 7-33

박영욱 (2015).『보고 듣고 만지는 현대사상』. 바다.

박영춘, 임경수 (2000). 뉴어바니즘 도시설계에 관한 고찰. 한국지역개발학회지, 12(1), 41-57.

박예진 (2011).『도시재생을 통한 광화문광장의 지리학적 연구』. 석사학위논문, 성신여자대학교.

박용진 (2017).『중세유럽은 암흑시대였는가?』. 민음인.

박재묵 (2007). '살기 좋은 지역 만들기'와 지역거버넌스.『NGO연구』, 6(1), 105-141.

박재동, 김이준수 (2015).『마을을 상상하는 20가지 방법』. 서울: 샨티.

박정균 (2018). 『게오르그 짐멜의 사회학적 미학 연구』. 석사학위논문, 서울
　　대학교.

박지남, 천혜정 (2012). 청년 세대의 '나 홀로 여가' 문화. 『여가학연구』,
　　10(2), 87-105.

박진빈 (2010). 동네예찬. 『도시연구: 역사·사회·문화』, 4, 213-20.

박찬종 (2007). 『새로운 공동체를 향한 운동』. 대한교과서.

박치현 (2020). 청년세대의 생존주의적 능력주의와 사회평화의 가능성. 장혜
　　경 (편), 『한국사회 공동체성에 대한 현재와 미래』(pp.117-138). 한반
　　도평화연구원.

박환용 (2005). 신전통주의 계획이론에 의한 주택단지 조성 연구. 『주택연구』,
　　13(1), 29-48.

배영달 (2012). 보드리야르: 사물이란 무엇인가?. 『프랑스문화연구』, 24, 41-68.

백소영 (2020). 너의 의미, 젠더 평화의 출발. 장혜경 (편), 『한국사회 공동체
　　성에 대한 현재와 미래』(pp.117-138). 한반도평화연구원.

백완기 (2015). 알렉시스 드 토크빌(Alexis de Tocqueville)의 생애와 사상.
　　『행정논총』, 53(4), 1-45.

서병훈 (2000). 『자유의 미학 - 플라톤과 존 스튜어트 밀』. 나남.

서영조 (2002). 맑스의 이상사회론: 유토피아 또는 반-유토피아?. 『한국정치
　　사상학회』, 7, 135-156.

서자유, 권윤구 (2019). 에벤에저 하워드의 가든시티 철학에 의한 레치워스
　　가든시티 조성과 변화 연구. 『휴양및경관연구』, 13(1), 69-79.

서현수 (2016). 『공동체 미술의 미학을 위하여 - 장-뤽 낭시의 공동-내-존재
　　개념을 중심으로』. 석사학위논문, 서울대학교.

설유경, 이상호 (2014). 르 코르뷔지에의 주택과 5원칙에 내재된 외부적 특성
　　관계 고찰. 『대한건축학회 논문집』, 30(2), 3-14.

손영창 (2015). 낭시의 공동체론에서 공동-존재와 그것의 정치적 함의. 『철학
　　논집』, 82(4), 281-304.

수원시정연구원 (2013). 『생태교통 수원 2013 사업효과 분석을 통한 정책방
　　향 연구』. SRI 수원시정연구원.

신중섭 (2013). 도덕 감정과 이기심. 『철학논집』, 73(3), 109-133.

신희주 (2017). 동네는 어떻게 사람들의 일상에 힘을 발휘하는가?. 『사회와 철
　　학』, 34, 1-26.

안주희 (2009). 후기 근대사회 현대인의 불안과 강박에 대한 탐색. 『사회연구』,
　　18(2), 73-99.

안창모 (2010). 강남개발과 강북의 탄생과정 고찰.『서울학연구』, 41, 63-97.

양운덕 (2006). 자크 데리다. 박정호, 이봉재, 양운덕, 조광제 (공저),『현대철학의 흐름』(pp.342-399). 동녘.

양원석 (2017).『사회사업 생태체계 개념』. 푸른복지.

염승준 (2018). 한국적 공동체주의의 보편화를 위한 성찰과제 - 유교 공동체주의와 서양 개인주의 논쟁.『한중인문학연구』, 58, 155-178.

오관석 (2010).『디지털 정치론』. Jinhan M&B.

오수연 (2017). 나 혼자 산다!.『마케팅』, 51(1), 56-61.

유홍림 (1997). 미국의 공동체주의 정치사상.『미국학』, 20, 211-233.

유환종 (2000). 사스키아 사센의 세계도시론.『국토』, 224, 116-121.

윤근섭 (1993). 산업화 및 도시화에 따른 농촌사회의 변화에 관한 연구.『농촌사회』, 3, 9-37.

윤인진 (2004).『코리안 디아스포라: 재외한인의 이주, 적응, 정체성』. 고려대학교 출판부.

윤평중 (1992).『푸코와 하버마스를 넘어서』. 교보문고.

은민균 (2000). 르 꼬르뷔제 – 빛나는 도시의 신화.『국토』, 229, 108-113.

이갑영 (2012). 맑스주의적 도시연구와 인천의 연구방법.『인천학연구』, 1(17), 7-48.

이근식 (2006).『애덤 스미스의 고전적 자유주의』. 기파랑.

이근식 (2018).『애덤 스미스의 국부론, 변영과 상생의 경제학』. 쌤앤파커스.

이동헌, 이향아 (2011). 강남의 심상규모와 경계짓기의 논리.『서울학연구』, 42, 123-171.

이명호 (2016). 공동체의 위기와 복원에 관한 탐색적 연구.『사회사상과 문화』, 19(1), 87-115.

이문수 (2019). Iron Cage와 공직자 윤리: Max Weber의 '행동'과 '체념'을 중심으로.『한국행정학보』, 53(3), 29-53.

이삼수, 정광진 (2018). 도시재생과 젠트리피케이션의 개념과 현실. 최병두 (편),『도시재생과 젠트리피케이션』(pp.36-65). 한울아카데미.

이상율, 채승희 (2011). Le Corbusier와 E. Howard의 도시계획에 관한 비교 연구.『한국도시지리학회지』, 14(3), 19-29.

이상형 (2013). 다원주의의 성공과 실패: 자유주의적 공동체.『사회와 철학』, 26, 89-120.

이상형 (2015). 공화주의의 현실성: 법과 삶의 길항.『철학연구』, 134, 75-109.

이선영 (2016). 닐 스미스와 젠트리피케이션, 그리고 한국.『공간과 사회』,

26(2), 209-234.

이선영, 최병두 (2018). 한국의 젠트리피케이션과 닐 스미스 이론의 함의. 최병두 (편), 『도시재생과 젠트리피케이션』(pp.66-101). 한울아카데미.

이승환 (2018). 『자유와 공동체 그리고 덕과 권리』. 네이버열린연단. Retrieved from https://openlectures.naver.com/contents?contentsId=140484&rid=2937

이승훈 (2017). AIP(Aging in Place)에 대한 주관적 기대와 의미. 『공공사회연구』, 7(1), 135-163.

이시철 (2013). 그린 어바니즘이 우리나라 도시관리에 주는 함의. 『도시행정학보』, 26(4), 59-85.

이종열 (1998). 워스의 도시사회학. 『국토』, 205, 80-86.

이재호 (2017). 『치료공동체 운영매뉴얼』. 신정.

이정구 (2009). 칼 폴라니 사상에 대한 비판적 평가. 『마르크스21』, 3, 311-325.

이정구 (2016). 데이비드 하비의 경제 이론과 정치 비판. 『마르크스21』, 15, 108-127.

이정민, 이만형, 홍성호 (2016). 근접성 없는 공동체의 사례 연구. 『한국지역지리학회지』, 22(3), 655-665.

이종수 (2010). 공동체주의의 이론적 전개와 자유주의와의 논쟁 고찰. 『지방정부연구』, 14(3), 5-22.

이종수 (2015). 행정을 말하다_포커스 01: 왜 지역공동체인가?. 『지방행정』, 64(738), 12-15.

이종수 (2018). 공동체의 형성이 주민의 행복에 미치는 영향 - 동네효과(Community Effect)와 영향요인 분석. 『한국지방자치학회보』, 30(2), 201-219.

이종윤, 홍장선, 윤주현 (2013). 카카오톡 프로필 이미지를 통한 다중적 자아의 유형 연구. 『디자인학연구』, 26(4), 181-204.

이종은 (2016). 『존 롤스』. 커뮤니케이션북스.

이종환 (2019). 『플라톤 국가 강의』. 김영사.

이준영 (2017). 『1코노미, 1인 가구가 만드는 비즈니스 트렌드』. 21세기북스.

이진경 (2010). 『코뮨주의: 공동성과 평등성의 존재론』. 그린비

이창희 (2017). 적극적 자유 - 밀과 롤스. 『도덕윤리과교육』, 57, 207-230.

이철우 (2016). 리오타르의 정의론. 『철학과 현상학 연구』, 68, 1-32.

이철우, 박상민 (1998). 사회적 연결망의 연구동향과 공간적 함의. 『사회과학』, 10, 163-194.

이태건, 김선양, 이창대 (1995). 『마르크시즘의 변용』. 인하대학교출판부.

이현욱 (2010). 서평: 미국 대도시의 죽음과 삶. 『한국도시지리학회지』,

13(2), 167-169.

이현진, 박재승 (2010). Aging in Place를 위한 노인주거시설 선호에 관한 연구. 『의료・복지 건축』, 16(1), 55-63.

임영언, 김한수 (2017). 디아스포라의 초국적 정체성과 다양성에 관한 고찰. 『한국과 국제사회』, 1(2), 109-128.

임의영 (2016). 관료제의 합리화 역설: M. Weber의 고전적 논의와 U. Beck의 위험사회론을 중심으로. 『행정논집』, 54(2), 149-180.

임홍택 (2018). 『90년대생이 온다』. 웨일북.

장석준 (2013). 『사회주의』. 책세상.

장세훈 (1997). 까스텔의 "새로운 도시사회학". 『국토』, 193, 88-93.

장세훈 (2011). An indigenization experiment in American sociology. 『한국사회학』, 45(6), 59-83.

장승혁 (2014). 사회연대원리의 기원과 발전. 『사회보장법연구』, 3(2), 49-74.

전경갑 (2004). 『현대와 탈현대의 사회사상』. 한길사.

전병재 (2002). 공동체와 결사체. 『사회와 이론』. 1, 49-78.

전성우 (2013). 『막스 베버 사회학』. 나남.

전혜숙 (2014). 유토피아와 디스토피아의 경계. 『서양미술사학회논문집』, 41, 285-311.

정성훈 (2011). 현대 도시의 삶에서 친밀공동체의 의의. 『철학사상』, 41, 347-377.

정수열, 이정현 (2014). 이주 경로를 통해 살펴본 출신국가별 외국인 집중거주지의 발달 과정. 『국토지리학회지』, 48(1), 93-107.

정인화 (2012). 인간은 왜 기를 쓰고 사는가?. 『인문학연구』, 16, 71-94.

정재훈 (2020). 누가 네 이웃인가: 사회지표로 본 한국의 공동체의식. 장혜경 (편), 『한국사회 공동체성에 대한 현재와 미래』(pp.145-161). 한반도 평화연구원.

정태연 (2010). 한국사회의 집단주의적 성격에 대한 역사문화적 분석. 『한국심리학회지: 사회 및 성격』, 24(3), 53-76.

정헌목 (2012). 게이티드 커뮤니티의 공간적 특성과 사회문화적 함의. 『서울도시연구』, 13(1), 37-56.

정헌목 (2016). 가치 있는 아파트 만들기. 『비교문화연구』, 22(1), 485-540.

정호근 (1999). 자유주의/공동체주의 논의의 한국사회적 맥락. 『사회비평』, 21, 174-189.

정효성, 이일형 (2004). 전원도시(田園都市)의 개념적 특성에 관한 연구. 『순천향 산업기술연구소논문집』, 10(2), 549-556.

조극래, 김동영 (2003). 19세기 유토피아 사상가들의 이상적 커뮤니티 이론에 관한 연구. 『한국주거학회 논문집』, 14(6), 105-114.

조대엽 (2014). 『갈등사회의 도전과 미시민주주의의 시대』. 나남.

조대엽 (2015). 『생활민주주의의 시대 새로운 정치 패러다임의 모색』. 나남.

조동기 (2017). 사이버공간의 불평등 담론과 문화적 시민권. 『사회과학연구』, 24(1), 57-74.

조명래 (2013). 젠트리피케이션의 이해. 『월간문화』, 5월호, 3-10.

조성숙 (2012). 지역사회복지 문헌에 나타난 이론의 경향과 향후 과제. 『한국지역사회복지학』, 41, 105-124.

조은희 (2020). 법제도에서 다양한 가족의 수용을 위한 개선. 『법과 정책』, 26(1), 131-168.

조주현 (2015). 공화주의 시민성과 도덕과 교육의 과제. 『도덕윤리과교육』, 49, 65-94.

주성수 (2020). 『시민사회, 제3섹터, 비영리섹터, 사회적경제』. 한양대학교출판부.

지주형 (2016). 강남 개발과 강남적 도시성의 형성. 『한국지역지리학회지』, 22(2), 307-330.

진미윤 (2006). 뉴어버니즘을 통한 사회적 혼합, 얼마나 가능한가. 『도시정보』, 295, 40-50.

진희선, 송재룡 (2013). 칼 폴라니의 '전환적' 사회경제 사상에 대한 고찰. 『사회사상과 문화』, 28, 267-315.

최병두 (2009). 자연의 신자유주의화. 『마르크스주의 연구』, 6(1), 10-56.

최병두 (2015). 닐 스미스의 불균등발론과 자본주의의 지리학. 『공간과 사회』, 25(4), 11-61.

최병두 (2016). 한국의 자본축적 과정과 도시화: 도시 위기와 대안. 『한국경제지리학회지』, 19(3), 512-534.

최성일 (2011). 『책으로 만나는 사상가들』. 한국출판마케팅연구소.

최승호 (2009). 지역 마을 공동체 만들기 운동의 발전 방안 모색 - 충남 홍성군 홍동 풀무마을을 중심으로. 『한독사회과학논총』, 19(1), 237-268.

최은영 (2006). 차별화된 부의 재생산 공간, 강남의 형성. 『한국도시지리학회지』, 9(1), 33-45.

최준섭, 박수진, 양하나, 이동훈 (2018). 사회연결망 분석에 기반한 우울 성향을 지닌 초등학생의 또래관계 분석. 『교육학연구』, 56(4), 149-183.

최효찬 (2019). 『보드리야르 읽기』. 세창미디어.

피세진 (2017). 『제레미 벤담의 공리주의와 윌리엄 제임스의 실용주의』. 박이정출판사.

하성규 (2018). 도시재개발과 젠트리피케이션: 한국적 배경과 특성. 최병두

(편),『도시재생과 젠트리피케이션』(pp.17-35). 한울아카데미.

하용삼 (2017). 탈근대성의 공통적인 것과 일상생활의 공동체.『대동철학』, 79, 195-220.

한국고문서학회 (1996).『조선시대 생활사』. 역사비평사.

한국지역정보개발원 (2016). 대한민국 신인류로 등장한 "나홀로족".『지역정보화』, 98, 118-119.

한상원 (2019). 마르크스와 정치적인 것: 반(反)정치가 아니라 대항정치.『마르크스주의 연구』, 16(2), 54-88.

한상진 (1991). 지역사회의 구조와 변동에 관한 이론적 시각. 한국사회연구회 (편),『한국의 도시문제와 지역사회』(pp.189-201). 문학과 지성사.

한선 (2007). 블로그 생산의 이윤화 기제에 관한 연구.『한국언론정보학보』, 37(1), 307-341.

한수정, 정예은, 정문기 (2019). 공동체의식이 온라인 주민참여에 미치는 영향.『지역연구』, 35(2), 3-18.

한형식 (2010).『맑스주의 역사 강의 - 유토피아 사회주의에서 아시아 공산주의까지』. 그린비.

함철호 (2019).『한국지역사회복지론 – 이론과 사례』. 학지사.

홍성구 (2009). 온라인 커뮤니티를 매개로 한 아파트 공동체 형성에 관한 연구.『언론과학연구』, 9(1), 227-270.

황경식 (2018).『존 롤스 정의론, 정한 세상을 만드는 원칙』. 쌤앤파커스.

황소윤, 김광배 (2007, 10). 지속가능한 도시건축 이론, New Urbanism의 공간구조 특성을 적용한 주거휴양 복합시설 계획안.『대한건축학회 학술발표대회 논문집』, 27(1), 489-494.

황익주, 정규호, 신명호, 신중진, 양영균 (2017).『한국의 도시 지역공동체는 어떻게 형성되는가』. 서울대학교출판문화원.

황진태, 박배균 (2012). 세계도시 형성에 있어서 국가의 역할에 대한 연구.『서울도시연구』, 13(4), 73-95.

황희연 (1997). 공간이론의 산책 - 로버트 파크의 인간생태학 이론.『국토』, 188, 92-97.

황희연 (2002).『도시생태학과 도시공간구조』. 보성각.

Adair-Toteff, C. (1995). Ferdinand Tönnies: Utopian visionary. *Sociological Theory, 13*(1). 58-65.

Agamben, G. (1993). *The coming community* (M. Hardt, translator). University of Minnesota Press. (Original publication in Italian, 1990).

Agamben, G. (1998). *Homo sacer: Sovereign power and bare life*. Stanford University Press.

Aldous, J., Durkheim, E., & Tönnies, F. (1972). An exchange between Durkheim and Tönnies on the nature of social relations, with an introduction by Joan Aldous. *American Journal of Sociology, 77*(6), 1191-1200.

Al-Ali, N. & Koser, K. (2003). *New approaches to migration?: Transnational communities and the transformation of home*. Routledge.

Amin, A. (1994). Post-Fordism: Models, fantasies and phantoms of transition. In A. Amin (Ed.), *Post-Fordism: A reader* (pp.1-7). John Wiley & Sons.

Anderson, B. (2018). 『상상된 공동체 - 민족주의의 기원과 보급에 대한 고찰』 (서지원 역). 길. (원서출판 1983).

Angotti, T. (2006). Apocalyptic anti-urbanism: Mike Davis and his planet of slums. *International Journal of Urban and Regional Research, 30*(4), 961-967.

Arendt, H. (1951). *The Origin of Totalitarianism, Part Two: Imperialism*. Harcourt Brace Jovanovich.

Arthur, J. & Bailey, R. (2002). *Schools and community: The communitarian agenda in education*. Routledge.

Augé, M. (2017). 『비장소 - 초근대성의 인류학 입문』 (이상길, 이윤영 역). 아카넷. (원서출판 1995).

Bacon, F. (2002). 『새로운 아틀란티스』 (김종갑 역). 에코리브르. (원서출판 1627).

Barber, B. R. (1984). *Strong democracy: Participatory politics for a new age*. University of California Press.

Barber, B. R. (1995). *Jihad vs. McWorld: How the planet is both falling apart and coming together-and what this means for democracy*. Times Books.

Batchelor, P. (1969). The origin of the garden city concept of urban form. The *Journal of the Society of Architectural Historians, 28*(3), 184-200.

Bauböck, R. (2010). Studying citizenship constellations. *Journal of Ethnic and Migration Studies, 36*(5), 847-859.

Baudrillard, J. (1994). 『생산의 거울』 (배영달 역). 백의. (원서출판 1973).

Baudrillard, J. (1995). *The gulf war did not take place* (P. Patton, translator). Indiana University Press. (Original publication in French, 1991).

Baudrillard, J. (2001). 『시뮬라시옹』 (하태환 역). 민음사. (원서출판 1981).

Baudrillard, J. (2002). 『유혹에 대하여』 (배영달 역). 백의. (원서출판 1979).

Baudrillard, J. (2011). 『사물의 체계』 (배영달 역). 지만지. (원서출판 1968).

Bauman, Z. (1992). *Intimations of postmodernity.* Routhledge.

Bauman, Z. (1995). Communitarianism, freedom, and the nation-state. *Critical Review, 9*(4), 539-553.

Bauman, Z. (2001). *Community: Seeking safety in an insecure world.* Polity.

Bauman, Z. (2002). *Society under siege.* John Wiley & Sons.

Bauman, Z. (2003). *Liquid love: On the frailty of human bonds.* Polity.

Bauman, Z. (2006a). *Liquid times: Living in an age of uncertainty.* Polity.

Bauman, Z. (2006b). *Liquid fear.* Polity.

Bauman, Z. (2007). *Consuming life.* Polity.

Bauman, Z. (2008). *Does ethics have a chance in a world of consumers?.* Harvard University Press.

Bauman, Z. (2009). 『액체 근대』 (이일수 역). 강. (원서출판 2000).

Bauman, Z. (2010). 『모두스 비벤디 - 유동하는 세계의 지옥과 유토피아』 (한상석 역). 후마니타스. (원서출판 2006).

Bauman, Z. (2017). *Retropia.* Polity Press.

Bauman, Z. & Lyon, D. (2013). *Liquid surveillance: A conversation.* John Wiley & Sons.

Bell, D. A. (1997). A communitarian critique of authoritarianism: The case of Singapore. *Political Theory, 25*(1), 6-32.

Bell, D. A. (2001). *Communitarianism.* Stanford Encyclopedia of Philosophy. Retrieved from https://plato.stanford.edu/entries/communitarianism/

Bell, D. & Binnie, J. (2004). Authenticating queer space: Citizenship, urbanism and governance. *Urban Studies, 41*(9), 1807-1820.

Bellah, R. N., Madsen, R., Sullivan, W. M., Swidler, A., & Tipton, S. M. (1985). *Habits of the heart.* University of California Press.

Benhabib, S. (1992). *Situating the self: Gender, community, and postmodernism in contemporary ethics.* Psychology Press.

Berry, B. J. L. & Kasarda, J. D. (1977). *Contemporary urban ecology.* Macmillan.

Best, S. (2003). *A beginner's guide to social theory.* Sage.

Blackshaw, T. (2010). *Key concepts in community studies.* Sage.

Blakely, E. J. & Snyder, M. G. (1997). *Fortress America: Gated communities in the United States.* Brookings Institution Press.

Blanchard, A. & Horan, T. (2000). Virtual communities and social capital. In G. D. Garson (Ed.), *Social dimensions of information technology: Issues for the new millennium* (pp.6-22). IGI Global.

Blanchot, M. (2005). 『밝힐 수 없는 공동체』 (박준상 역). 문학과지성사. (원서출판 1983).

Block, P. (2018). *Community: The structure of belonging.* Berrett-Koehler.

Bloom, N. D. (2004). *Merchant of illusion: James Rouse, America's salesman of the businessman's Utopia.* Ohio State University Press.

Booth, W. J. (1997). Foreigners: Insiders, outsiders and the ethics of membership. *The Review of Politics, 59*(2), 259-292.

Bradatan, C., Popan, A., & Melton, R. (2010). Transnationality as a fluid social identity. *Social Identities, 16*(2), 169-178.

Brendtro, L. K. (2006). The vision of Urie Bronfenbrenner: Adults who are crazy about kids. *Reclaiming Children and Youth, 15*(3), 162.

Bronfenbrenner, U. (1991). 『브론펜브레너가 본 미국과 소련의 아이들』 (문용린, 김영철 역). 샘터. (원서출판 1975).

Bronfenbrenner, U. (1995). 『인간발달 생태학』 (이영 역). 교육과학사. (원서출판 1979).

Bronfenbrenner, U. & Morris, P. A. (2006). The bioecological model of human development. In R. M. Lerner & W. Damon (Eds.), *Handbook of Child Psychology* (pp.793–828). Hoboken.

Brown, A. (2008). Our club, our rules: Fan communities at FC United of Manchester. *Soccer and Society, 9*(3), 346-358.

Butler, C. (2003). *Law and the social production of space.* Doctor of Philosophy in the Law School, Faculty of Law. Griffith University.

Callan, E. (1997). *Creating citizens: Political education and liberal democracy.* Clarendon Press.

Callero, P. L. (2017). *The Myth of individualism: How social forces shape our lives.* Rowman & Littlefield.

Camus, A. (2016). 『시지프 신화』 (김화영 역), 민음사. (원서출판 1942).

Castells, M. (1977). *The urban question: A Marxist approach* (A. Sheridan, translator). MIT Press. (Original publication in French, 1972).

Castells, M. (1978). *City, class, and power.* Palgrave.

Castells, M. (1982). *The City and the grassroots: A cross-cultural theory of urban social movements.* University of California Press.

Castells, M. (1997). The informational mode of development and the restructuring of capitalism. In S. S. Fainstein & S. Campbell (Eds.), *Readings in Urban Theory* (pp.72-101). Blackwell.

Castells, M. (2004). 『인터넷 갤럭시』(박행웅 역). 한울. (원서출판 2001).

Castells, M. (2008). 『네트워크 사회의 도래』(김묵한, 박행웅, 오은주 역). 한울. (원서출판 1996).

Castells, M. (2014). 『커뮤니케이션 권력』(박행웅 역). 한울. (원서출판 2009).

Cater, J. & Jones, T. (1989). *Social geography: An introduction to contemporary issues.* Arnold.

Ceci, S. J. (2006). Urie Bronfenbrenner (1917-2005). *American Psychologist, 61*(2), 173–174.

Chaskin, R. J. (1997). Perspectives on neighborhood and community: A review of the literature. *Social Service Review, 71*(4), 521-547.

Christensen, J. (2016). A critical reflection of Bronfenbrenner's development ecology model. *Problems of Education in the 21st Century, 69,* 22–28.

Clark, E. (1995). The rent gap re-examined. *Urban Studies, 32*(9), 1489-1503.

Clinton, H. R. (1996). 『집 밖에서 더 잘 크는 아이들』(이수정 역). 디자인하우스. (원서출판 1996).

Cohen, A. J. (2000). On universalism: Communitarians, rorty, and ("objectivist") "liberal metaphysicians". *The Southern Journal of Philosophy, 38*(1), 39-75.

Cohen, R. (2017). 『글로벌 디아스포라 - 경계를 넘나드는 사람들의 역사와 문화』(유영민 역). 민속원. (원서출판 1997).

Collins, R. & Morris, N. (1992). 『사회학 본능 - 일상 너머를 투시하는 사회학적 통찰의 힘』(김승욱 역). 알마. (원서출판 1992).

Congress for the New Urbanism (2000). Charter of the new urbanism. *Bulletin of Science, Technology & Society, 20*(4), 339-341.

Cozens, P. & Hillier, D. (2012). Revisiting Jane Jacob's 'eyes on the street' for the twenty-first century: Evidence from environmental criminology. In S. Hirt & D. Zahm (Eds.), *The urban wisdom of Jane Jacobs* (pp.196-214). Routledge.

Cresswell, T. (2014). *Place: An introduction.* John Wiley & Sons.

Crittenden, J. (1992). *Beyond individualism: Reconstituting the liberal self.* Oxford University Press.

Cronick, K. (2002). Community, subjectivity, and intersubjectivity. *American Journal of Community Psychology, 30*(4), 529-546.

Cunningham, F. (1991). Community, democracy and socialism. *Praxis International, 11*(3), 310-326.

Davis, M. (1990). *City of quartz: Excavating the future in Los Angeles.* Verso Books.

Davis, M. (1992). Fortress LA. The militarization of urban space. In M. Sorkin (Ed.), *Variations on a theme park: The new American city and the end of public space* (pp.154-171). Hill and Wang.

Davis, M. (1994).『미국의 꿈에 갇힌 사람들』(한기욱 역). 창비.(원서출판 1986).

Davis, M. (2000). *Ecology of fear: Los Angeles and the imagination of disaster.* Vintage.

Davis, M. (2008).『조류독감 - 전염병의 사회적 생산』(정병선 역). 돌베개. (원서출판 2005).

Davis, M. (2008).『제국에 반대하고 야만인을 예찬하다』(유나영 역). 이후. (원서출판 2007).

Davis, M. (2009). Fotress LA. In A. M. Orum & Z. P. Neal (Eds.), *Common ground?: Readings and reflections on public space* (pp.100-109). Routledge.

Davis, M. & Monk, D. B. (2008). Introduction. In M. Davis & D. B. Monk (Eds.), *Evil paradises: Dreamworlds of neoliberalism* (pp.1-10). The New Press.

De Tocqueville, A. (1997).『미국의 민주주의』(임효선, 박지동 역). 한길사. (원서출판 1835).

DeFilippis, J. (2001). The myth of social capital in community development. *Housing Policy Debate, 12*(4), 781-806.

DeFilippis, J. (2008). Paradoxes of community-building: Community control in the global economy. *International Social Science Journal, 59*(192), 223-234.

Delanty, G. (2010). *Community: Key ideas* (2nd Ed.). Routledge.

Diers, J. (2004). *Neighbor power: Building community the Seattle way.* University of Washington Press.

Dreyfus, H. L. (1999). Anonymity versus commitment: The dangers of education on the internet. *Ethics and Information Technology, 1*(1), 15-20.

Dreyfus, H. L. (2008). *On the internet.* Routledge.

Driskell, R. B. & Lyon, L. (2002). Are virtual communities true communities?. *City & Community, 1*(4), 373-390.

Durkheim, É. (1998). 『직업윤리와 시민도덕』. (권기돈 역). 새물결. (원서출판 1957).

Durkheim, É. (2012). 『사회분업론』. (민문홍 역). 서울: 아카넷. (원서출판 1893).

Durkheim, É. (2019). 『에밀 뒤르켐의 자살론』. (황보종우 역). 청아. (원서출판 1897).

Durkheim, É. (2019). 『뒤르껭 교육과 사회학』 (이종각 역). 배영사. (원서출판 1922).

Eisenbichler, K. (2002). *The premodern teenager: Youth in society, 1150-1650* (Vol. 1). Centre for Reformation and Renaissance Studies.

Ellis, C. (2002). The new urbanism: Critiques and rebuttals. *Journal of Urban Design, 7*(3), 261-291.

Engels, F. (1988). 『영국 노동계급의 상태』 (박준식, 전병유, 조효래 역). 두리. (원서출판 1845).

Epstein, S. G. (1987). Gay politics, ethnic identity: The limits of social constructionism. *Socialist Review, 93,* 9-54.

Etzioni, A. (1993). *The spirit of community: Rights, responsibilities, and the communitarian agenda.* Crown.

Etzioni, A. (1996a). The community of communities. *Washington Quarterly, 19*(3), 127-138.

Etzioni, A. (1996b). The responsive community: A communitarian perspective. *American Sociological Review, 61,* 1-11.

Etzioni,, A. (1997). *The new golden rule: Community and morality in a democratic society.* Basic Books.

Etzioni,, A. (1998). Introduction: A matter of balance, rights and responsibilities. In R. Bayer & D. A. Bell (Eds.), *The essential communitarian reader* (pp.ix-xx). Rowman & Littlefield.

Etzioni, A. (1998). The responsive communitarian platform: Rights and responsibilities. In R. Bayer & D. A. Bell (Eds.), *The essential communitarian reader* (pp. xxv-xxxix). Rowan & Littlefield.

Etzioni, A. (2002). The good society. *Seattle Journal for Social Justice, 1,* 83-96.

Etzioni, A. (2011). Authoritarian versus responsive communitarian bioethics. *Journal of Medical Ethics, 37(*1), 17-23.

Etzioni, A. (2013). *Communitarianism.* Encyclopædia Britannica. Retrieved from https://www.britannica.com/topic/communitarianism

Etzioni, A. (2014). Communitarianism revisited. *Journal of Political Ideologies, 19*(3), 241-260.

Etzioni, A. (2019) Communitarianism: A historical overview. In W. Reese-Schäfer (Eds.), *Handbuch kommunitarismus* (pp.705-730). Springer VS..

Etzioni, A. & Etzioni, O. (1999). Face-to-face and computer-mediated communities, A comparative analysis. *The Information Society, 15*(4), 241-248.

Fiedler, L. A. (1984). Cross the border-close that gap: Post-modernism. (pp. 344-366). na.

Filler, M. (1979). Halicarnassus on the Hudson. *Progressive Architecture, LX:5,* 106-109.

Firey, W. (1945). Sentiment and symbolism as ecological variables. *American Sociological Review, 10(*2), 140-148.

Fischer, C. S. (1975). Toward a subcultural theory of urbanism. *American journal of Sociology, 80*(6), 1319-1341.

Fischer, C. S. (1982). *To dwell among friends: Personal networks in town and city.* University of Chicago Press.

Foley, D. L. (1952). *Neighbors or urbanites.* University of Rochester.

Foucault, M. (1978). *The history of sexuality: An introduction.* Phantheon.

Foucault, M. (1980). *Power/knowledge: Selected interviews and other writings, 1972-1977.* Vintage.

Foucault, M. (1998). 『담론의 질서』 (이정우 역). 서강대학교출판부. (원서출판 1970).

Foucault, M. (2003). 『감시와 처벌 – 감옥의 역사』 (오생근 역). 나남. (원서출판 1971).

Foucault, M. (2004). 『광기의 역사』 (이규현 역). 나남. (원서출판 1961).

Foucault, M. (2012). 『말과 사물』 (이규현 역). 민음사. (원서출판 1966).

Foucault, M. (2014). 통치성. In G. Burchell, C. Gordon, & P. Miller (Eds.), (이승철 외 역), 『푸코효과 - 통치성에 관한 연구』 (pp.133-157). 난장. (원서출판 1991).

Foucault, M. & Trombadori, D. (2004).『푸코의 맑스 - 둣치오 뜨롬바도리와의 대담』(이승철 역). 갈무리. (원서출판 1991).

Fowler, R. B. (1991). *The Dance with community: The contemporary debate in American political thought.* University Press of Kansas.

Frazer, E. (1999). *The problems of communitarian politics: Unity and conflict.* Oxford University Press.

Freilich, M. (1963). Toward an operational definition of community. *Rural Sociology, 28*(2), 117.

Friedman, M. (1989). Feminism and modern friendship: Dislocating the community. *Ethics, 99*(2), 275-290.

Friedman, B. D. & Allen, K. N. (2011). Systems theory. *Theory & Practice in Clinical Social Work, 2*(3), 3-20.

Friedmann, J. (1986). The world city hypothesis. *Development and Change, 17*(1), 69-83.

Gans, H. (1962a). Urbanism and suburbanism as ways of life. In A. M. Rose (Ed.), *Human Behavior and Social Processes* (pp.625-648). Houghton-Mifflin.

Gans, H. (1962b). *The urban villagers.* Free Press.

Gans, H. (1967). *The Levittowners.* Pantheon Books.

Giddens, A. (1994). *Beyond left and right: The future of radical politics.* Polity.

Giddens, A. (1995). *A contemporary critique of historical materialism.* Macmillan Education.

Giddens, A. (2001).『현대성과 자아정체성 - 후기 현대의 자아와 사회』(권기돈 역). 새물결. (원서출판 1991).

Glass, R. (1964). *London: Aspects of change* (No. 3). MacGibbon & Kee.

Goldman, Y. (2013). Commune and community: A socialist perspective. In E. Ben-Rafael et al (Eds.), *The Communal idea in the 21st century* (pp.91-109). Brill.

Gottdiener, M. (1994). *The social production of urban space* (2nd Ed.). University of Texas Press.

Gottdiener, M. (1997). *The theming of America.* Westview Press.

Gottdiener, M. & Hutchison, R. (2010). *The new urban sociology* (4th Ed.). Westview Press.

Greschner, D. (1989). Feminist concerns with the new communitarians: We don't need another hero. In A. C. Hutchinson & L. J. Green (Eds.), *Law and the Community* (pp.119-150). Carswell.

Guest, A. M. & Lee, B. A. (1983). The social organization of local areas. *Urban Affairs Quarterly, 19*(2), 217-240.

Gyourko, J. E. & Rybczynski, W. (2000). Financing new urbanism projects: Obstacles and solutions. *Housing Policy Debate, 11*(3), 733-750.

Habermas, J. (1990). 모더니티 – 미완성의 계획 (박거용 역). 정정호, 강내희 (역), 『포스트모더니즘론』 (pp.106-122). 서울: 터. (원문출판 1981).

Habermas, J. (2006). 『의사소통행위이론』 (장춘익 역). 나남. (원서출판 1981).

Hacke, A. (2017). *Über den Anstand in schwierigen Zeiten und die Frage, wie wir miteinander umgehen.* Antje Kunstmann.

Hale, S. (2018). The communitarian 'philosophy' of New Labour. In *The Third Way and beyond.* Manchester University Press. Retrieved from https://www.manchesteropenhive.com/view/9781526137883/97815261 37883.00012.xml

Hampton, K. & Wellman, B. (2002). The not so global village of Netville. In B. Wellman & C. Haythornthwaite (Eds.), *The Internet in everyday life* (pp.345-371). John Wiley & Sons.

Han, W. (2016). *Impact of community treatment and neighborhood disadvantage on recidivism in mental health courts.* Doctoral dissertation, University at Albany.

Harari, Y. (2018). 『21세기를 위한 21가지 제언: 더 나은 오늘은 어떻게 가능한가』 (전병근 역). 김영사. (원서출판 2018).

Harris, J. & Alexander, D. (1991). Beyond capitalism and socialism: The communitarian alternative. *Environments, 21*(2), 29–37.

Harvey, D. (1973). *Social justice and the city.* University of Georgia Press.

Harvey, D. (1989). *The condition of postmodernity: An enquiry into the origins of cultural change.* Blackwell.

Harvey, D. (1995). 『자본의 한계』 (최병두 역). 한울. (원서출판 1982).

Harvey, D. (2003). The right to the city. *International Journal of Urban and Regional Research, 27*(4), 939-941.

Harvey, D. (2005). 『신제국주의』 (최병두 역). 한울아카데미. (원서출판 2003).

Harvey, D (2008). The right to the city. *New Left Review, 53,* 23-40.

Harvey, D. (2009). 『신자유주의 – 간략한 역사』 (최병두 역). (원서출판 2005).

Harvey, D. (2014). 『반란의 도시 - 도시에 대한 권리에서 점령운동까지』 (한상연 역). 에이도스. (원서출판 2013).

Harvey, D. (2016). Crisis theory and the falling rate of profit. In T. Subasat (Ed.), *The Great Financial Meltdown* (pp.37-54). Edward Elgar Publishing.

Heberer, T. (2009). Evolvement of citizenship in urban China or authoritarian communitarianism? Neighborhood development, community participation, and autonomy. *Journal of Contemporary China, 18*(61), 491-515.

Heywood, A. (2014). *Global politics.* Macmillan International Higher Education.

Hillery, G. (1955). Definitions of community: Areas of agreement. *Rural Sociology, 20,* 111–123.

Hirt, S. (2012). Jane Jacobs, modernity and knowledge. In S. Hirt & D. Zahm (Eds.), *The urban wisdom of Jane Jacobs* (pp.37-48). Routledge.

Holmes, S. (1993). *The Anatomy of antiliberalism.* Harvard University Press.

Honohan, I. (2003). *Civic republicanism.* Routledge.

Huberman, L. (2000). 『자본주의 역사 바로 알기』 (장상환 역). 책벌레. (원서출판 1936).

Hughes, R. (1980). *The shock of the new.* Alfred A. Knopf.

Hunter, A. (1975). The loss of community: An empirical test through replication. *American Sociological Review, 40*(5), 537-552.

Hunter, A. D. & Suttles, G. (1972). The expanding community of limited-liability. In G. Suttles (Ed.), *The social construction of communities* (pp.44-81). University of Chicago Press.

Hutchinson, J. & Vidal, A. C. (2004). Using social capital to help integrate planning theory, research, and practice. *Journal of the American Planning Association, 70*(2), 142.

Hutter, M. (2015). *Experiencing cities.* Routledge.

Ihde, D. (2002). *Bodies in technology.* University of Minnesota Press.

Institute of Marxism-Leninism (2018). 『마르크스 전기』 (김대웅, 임경민 역). 노마드. (원서출판, 1973).

Introna L. D. & Brigham, M. (2007). Reconsidering community and the stranger in the age of virtuality. *Society and Business Review, 2*(2),

166-178.

Jackson, P. (1984). Social disorganization and moral order in the city. *Transactions of the Institute of British Geographers, 9*(2), 168-180.

Jacobs, J. (1961). *The death and life of great American cities.* McGraw-Hill.

Janowitz, M. (1951). The imagery of the urban community press. *Public Opinion Quarterly, 15*(3), 519-531.

Jessop, B. (1996). Post-Fordism and the state. In B. Greve (Ed.), *Comparative welfare systems* (pp.165-183). Palgrave Macmillan.

Jessop, B. (2005). Fordism and post-Fordism: A critical reformulation. In A. J. Scott & M. Storper (Eds.), *Pathways to industrialization and regional development* (pp.54-74). Routledge.

Jessop, B. (2006). Spatial fixes, temporal fixes and spatio-temporal fixes. In N. Castree & D. Gregory (Eds.), *David Harvey: A Critical Reader* (pp.142-166). Blackwell Publishing.

Jørgensen, A., Fallov, M. A., & Knudsen, L. B. (2011). Local community, mobility and belonging. *Tidsskrift for Kortlægning og Arealforvaltning, 119*(46), 14-14.

Kalberg, S. (1980). Max Weber's types of rationality. *American Journal of Sociology, 85*(5), 1145-1179.

Kamenka, E. (1982). *Community as a social ideal.* Edward Arnold.

Kasarda, J. D. & Janowitz, M. (1974). Community attachment in mass society. *American Sociological Review, 39*(30), 328-339.

Katz, C. (1993). Reflections while reading City of Quartz by Mike Davis. *Antipode, 25*(2), 159-163.

Katz, P., Scully, V. J., & Bressi, T. W. (1994). *The new urbanism: Towards an architecture of community.* McGraw-Hill Education.

Kearney, R. (2009). 『현대 유럽 철학의 흐름: 모더니즘에서 포스트모더니즘까지』 (임헌규, 곽영아, 임찬순 역). 한울. (원서출판 1986).

Keller, S. (2003). *Community: Pursuing the dream, living the reality.* Princeton University Press.

King, S. D. (2018). *Grave new world: The end of globalization, the return of history.* Yale University Press.

Kliman, A. (2015). *Harvey versus Marx on capitalism's crises Part 1: Getting Marx wrong.* New Left Project.

Kornhauser, W. (1959). *The politics of mass society.* The Free Press.

Kraidy, M. (2006). *Hybridity, or the cultural logic of globalization.* Temple University Press.

Krause, M. & Montenegro, C. R. (2017). Community as a multifaceted concept. In M. A. Bond, I. Serrano-García, C. B. Keys, & M. Shinn (Eds.), *APA handbook of community psychology* (pp. 275–294). American Psychological Association.

Kunstler, J. H. (1994). *Geography Of nowhere: The rise and decline of America's man-made landscape.* Simon and Schuster.

Lamer, C. (2003). Why government policies encourage urban sprawl and the alternatives offered by new urbanism. *Kan. JL & Pub. Pol'y, 13,* 391-405.

Le Corbusier (2002). 『건축을 향하여』 (이관석 역). 동녘. (원서출판 1923).

Le Corbusier (2004). 『프레시지옹 – 건축과 도시계획의 현재 상태에 관한 상세한 설명』 (정진국, 이관석 역). 동녘. (원서출판 1930).

Le Corbusier (1933). *Ville radieuse.* Editions de l'Architecture d'Aujourd'hui.

Levine, D. N., Carter, E. B., & Gorman, E. M. (1976). Simmel's influence on American sociology II. *American Journal of Sociology, 81*(5), 1112-1132.

Ley, D. (1980). Liberal ideology and the postindustrial city. *Annals of the Association of American Geographers, 70*(2), 238-258.

Logan, J. R., Molotch, H. L., Fainstein, S., & Campbell, S. (2013). The city as a growth machine. In J. Brown-Saracino (Ed.), *The Gentrification Debates: A Reader* (pp.87-102). Routledge.

Lyon, L. & Driskell, R. (2011). *The community in urban society.* Waveland Press.

Lyotard, J. F. (1971). *Discours, figure.* Klincksieck.

Lyotard, J. F. (1982). Réponse à la question: qu'est-ce que le postmoderne?. *Critique Paris, 419,* 357-367.

Lyotard, J. F. (2018). 『포스트모던의 조건』 (유정완 역). 민음사. (원서출판 1979).

MacIntyre, A. (1981). *After Virtue.* University of Notre Dame Press.

MacIntyre, A. (1982). How moral agents became ghosts or why the history of ethics diverged from that of the philosophy of mind. *Synthese, 53*(2), 295-312.

MacNair, R. H. (1996). Theory for community practice in social work: The example of ecological community practice. *Journal of Community*

Practice, 3(3-4), 181-202.

Maffesoli, M. (1997). 『현대를 생각한다』 (박재환, 이상훈 역). 문예출판사. (원서출판 1993).

Maffesoli, M. (2013). 『디오니소스의 그림자』 (이상훈 역). 삼인. (원서출판 1982).

Maffesoli, M. (2017). 『부족의 시대』 (박정호, 신지은 역). 문학동네. (원서출판 1988).

Mahowald, M. (1973). Marx's 'Gemeinschaft': Another Interpretation. *Philosophy and Phenomenological Research, 33*(4), 472-488.

Marx, K. (1989). 『철학의 빈곤』 (강민철 역). 아침. (원서출판 1847).

Marx, K. (2015). 『자본론』 I(상하), II(상하), III(상하) (김수행 개역). 비봉출판사. (원서출판 (1867, 1885, 1894).

Marx, K. & Engels, F. (2018). 『공산당선언』 (이진우 역). 책세상. (원서출판 1848).

Matthews, S. A. (2008). The salience of neighborhood: Some lessons from sociology. *American Journal of Preventive Medicine, 34*(3), 257-259.

McLaughlin, C. & Davidson, G. (1985). *Builders of the dawn: Community lifestyles in a changing world.* Stillpoint Pub..

McLuhan, M. & Powers, B. R. (1989). *The global village: Transformations in world life and media in the 21st century.* Communication and Society.

McMillan, D. W. (1996). Sense of community. *Journal of Community Psychology, 24*(4), 315-325.

Megill, K. (1970). The Community in Marx's Philosophy. *Philosophy and Phenomenological Research, 30*(3), 382-393.

Mele, C., Pels, J., & Polese, F. (2010). A brief review of systems theories and their managerial applications. *Service Science, 2*(1-2), 126-135.

Mesch, G. S. (2010). Urban ecology (Chicago School). In R. Hutchison (Ed.), *Encyclopedia of urban studies (Vol. 1)* (pp.862-866). Sage.

Michelson, W. M. (1977). *Environmental choice, human behavior, and residential satisfaction.* Oxford University Press.

Morrison, K. (2006). *Marx, Durkheim, Weber: Formations of modern social thought.* Sage.

Moulaert, F., Swyngedouw, E., & Wilson, P. (1988). Spatial responses to Fordist and post-Fordist accumulation and regulation. *Papers in Regional Science, 64*(1), 11-23.

More, T. (2011). 『유토피아』 (김남우 역). 문예출판사. (원서출판 1516).

Moore, C. (1921). *Daniel H. Burnham, architect, planner of cities.*

Houghton Mifflin.

Moore, S. E. S. J. (2009). *The gift of policing: Understanding image and reciprocity.* Master's thesis, University of Waterloo.

Mulhall, S. & Swift, A. (2011). 『자유주의와 공동체주의』(조영달, 김해성 공역). 한울아카데미. (원서출판 1996).

Nancy, J. L. (2010). 『무위의 공동체』(박준상 역). 인간사랑. (원서출판 1986).

Nancy, J. L. (2013). Être singulier pluriel. Paris: Galilée. (Original publication, 1996).

Nathiwutthikun, K. (2012). Jane Jacobs and diversity of use of public open spaces in Thailand. In S. Hirt & D. Zahm (Eds.), *The urban wisdom of Jane Jacobs* (pp.181-195). Routledge.

Negri, A. (1997). 『야만적 별종』(윤수종 역). 푸른숲. (원서출판 1981).

Nie, N. H. & Hillygus, D. S. (2002). The impact of Internet use on sociability: Time-diary findings. *It & Society, 1*(1), 1-20.

Nisbet, R. A. (1953). *The quest for community: A study of the ethics of order and freedom.* Oxford University Press.

Nisbet, R. A. (1966). *The sociological tradition.* Basic Books.

Obama, B. (2007). *The audacity of hope: Thoughts on reclaiming the American dream.* Canongate Books.

Oliver, J. (2000). City size and civic involvement in metropolitan America. *The American Political Science Review, 94*(2), 361-373.

Omae, K. I. & Ohmae, K. (1995). *The end of the nation state: The rise of regional economies.* Simon and Schuster.

Orwell, G. (2003). 『1984』(정회성 역). 민음사. (원서출판 1949).

Papastergiadis, N. (2018). *The turbulence of migration: Globalization, deterritorialization and hybridity.* John Wiley & Sons.

Parsell, M. (2008). Pernicious virtual communities: Identity, polarisation and the Web 2.0. *Ethics and Information Technology. 10*(1), 41–56.

Park, R. E. (1952). *Human communities.* Free Press.

Park, R. E. (1972). *The crowd and the public and other essays.* University of Chicago Press.

Park, R. E., Burgess, E. W., & McKenzie, R. D. (1925). *The city.* University of Chicago Press.

Parks, V. (2004). Access to work: The effects of spatial and social accessibility on unemployment for native-born black and immigrant women in Los Angeles. *Economic Geography, 80*(2), 141-172.

Parsons, T. (1973). A note on Gemeinschaft and Gesellschaft. In W. J. Cahnman (Ed.), *Ferdinand Tönnies: A new evaluation* (pp.140-150). Brill Archive.

Patrick, D. J. (2014). The matter of displacement: A queer urban ecology of New York City's High Line. *Social & Cultural Geography, 15*(8). 920-941.

Peet, R. (1977). The development of radical geography in the United States. *Progress in Human Geography, 1*(2), 240-263.

Peteet, J. (2000). Refugees, resistance, and identity. In J. Guidry, M. D. Kennedy, & M. Zald (Eds.), *Globalizations and social movements* (pp.183-193). University of Michigan Press.

Pettit, P. (2012). 『신공화주의: 비지배 자유와 공화주의 정부』(곽준혁 역). 나남. (원서출판 1997).

Pettit, P. (2019). 『왜 다시 자유인가』(곽준혁, 윤채영 공역). 한길사. (원서출판 2014).

Pocock, J. G. A. (1981). The Machiavellian moment revisited: A study in history and ideology, *Journal of Modern History, 52*(1), 49-72.

Pohl, C. D. (2011). *Living into community: Cultivating practices that sustain us.* Wm. B. Eerdmans Publishing.

Polanyi, K. (2009). 『거대한 전환, 우리 시대의 정치 경제적 기원』(홍기빈 역). 길. (원서출판 1944).

Portes, A. (1997). *Globalization from below: The rise of transnational communities.* Princeton University.

Pow, C. P. (2009). Neoliberalism and the aestheticization of new middle-class landscapes. *Antipode, 41*(2), 371-390.

Procter, J. (2006). 『지금 스튜어트 홀』(손유경 역). 앨피. (원서출판 2004).

Putnam, R. D. (1996). The strange disappearance of civic America. *Policy: A Journal of Public Policy and Ideas, 12*(1), 3-15.

Putnam, R. D. (2000). *Bowling alone: The collapse and revival of American community.* Simon and Schuster.

Putnam, R. D. (2000). 『사회적 자본과 민주주의』(안청시 외 옮김). 박영사. (원서출판 1993).

Putnam, R. D. & Feldstein, L. (2009). *Better together: Restoring the American community.* Simon and Schuster.

Ramadan, A. (2013). Spatialising the refugee camp. *Transactions of the Institute of British Geographers, 38*(1), 65-77.

Rawls, J. (2001). 『사회정의론』 (황경식 역). 서광사. (원서출판 1971).

Rawls, J. (2003). 『정치적 자유주의』 (장동진 역). 동명사. (원서출판 1993).

Rheingold, H. (1993). *The virtual community: Finding connection in a computerized world.* Addison-Wesley Longman Publishing Co., Inc..

Ritzer, G. (2006). 『사회학 이론』 (김왕일 대표 역) (제5판). 한올출판사. (원서출판 2004).

Rowe, A. C. (2005). Be longing: Toward a feminist politics of relation. *NWSA Journal, 17*(2), 15-46.

Salomon, A. (1973). In memoriam Ferdinand Tönnies. In W. J. Cahnman (Ed.), *Ferdinand Tönnies: A new evaluation* (pp.33-46). Brill Archive.

Sampson, R. J. (1999). What community supplies. In R. Ferguson & W. Dickens (Eds.), *Urban problems and community development* (pp.241-292). Brookings.

Sandel, M. J. (1998). *Democracy's discontent: America in search of a public philosophy.* Harvard university press.

Sandel, M. J. & Anne, T. (1998). *Liberalism and the limits of justice.* Cambridge University Press.

Sander, T. H. & Putnam, R. D. (2010). Democracy's Past and Future: Still Bowling Alone? - The Post-9/11 Split. *Journal of Democracy, 21*(1), 9-16.

Sarup, M. (1993). 『데리다와 푸꼬, 그리고 포스트모더니즘: 입문적 안내』 (임헌규 역). 인간사랑. (원서출판 1988).

Sassen, S. (1982). Recomposition and peripheralization at the core. *Contemporary Marxism, 5,* 88-100.

Sassen, S. (1991). *The global city: New York, London, Tokyo.* Princeton University Press.

Sassen, S. (1996). *Losing control? Sovereignty in an age of globalization.* Columbia University Press.

Sassen, S. (2016). 『축출 자본주의 복잡한 세계 경제가 낳은 잔혹한 현실』 (박슬라 역). 글항아리. (원서출판 2014).

Sayer, D. (2002). *Capitalism and modernity.* Routledge.

Sennett, R. (1998). *The corrosion of character.* WW Norton & Company.

Sennett, R. (2000). Street and office: Two sources of identity. In W. Hutton

& A. Giddens (Eds.), *On the edge* (pp.175-190). Jonathan Cape.

Sennett, R. (2012). *Together: The rituals, pleasures and politics of cooperation.* Yale University Press.

Sennett, R. (2020).『짓기와 거주하기 - 도시를 위한 윤리』(김병화 역). 김영사. (원서출판 2018).

Simmel, G. (2005). 대도시와 정신적 삶. 김덕영, 윤미애 (역).『짐멜의 모더니티 읽기』(pp.35-53). 서울: 새물결. (원서출판 1903).

Simmel, G. (2005). 유행의 심리학, 사회학적 연구. 김덕영, 윤미애 (역).『짐멜의 모더니티 읽기』(pp.55-66). 서울: 새물결. (원서출판 1903).

Simmel, G. (2013). 돈의 철학. (김덕영 역). 길. (원서출판 1990).

Simon, P. & Sala Pala, V. (2010). We're not all multiculturalists yet. France swings between hard integration and soft anti-discrimination. In S. Vertovec & S. Wessendorf (Eds.), *The Multiculturalism Backlash* (pp.92-110). Routledge.

Sjöberg, G. (1960). *The preindustrial city: Past and present.* The Free Press.

Skinner, Q. (1992). On justice, the common good and the priority of liberty. In C. Mouffe (Ed.), *Dimensions of Radical Democracy* (pp.211-224). Verso.

Slovak, J. S. (1986). Attachments in the nested community: Evidence from a case study. *Urban Affairs Quarterly, 21*(4), 575-597.

Smith, D. (2013). *Zygmunt Bauman: Prophet of postmodernity.* John Wiley & Sons.

Smith, N. (1979). Toward a theory of gentrification: A back to the city movement by capital, not people. *Journal of the American Planning Association, 45*, 538-548.

Smith, N. (2002). New globalism, new urbanism: Gentrification as global urban strategy. *Antipode, 34*(3), 427-450.

Smith, N. (2008). *Uneven development: Nature, capital, and the production of space* (3rd Ed.). Georgia University Press. (Original publication in 1984).

Smith, N. (2011). Uneven development redux. *New Political Economy, 16*, 261-265.

Smith, N. (2019).『도시의 새로운 프론티어 – 젠트리피케이션과 도시 강탈』(김동완, 김은혜, 김현철, 황성원 공역). 동녘. (원서출판 1996).

Spicker, P. (1994). Understanding particularism. *Critical Social Policy,*

13(39), 5-20.

Stannard, K. (2004). That certain feeling: Mike Davis, truth and the city. *Geography, 89*(3), 254-268.

Stockard, J. (2012). Jane Jacobs and citizen participation. In S. Hirt & D. Zahm (Eds.), *The urban wisdom of Jane Jacobs* (pp.49-62). Routledge.

Strauss, D. F. (2002). The scope and limitations of Von Bertalanffy's systems theory. *South African Journal of Philosophy, 21*(3), 163-179.

Sunstein, C. R. (2009). 『루머』(이기동 역). 프리뷰. (원서출판 2009).

Sunstein, C. R. (2011). 『우리는 왜 극단에 끌리는가』(이정인 역). 프리뷰. (원서출판 2009).

Suttles, G. D. (1968). *The social order of the slum: Ethnicity and territory in the inner city.* University of Chicago Press.

Suttles, G. D. (1972). The Social construction of communities. University of Chicago Press.

Suttles, G. D. (1978). Changing priorities for the urban heartland. In D. Street (Ed.), *Handbook of contemporary urban life* (pp.519-547). Jossey-Bass.

Sznajd-Weron, K. & Sznajd, J. (2000). Opinion evolution in closed community. *International Journal of Modern Physics C, 11*(06), 1157-1165.

Talen, E. (2012). Jane Jacobs and the diversity ideal. In S. Hirt & D. Zahm (Eds.), *The urban wisdom of Jane Jacobs* (pp.139-149). Routledge.

Tamas, A., Whitehorse, Y., & Almonte, O. (2000). *System theory in community development.* Whitehorse, Yukon and Almonte.

Taylor, C (1985). *Philosophical papers: Volume 2, philosophy and the human sciences (Vol. 2).* Cambridge University Press.

Taylor, C. (1991). *The ethics of Authenticity.* Harvard University Press.

Taylor, D. M. & De La Sablonnière, R. (2013). Why interventions in dysfunctional communities fail: The need for a truly collective approach. *Canadian Psychology/psychologie Canadienne, 54*(1), 22.

Tilman, R. (2004). Ferdinand Tönnies, Thorstein Veblen and Karl Marx: From community to society and back?. *The European Journal of the History of Economic Thought, 11*(4), 579-606.

Tinder, G. (1980). *Community: Reflections on a tragic ideal.* Louisiana State

University Press.

Toker, U. & Toker, Z. (2006). Revisiting Hampstead garden suburb: A (cautionary) tale of spatial determinism. *Focus, 3*(1), 11.

Tönnies, F. (1978). 『공동사회와 이익사회』 (황성모 역). 삼성. (원서출판 1887).

Trudeau, D. & Malloy, P. (2011). Suburbs in disguise? Examining the geographies of the new urbanism. *Urban Geography, 32*(3), 424-447.

Turkle, S. (1996). Parallel lives: Working on identity in virtual space. In D. Grodin & T. R. Lindlof (Eds.), *Constructing the self in a mediated world* (pp.156-175). Sage.

Turner, B. S. (2001). Outline of a general theory of cultural citizenship. In N. Stevenson (Ed.), *Culture and citizenship* (pp.11-33). Sage.

Turner, V. (1969). *The ritual process: Structure and anti-structure*. Aldine Transaction.

UNHCR (2020). *Figures at a glace*. The United Nations High Commissioner for Refugees. Retrieved from https://www.unhcr.org/refugee-statistics/

Valentine, G. (2001). *Social geographies: Society and space*. Prentice Hall.

Von Bertalanffy, L. (1990). 『일반 체계 이론』 (현승일 역). 민음사. (원서출판 1968).

Von Bertalanffy, L. (1972). The history and status of general systems theory. *Academy of Management Journal, 15*(4), 407-426.

Von Bertalanffy, L. (1975). *Perspectives on general system theory: Scientific-philosophical studies.* George Braziller.

Waldinger, R. (1993). The ethnic enclave debate revisited. *International Journal of Urban and Regional Research, 17*, 444-452.

Wallerstein, I. (1999). 『근대세계체제 1』 (나종일 외 역). 까치. (원서출판 1974).

Warren, R. L. (1963). *The community in America*. Rand McNally College Pub. Co..

Warren, R. L. (1967). The interaction of community decision organizations: Some basic concepts and needed research. *Social Service Review, 41*(3), 261-670.

Warren, R. L. (1970). The Good Community-What Would It Be?. *Journal of the Community Development Society, 1*(1), 14-24.

Watts, D. (2010). *Dictionary of American government and politics*. Edinburgh University Press.

Weber, M. (2018). 『프로테스탄트 윤리와 자본주의 정신』 (박문재 역). 현대

지성. (원서출판 1904-1905).

Weber, M. (2009). 『경제와 사회 – 공동체들』 (W. J. Mommsen & M. Myer (Eds.)) (박성환 역). 나남. (원서출판 2001).

Webber, M. (1963). Order in diversity: community without propinquity. In L. Wingo (Ed.), *Cities and space* (pp.23-54). The Johns Hopkins University Press.

Webber, M. (1964). The urban place and the nonplace urban realm. In M. Webber et al. (Eds.), *Explorations into urban structure* (pp.79-153). University of Pennsylvania Press.

Wellman, B. (1979). The community question: The intimate networks of East Yorkers. *American Journal of Sociology, 84*(5), 1201-1231.

Wellman, B. (2001). Physical place and cyberplace: The rise of personalized networking. *International Journal of Urban and Regional Research, 25*(2), 227-252.

Wellman, B., Boase, J., & Chen, W. (2002). The networked nature of community: Online and offline. *It & Society, 1*(1), 151-165.

Wellman, B. & Gulia, M. (1999). Net-surfers don't ride alone: Virtual communities as communities. *Networks in the global village: Life in contemporary communities, 10*(3), 34-60.

Wellman, B. & Leighton, B. (1979). Networks, neighborhoods, and communities: Approaches to the study of the community question. *Urban Affairs Quarterly, 14*(3), 363-390.

White, K. J. C. & Guest, A. M. (2003). Community lost or transformed? Urbanization and social ties. *City & Community, 2*(3), 239-259.

Wilkinson, I. (2001). *Anxiety in a risk society.* Psychology Press.

Wilson, S. M. & Peterson, L. C. (2002). The anthropology of online communities. *Annual Review of Anthropology, 31*(1), 449-467.

Wirth, L. (1938). Urbanism as a way of life. *American Journal of Sociology, 44*(1), 1-24.

Wortham-Galvin, B. D. (2012). Making the familiar strange: Understanding design practice as cultural practice. In S. Hirt & D. Zahm (Eds.), *The urban wisdom of Jane Jacobs* (pp.229-244). Routledge.

Wright, E. O. (2006). Basic income as a socialist project. *Basic Income Studies, 1*(1), 1-11.

Yoon, I. J. (1997). *On my own: Korean businesses and race relations in America*. University of Chicago Press.

Young, I. M. (1986). The ideal of community and the politics of difference. *Social Theory and Practice, 12*(1), 1-26.

Young, I. M. (1990). *Justice and the politics of difference*. Princeton University Press.

Zima, V. P. (2001).『데리다와 예일학파』(김혜진 역). 문학동네 (원서출판 1994).

田村明 (2005).『마을만들기의 발상』(강혜정 역). 소화. (원서출판 1987).

[신문 기사]

송영일 (2008. 3. 26). 사스키아 사센: 세계도시. ≪대학원신문≫. Retrieved from http://gspress.cauon.net/news/articleView.html?idxno=14256

Ferenstein, G. (2013. 6. 30). Obama's shift towards communitarianism. *The Daily Beast*. Retrieved from http://www.thedailybeast.com/articles/2013/06/30/obama-s-shift-toward-communitarianism.html.

[법령]

대체역법 (2020. 1. 1). 대체역의 편입 및 복무 등에 관한 법률. 법률 제16851호, 2019. 12. 31. 제정. Retrieved from http://www.law.go.kr/법령/대체역의편입및복무등에관한법률/(16851,20191231)

김욱진

미국 시카고대학교에서 사회복지학으로 석박사학위를 취득한 후 2012년부터 현재까지
서울시립대학교 사회복지학과에 재직 중이다.

공동체 관련 저서로 《자원봉사》(청목출판사, 2015) 등이 있다.

공동체 2

초판인쇄 2020년 11월 30일
초판발행 2020년 11월 30일

지은이 김욱진
펴낸이 채종준
펴낸곳 한국학술정보㈜
주소 경기도 파주시 회동길 230(문발동)
전화 031) 908-3181(대표)
팩스 031) 908-3189
홈페이지 http://ebook.kstudy.com
전자우편 출판사업부 publish@kstudy.com
등록 제일산-115호(2000. 6. 19)

ISBN 979-11-6603-202-8 94330